Oliver Hauschke

Die Geheimnisse des intelligenten Investierens

ForwardVerlag

ForwardVerlag

Die Geheimnisse des intelligenten Investierens

ForwardVerlag (StudyHelp GmbH), Paderborn
WWW.FORWARDVERLAG.DE

1. Auflage

Autor: Oliver Hauschke

Redaktion & Satz: StudyHelp GmbH
Kontakt: info@forwardverlag.de
Umschlaggestaltung: @magicdesign
Lektorat: Sarah Göhrmann & Jennifer Littich
Druck: mediaprint solutions GmbH

ISBN: 978-3-98755-091-1

Inhaltsverzeichnis

Vorwort

Am 28. November 2023 verstarb einer der ganz großen Investoren unserer Zeit, Charles T. Munger, im Alter von 99 Jahren. Charlie Munger war und ist in vielerlei Hinsicht ein Vorbild für viele Menschen. Jeder wird seinen ganz persönlichen Aspekt haben, weswegen sie oder er sein außergewöhnliches Leben schätzt. Natürlich bewundern ihn viele wegen der enormen Investmenterfolge, die er mit seinem langjährigen Partner Warren Buffett erreicht hat. Für mich persönlich spielen darüber hinaus drei weitere Aspekte eine wichtige Rolle. Da ist zunächst einmal die Tatsache, dass Charlie Munger ursprünglich nicht aus der Welt des Investments stammte, sondern seine Karriere als Rechtsanwalt begann. Auch ich habe mich beruflich nicht im Bereich der Finanzwirtschaft niedergelassen, obwohl ich schon immer ein sehr großes Interesse an Aktien hatte und auch einige Jahre Ökonomie studierte. Doch mein breites Interesse an vielen unterschiedlichen Themen führte mich auf einen anderen Pfad und die Aktienanlage verlegte ich daraufhin in den privaten Bereich.

Charlie Munger konnte außerdem erfolgreich von der Jurisdiktion in die Welt des Kapitals wechseln. Das lag sicherlich mit an seinem umfangreichen und breitgefächerten Wissen, das er miteinander verknüpfte und in seine Entscheidungen einbezog. Dieser weite Blick über den Tellerrand der Investmentwelt hinaus ist für mich vorbildhaft, wenn auch für vermutlich viele Menschen in der gleichen Breite kaum erreichbar.

Der dritte Bereich, der dazu beiträgt, dass ich mich Charlie Munger besonders verbunden fühle, auch wenn ich ihn leider nie persönlich getroffen habe, entstammt seinem privaten Bereich. Charlie Munger war nicht nur zweimal verheiratet, er hat auch sieben biologische und zwei Stiefkinder. Ich selbst bin ebenfalls mehrfacher Vater und dieser Bereich ist vermutlich der einzige, wo ich ihn übertreffe. In allen anderen Bereichen werde ich, wie die meisten, Charlie Munger nie einholen. Aber wir können von ihm lernen. Ebenso von seinem Partner Warren Buffett, dessen rechte Hand er war, und all den anderen großen Investoren. Munger war der Ansicht, dass es zwar gut sei, aus den eigenen Fehlern zu lernen, aber noch besser, wenn man aus den Fehlern anderer lernt, da dies weniger schmerzhaft sei.

Wenn wir als durchschnittliche Privatanleger nicht nur aus den Fehlern der großen Investoren lernen, sondern auch aus ihren Erfolgen, ihrer Erkenntnis und ihrem Wissen, können wir beachtliche eigene Erfolge mit unseren Anlageentscheidungen erzielen. Selbst dann, wenn wir keine Investmentprofis sind.

Seit über dreißig Jahren beschäftige ich mich mit der Anlage in Aktien. Ich habe für mich ein Sammelsurium an Informationen, Erkenntnissen, Zitaten, Hinweisen, kleinen Notizen etc. zusammengetragen. Der Großteil basiert auf den Ideen des Value Investing. Aus all der Literatur, Zeitungsartikeln, Fernsehinterviews und Vorträgen habe ich mir das für meine Anlageentscheidung Wesentliche zusammengestellt. Es waren Handreichungen für mich persönlich, die mir helfen sollten, sinnvolle, intelligente Entscheidungen über den Kauf von Aktien zu treffen.

Zu einem späteren Zeitpunkt habe ich mich dann hingesetzt und das Chaos geordnet, habe die Informationen sortiert und in eine für mich passende Form gebracht. Da ich beruflich anderweitig tätig war, benötigte ich eine Struktur, die mir in der wenigen Zeit, in der ich mich der Kapitalanlage widmen konnte, eine Richtschnur bot. Ich hatte viel gelesen, und doch fragte ich mich, was der Kern des Value Investing sei, den ich als privater Kleinanleger benötige. Was aus all den vorliegenden Informationen ist der rote Faden, der mir hilft, intelligente Investmententscheidungen zu treffen? Das vorliegende Buch, das nie als solches gedacht war, ist das Ergebnis. Es war lange Zeit lediglich mein eigener roter Faden, der in meiner Schublade lag und den ich immer wieder hervorholte, um mich meiner Entscheidungen und deren Grundlage zu vergewissern.

Dass es jetzt doch in Buchform vorliegt, hat mit dem Tod von Charlie Munger zu tun. Während ich die Nachrufe las und noch einmal durch seinen Almanach blätterte, kam mir in den Sinn, dass es womöglich hilfreich sei, meinen roten Faden mit anderen interessierten privaten Anlegern, Praktizierenden und Zukünftigen zu teilen. Aus den Fehlern der anderen lernen, von ihrem Wissen und ihrer Erfahrung zu profitieren, kann man nur, wenn man darüber Kenntnis erlangt. Und je mehr man erfährt, umso mehr kann man lernen. Ich halte das für umso wichtiger, weil ich seit vielen Jahren in den sozialen Medien die Diskussionen und das Verhalten vieler junger privater Anleger beobachte. Immer wieder bin ich erstaunt, mit welcher Naivität, aber auch mit welchem Herdentrieb sie ihre Kapitalanlage betreiben. Ihnen fehlt oft eine sinnvolle Strategie und manchmal gar das Verständnis dessen, was sie dort tun. Sie folgen blind einem Menschen, dessen Tipps sie für glaubhaft halten. Auf diese Weise kann man, wenn man Glück hat, Geld verdienen. Man kann aber auch sehr viel Geld verlieren.

In den Nachrichten kann man immer wieder darüber lesen. Vielleicht kann mein kleines Buch diesen Anlegern ein wenig dienlich sein. Womöglich hilft es ihnen, einen Einstieg in die Welt des Value Investing zu finden, und bereitet ihnen den Weg, sich der vorhandenen Literatur darüber selbst zu widmen. Vielleicht hilft es ihnen auch, ein paar Grundlagen zu schaffen und eine eigene Strategie zu entwickeln, mit der sie als Privatanleger erfolgreich am Aktienmarkt agieren können. Ich glaube, dass insbesondere ein kleiner privater Akteur, der eine gezielte und fundierte Strategie verfolgt, einen besonderen Vorteil gegenüber den vielen Profis haben kann. Und dabei kommt es nicht darauf an, in kurzer Zeit Millionen zu scheffeln, sondern vernünftig, also intelligent, zu investieren. Es kommt nicht darauf an, die großen Investoren zu schlagen oder in deren Liga zu spielen. Die Benchmark, wie man so schön sagt, sind auch nicht die verschiedenen Indizes, sondern lediglich man selbst. Wichtig sind die eigene Freude und das eigene Vorankommen. Jeden Tag ein klein wenig besser zu werden, ist schon ein großer Erfolg. Das ist genauso wie im Sport. Denken wir einmal an die deutsche Lieblingssportart, den Fußball. Da gibt es Teams, die noch nie eine Meisterschaft gewonnen haben; Länder, die noch nie Weltmeister geworden sind.

Obwohl die einen gewinnen und die anderen verlieren, versuchen es doch jedes Mal alle Teams aufs Neue, das Turnier erfolgreich abzuschließen. Keines der Länder, selbst jene, die immerzu verlieren, sagt mit der Begründung ab, die Mehrheit der Mannschaften schaffe es nicht einmal ins Endturnier, geschweige denn in die Endrunden. Bei Aktienanlage hört man das allerdings oft, wenn es um die Frage geht, ob ein durchschnittlicher Privatanleger selbst Aktienauswahl betreiben soll. Da heißt es dann schnell: Viele Profianleger schaffen es nicht, den Markt zu schlagen. Da solle es ein kleiner Privatanleger erst gar nicht versuchen. Ich denke dann immer an die vielen jungen Sportlerinnen und Sportler, die jedes Jahr lang und hart trainieren, um es vielleicht doch einmal weiter nach oben zu schaffen. Keiner gibt einfach auf, obwohl die Aussichten, es an die Spitze zu schaffen, sehr trüb sind. Alle kennen den Spruch „Dabeisein ist alles!" Und dieses Dabeisein ist nicht nur bezogen auf die großen Wettkämpfe wie Olympia oder Weltmeisterschaften. Auch im ganz Kleinen hat dieser Spruch seine Berechtigung. Denn wer nicht trainiert, wer nicht an den kleinen Wettbewerben teilnimmt, der kann sich nicht verbessern, er lernt nicht und kann sich auch nicht von Wettkampf zu Wettkampf steigern, um am Ende Olympiasieger zu werden.

Beim Investieren geht es nicht darum, Olympiasieger zu werden oder der nächste Investmentchampion. Es geht darum, sich sinnvoll ein Vermögen, sei es größer oder kleiner, aufzubauen, welches einem in schwierigen Zeiten hilft oder den Lebensabend versüßt. Auch ein interessierter kleiner Privatanleger kann auf seiner Ebene für sich einiges erreichen, genauso wie die Sportler auf Kreisebene erfolgreich sind. Ich gebe zwei kleine Beispiele:

Die meisten Leser werden vermutlich noch nie etwas von Anne Scheiber gehört haben. Geboren 1893, starb sie 1995 im Alter von 101 Jahren. Als Kind einer alleinerziehenden Mutter musste Anne früh anfangen zu arbeiten. Dennoch schloss sie das College ab und studierte Rechtswissenschaften. Nachdem Anne als Buchhalterin gearbeitet hatte, ging sie 1944 im Alter von 51 Jahren in Rente. Ihr Verdienst war nie hoch. In den 1930er-Jahren verdiente sie etwa $3.000 im Jahr. Diese $3.000 jährlich erhielt sie auch als Pension. Zusätzlich verfügte sie über $5.000 an Ersparnissen. Da sich Anne finanziell die Finger verbrannt hatte, als sie auf den Rat eines Brokers hörte, traf sie all ihre Investmententscheidungen zukünftig selbst. Sie las Jahresberichte und suchte qualitativ hochwertige Unternehmen, die sie über einen langen Zeitraum hielt. Mit ihrer Strategie gelang es Anne, ein Vermögen von $22 Millionen aufzubauen, das ihr $750.000 an Dividenden einbrachte.

Auch dem Hausmeister und Tankwart Ronald Read gelang es, ein Vermögen von $8.000.000 aufzubauen. Er war ein sehr sparsamer Mensch und gab nur Geld aus, wenn er es musste. Im Alter von 37 Jahren begann er mit dem Investieren, als er Aktien von Pacific Gas & Electric für $2.380 erstand. Er kaufte ausschließlich Aktien von Unternehmen, die er verstand und mit denen er Erfahrung hatte. Selbst bei einem Rückgang von 50 % verkaufte er nicht, weil er Vertrauen in die Unternehmen hatte. Mit Geduld und Ausdauer baute er über 55 Jahre sein Vermögen auf. Als er 1992 starb, wusste nicht einmal seine Familie, wie hoch sein Vermögen war.

Das sind nur zwei Beispiele, die zeigen, dass es auch für den normalen privaten Menschen möglich ist, ein Vermögen aufzubauen. Sie mögen als Einzelfälle erscheinen, was jedoch nur daran liegt, dass die Mehrheit sich nicht traut, sich zu wenig finanziell bildet und zu wenig Arbeit in den Aufbau eines Vermögens investiert. Der Anteil der Aktionäre an der Gesamtbevölkerung in Deutschland lag 2023 bei lediglich 6,7 %.

Beate Sander, die durch ihre Investmentbücher bekannte ehemalige Realschullehrerin, fing erst nach ihrer Pensionierung mit ihrer Aktivität an der Börse an und hat die Million geknackt. Sich also immer mit den Allerbesten zu vergleichen, ist wenig sinnvoll. Es frustriert, weil man an sie (noch) nicht heranreicht. Sich von ihnen inspirieren und anspornen zu lassen, ergibt Sinn, denn man kann unglaublich viel von ihnen lernen.

Was ich in den letzten über dreißig Jahren gelernt habe, also das in meinen Augen wirklich Wichtige, habe ich versucht, sinnvoll und nachvollziehbar zusammenzustellen und zu kategorisieren. Es ist das, was ich für mich als Privatanleger über die Jahre aus dem Value Investing als Kern gezogen habe. Es ist meiner Meinung nach das Vernünftige oder, wie ich es von Benjamin Graham entlehne, das Intelligente. Ich stelle es in diesem Buch anderen Anlegern zur Verfügung.

Weil es um intelligentes Investieren geht, ist es nicht Ziel des Buches, eine Strategie anzubieten, mit der man schnell reich wird. Ziel ist es, jedem interessierten Anleger ein Destillat aus all dem Wissen, den Erkenntnissen und den Ratschlägen, die man in der umfangreichen Literatur, in Interviews und Vorträgen zum Thema Value Investing und intelligentem Investieren finden kann, zusammenzustellen.

Dieses Buch basiert also auf dem, was man von und über Benjamin Graham, Warren Buffett, Charlie Munger und vielen weiteren erfolgreichen Investoren erfahren kann. Es ist keine wissenschaftliche Arbeit, sondern ein Lesebuch. Ich komme darin zu keinen neuen Erkenntnissen. Und da das Buch aus meiner persönlichen Sammlung von Wissenswertem zusammengestellt ist, sind mir häufig die genaue Quelle und der genaue Zeitpunkt nicht immer bekannt. Ich habe mir diese Informationen einfach nicht mit aufgeschrieben, denn es war für mich irrelevant. Wie erwähnt, war es zum damaligen Zeitpunkt gar nicht meine Intention, daraus ein Buch zu machen. Dennoch findet sich das hier Zusammengestellte in der am Ende angeführten Literatur, in Interviews und Vorträgen, auf die man im Internet Zugriff hat. Inhaltlich ist nichts, wie man so schön sagt, auf meinem Mist gewachsen. Nur die Struktur ist mein Konstrukt. Ich habe das Wissen auf meine Weise zusammengestellt. Wer möchte, kann mit ein wenig Recherche alles finden und nachprüfen. Ich aber verzichte weitgehend auf die exakte Quellenangabe und bitte die geneigten Leser deswegen um Nachsicht.

Ich bin vielen Autoren und den großen Investoren sehr dankbar, hauptsächlich Benjamin Graham und Warren Buffett, Charlie Munger, Howard Marks, Guy Spier, Mohnish Pabrai, Joel Greenblatt, Robert Cialdini und vielen anderen. Ihre Sichtweise auf den Kapitalmarkt und auf Aktien sowie auf die Psyche der Marktteilnehmer haben für mich eine Logik eröffnet, die ich vorher so nicht sah, weil sie mir auch unbekannt war. Mit dieser Logik war das Investieren in Aktien für mich wesentlich sinnvoller und die Auswahl spezieller Unternehmen gelang mir leichter.

Es muss jedoch beachtet werden, und ich möchte noch einmal deutlich darauf hinweisen, dass die destillierten Geheimnisse weder die ganze Breite von Grahams Arbeit und Erkenntnissen noch jener der anderen Investoren abdecken. Dennoch kann man aus dem vorliegenden Destillat eine Menge lernen, damit die Entscheidungen am Kapitalmarkt, wo wir unser hart verdientes Geld einsetzen, sinnvoll und fundiert sind und damit weniger risikoreich und fehlerbehaftet. Dem interessierten Anleger bietet es vielleicht die Grundlage, einen eigenen Weg zu finden, um erfolgreich mit Geld umzugehen und selbstbestimmt, mit Geduld und Wissen, ein kleines oder auch größeres Vermögen aufzubauen. Es kann jedem Anleger helfen, durch Wissen Selbstvertrauen zu bekommen und sein finanzielles Leben selbstbestimmt zu gestalten.

Dabei muss aber vollkommen klar sein, dass es weder spielend einfach noch risikolos ist, ein Vermögen aufzubauen, und man auch nicht über Nacht reich wird. An die These des schnellen Reichtums glaube ich nicht und sollten meine Leser auch nicht.

Warum ich fast ausschließlich in Aktien investiere?

Für mich stellte sich nie die Frage, ob ich, wie heute vielfach propagiert, in ETF oder Einzelaktien investieren möchte. Die Frage, die sich mir stellte, lautete: Wenn ich in Einzelaktien oder, wie ich lieber sage, in einzelne Unternehmen investiere, wie stelle ich das als durchschnittlicher Privatanleger, als Einsteiger, als Kleinanleger sinnvoll an?

Aktien üben seit meinem Jugendalter eine große Faszination auf mich aus. Heute weiß ich, dass sie darüber hinaus für Anleger, gerade auch kleine Privatanleger, einen praktischen Vorteil bieten, der von vielen gerne übersehen wird. Eine sehr grobe Einschätzung dazu, speziell in Abgrenzung zu einigen anderen Anlagemöglichkeiten, möchte ich in diesem Kapitel geben. Grob deshalb, weil dieses Buch keine Auseinandersetzung und kein Vergleich mit unterschiedlichen Anlageklassen sein soll. Hierzu empfehle ich, andere Literatur zur Hand zu nehmen. Dennoch halte ich es für sinnvoll, kurz zu erwähnen, warum ich meinen Fokus auf die Anlage in Aktien lege und andere Anlageklassen vernachlässige oder ablehne. Das muss man nicht ebenso machen. Sinnvoller ist, dass jeder seinen eigenen Weg findet.

Ich selbst habe zusätzlich zu Aktien einen Teil meines Vermögens in Immobilien investiert. Aus zweierlei Gründen: Ich mag Immobilien einfach und man kann als Privatanleger mit ihnen gute Erträge erwirtschaften. Dennoch haben Immobilien gegenüber Aktien einige Nachteile.

Immobilien haben in gewisser Weise einen besonderen Stellenwert. Sie sind eine Anlageform der breiteren Masse, denn der Wunsch nach einem Eigenheim führt zwangsläufig zu einer Kapitalanlage darin. Ferner nutzen einige das Betongold auch als Vorsorge für das Alter. Eine eigene Immobilie zu besitzen, ergibt oft Sinn. Die monatlichen Raten für die Hypothek (ohne Zinsen) gehen in die eigene Tasche und nicht als Miete in die des Vermieters. So baut man sein eigenes Kapital auf, anstatt das eines anderen.

Sicherlich ist das Vermieten von Immobilien zum Aufbau von Kapital sinnvoller. Doch das ist für manche Anleger zu überdenken. Das größte Problem, das ich für private Anleger darin sehe, ist, dass Immobilien mit einem nicht zu unterschätzenden Kostenaufwand verbunden sind. Allein für den Erwerb der Immobilie benötigt man eine beträchtliche Summe Geld. Diese wird von vielen mit Hilfe von Darlehen aufgebracht. Das erscheint zwar in Zeiten von Niedrigzinsen einfach. Jedoch beinhaltet es das Risiko der dauerhaften Fälligkeit des Darlehens auch dann, wenn die wirtschaftlichen Zeiten für einen selbst weniger rosig sein mögen, z. B. durch Mietausfälle oder den Verlust des eigenen Arbeitsplatzes. Diese Durststrecke gilt es zu überwinden. Im Zweifelsfall verliert man die Immobilie, wenn man die Raten nicht mehr bedienen kann.

Neben den hohen Anschaffungskosten benötigt eine Immobilie im Laufe ihres Lebens, unabhängig davon, ob sie selbst bewohnt wird oder vermietet ist, erheblichen Erhaltungsaufwand. Sie verursacht also Kosten – manchmal mehr, als man denkt oder zur Verfügung hat.

Je nach Lebensstil ist eine eigene Immobilie oder Wohnung eine sinnvolle Anlage und jeder sollte ernsthaft darüber nachdenken. Bezüglich der Vermietung sehe ich das deutlich eingeschränkter. Der hohe Kapitalaufwand macht ein Investment für Privatanleger risikoreicher, wenn auch manche Vorteile nicht außer Acht gelassen werden sollten. Das aber ist ein anderes Thema.

Gold wird von vielen gemocht und bietet den Vorteil, dass es physisch verfügbar und dadurch auch nutzbar ist. In wirklich schweren Zeiten ließen sich kleine Barren ab 1 g Gewicht durchaus als Zahlungsmittel nutzen. Gold wird gerne gekauft, hat es doch den Ruf, ein sicherer Hafen zu sein. Allerdings trifft das dann primär auf Zeiten zu, in denen sich die Wirtschaft in der Krise befindet. In der vergangenen Krise konnten wir jedoch eine sehr interessante Beobachtung machen. Als im Zuge der Ausbreitung des Coronavirus die internationalen Aktienmärkte einbrachen, flüchteten die Menschen nicht etwa in den sicheren Hafen Gold. Im Gegenteil: Gold brach ebenso ein wie die Aktienmärkte, wenn auch nicht ganz so drastisch. Viele Anleger sahen auch in Gold ihr Geld nicht sicher angelegt und zogen es vor, lieber liquide Cash-Bestände aufzubauen. Erst später, mit fortlaufender Krise, begannen die Menschen, sich stärker auf Gold zu konzentrieren.

Wir sehen hier bereits ein Problem, das die Anlage in Gold mit sich bringt. Gold besitzt zwar einen gewissen Wert, diesen bezieht es allerdings zu großen Teilen von den Menschen, die daran glauben und deswegen Gold kaufen. Verlieren sie den Glauben daran oder sehen woanders bessere Chancen, was außerhalb von Krisen eigentlich immer so ist, dann wandert viel Geld in diese Anlagechancen ab. Gold verliert daraufhin an Wert, der auch nicht durch die Verwendung von Gold im Produktionsprozess oder durch das mangelnde Angebot abgefedert wird. Gold erhält seinen Wert folglich fast ausschließlich von der Psyche der Anleger, die stark beeinflusst wird von unterschiedlichen weltpolitischen Bedingungen. Für die meisten privaten Anleger dürfte es sehr schwierig sein, diese gänzlich zu durchblicken und abzuschätzen. Es spricht nichts dagegen, einen Teil seines Vermögens mit Gold gegen Krisen abzusichern. Gold ist seit Jahrhunderten als Zahlungsmittel akzeptiert und wird wegen seiner Begrenztheit wahrscheinlich immer einen gewissen Sachwert behalten. Es zum Aufbau von Vermögen zu verwenden, ergibt meines Erachtens jedoch wenig Sinn, da es seinen inneren Wert nicht aus sich selbst heraus erhöhen kann.

Viele werden sich jetzt fragen, wie es denn mit der Rendite aussieht. Und obwohl diese Frage grundsätzlich berechtigt ist, halte ich sie für wenig sinnvoll. Das liegt vorwiegend daran, dass es eine Frage des betrachteten Zeitraums ist, die über die Performance eine Aussage macht. Je nachdem, welchen

Zeitraum man betrachtet, gewinnt mal die eine, dann die andere Anlageform. Hätte man z. B. zu Anfang des Jahrtausends in Gold investiert und bis 2018 dieses gehalten, so wäre die jährliche Rendite höher gewesen als die eines Investments in Aktien. Hätte man hingegen schon vorher in Gold investiert, würde es bereits schlechter für das Edelmetall aussehen. Ein Investment in Aktien im Jahr 1975, das man bis 2018 gehalten hätte, hätte gegenüber Gold doppelt so viel Rendite erzielt, bei weniger Schwankungen. Diese Zahlen sind also wenig hilfreich, wenn es um die Frage der richtigen Investmententscheidung geht. Wir befinden uns weder im Jahr 1975 noch im Jahr 2000. Wie sich die Aktienmärkte bzw. der Goldmarkt entwickeln werden, wissen wir nicht. Wir kennen weder die zukünftigen Krisen noch die zukünftige wirtschaftliche Entwicklung. Was wir jedoch wissen, ist, dass der Goldpreis, neben der Begrenztheit des Angebots, stark von der Psyche der Marktteilnehmer abhängt. Die Aktienmärkte kurzfristig zwar auch, aber langfristig orientieren sie sich weitgehend an den wirtschaftlichen Entwicklungen, was sie wesentlich flexibler in der Frage der Preisentwicklung macht.

Unternehmen stellen mit ihren Produkten und Dienstleistungen einen Mehrwert her, der den inneren Wert dieser Unternehmen beeinflusst und damit den Aktienpreis. Gold kann diesen Mehrwert nicht produzieren, weswegen es in seiner Preissteigerung immer auf die Psyche der Menschen, d. h. auf die Verwerfungen der Welt, angewiesen sein wird.

Niemand von uns kann in die Zukunft sehen. Wir wissen nicht, wann die nächste Krise oder das nächste bedeutende welterschütternde Ereignis auftreten wird, das die Menschen in die Anlage in Gold treibt. Wir wissen natürlich ebenso wenig, wann die nächste Rezession oder der nächste Börsencrash kommt und wann bzw. wie lange die Märkte boomen werden. Vor diesem Hintergrund halte ich es für sinnvoller, sein Geld in eine Anlage zu investieren, die trotz Konjunkturzyklen, einen Mehrwert aus sich heraus produziert. Darauf zu setzen, ergibt meines Erachtens mehr Sinn, als auf das nächste politische Großereignis zu wetten, das den Goldpreis in die Höhe treiben wird; oder auch nicht.

Interessant bezüglich der genannten Entwicklung von Aktienmarkt und Goldpreis zu Beginn der Coronapandemie ist übrigens nicht nur, dass auch der Goldpreis, wie die Aktienmärkte, gefallen ist, sondern dass zeitgleich mit dem darauffolgenden Anstieg des Goldpreises auch die Aktienmärkte wieder stark anstiegen.

Anleihen sind zwar eine sinnvolle Anlageklasse und für diejenigen, die keine Zeit in ihren Vermögensaufbau investieren möchten und gerne weitgehende Sicherheit haben wollen, attraktiv. Allerdings bieten Anleihen sicherer Staaten, wie Deutschland und die USA, oft keine attraktiven Renditen. Wir befanden uns bis 2022 sehr lange in einer Phase äußerst niedriger Zinsen. Die zehnjährige Bundesanleihe rentierte sogar im negativen Bereich. Ein renditestarker Vermögensaufbau wäre auf diese Weise nicht möglich gewesen. Für Anleger jedoch, deren oberste Priorität Sicherheit ist, sind Staatsanleihen eine richtige Sache und sie sollten sich darüber weiter informieren. Diese Anleger werden mit den weiteren Ausführungen in diesem Buch wenig anfangen können.

Auf Rohstoffe, Kryptowährungen und Zertifikate möchte ich nur knapp eingehen, denn ich halte sie wegen ihres hohen Risikos für den privaten Kleinanleger wenig geeignet. Ja, auch Kryptowährungen, die weder einen inneren Wert besitzen noch aus sich heraus einen Mehrwert erzeugen und auch physisch nicht verfügbar sind. Im Gegensatz zu Anleihen sind die drei genannten Anlageklassen mit einem sehr hohen Risiko behaftet und aus diesem Grund wirklich nur etwas für Profis. Zertifikate kann man zwar stark hebeln und damit deutlich mehr Gewinn machen als mit der Basis. Es kann aber auch sehr schnell zum Totalverlust des eingesetzten Kapitals kommen. Daneben sind Zertifikate eine Wette auf die Kursentwicklung, z. B. einer Aktie, und damit mehr von der Psyche der Marktteilnehmer abhängig als von der fundamentalen Entwicklung und Stärke eines Unternehmens. Wetten als Form von Vermögenssteigerung sind fragwürdig und ich rate jedem privaten Anleger, vor allem den Kleinanlegern, davon ab. Diese Anlageform liegt für die meisten dieser Anleger außerhalb der eigenen Kompetenz und bleibt auch deswegen hier weitgehend unberücksichtigt. Eine nachhaltige und vernünftige Kapitalanlage sollte auch bei anständiger Rendite das Risiko so weit wie möglich reduzieren. Zertifikate jedoch erhöhen das Risiko unverhältnismäßig. Ähnliches gilt für Kryptowährungen und Rohstoffe.

Aktiv gemanagte Fonds scheinen für viele attraktiv, weil sie z. B. verschiedene Aktien eines Landes, einer Branche oder eines geografischen Raumes beinhalten. Sie haben jedoch den Nachteil, dass sie, wie der Name andeutet, von anderen gemanagt werden. Dafür muss der Anleger zahlen und auf deren Kompetenz muss er vertrauen. Die Kompetenz dieser Fondsmanager kann man oft nur erraten und hoffen, dass man sich nicht irrt. In jedem Fall schmälern die Gebühren das Vermögen.

Untersuchungen haben ergeben, dass die meisten Fonds den Markt nicht schlagen, also höchstens durchschnittlich performen. Deswegen ist es sinnvoller, in sogenannte ETFs zu investieren als in aktiv gemanagte Fonds. Indexfonds sind erheblich billiger und erzielen die gleiche durchschnittliche Performance. Sie sind aber ebenso anfällig für Marktkrisen wie das reine Investment in Aktien. Darüber hinaus bieten sie kaum die Chance, eine Überrendite zu erzielen. Viele Anhänger von ETFs würden argumentieren, dass ein durchschnittlicher privater Anleger ohnehin keine Überrendite erzielen kann und das Verlustrisiko bei ETFs sich durch die starke Diversifikation in Grenzen hält. Warum das erste Argument nicht stimmt und inwiefern das zweite wirklich stichhaltig ist, darauf werde ich im Verlauf dieses Buches noch eingehen.

Ich bin überzeugt, dass Einzelaktien für den Vermögensaufbau eines privaten (Klein-)Anlegers eine sinnvolle Anlageklasse sind.

Warum denke ich das?

Meines Erachtens bietet die Aktie, also die Beteiligung an einem Unternehmen, einige entscheidende Vorteile, insbesondere für private Anleger.

Man kann relativ einfach selbst lernen, Aktien zu managen. Hierbei möchte ich mit diesem Buch helfen. Darüber hinaus erlauben Aktien auch einem kleinen Geldbeutel, sein Geld sinnvoll anzulegen. Hier unterscheidet sich die Aktienanlage deutlich von der in Immobilien. Aktien sind schon für wenige Euro zu erwerben, wobei ich hier nicht von sogenannten Pennystocks rede. Ende 2023 notierten z. B. die Aktien von Siemens Energy, Deutsche Bank oder Commerzbank knapp über 10 €.

Wichtiger jedoch finde ich, was die Beispiele bereits andeuten: Hinter Aktien stehen Unternehmen, deren Ziel es ist, Gewinne zu erwirtschaften, was sich auf die Rendite dieser Kapitalanlage auswirkt und damit hilft, ein Vermögen aufzubauen. Außerdem, und das sollte nicht außer Acht bleiben, sollte es doch einmal notwendig sein, lassen sich Aktien schnell zu Bargeld machen. Ein weiterer Aspekt, der Aktien von Immobilien unterscheidet, denn diese lassen sich bei Weitem nicht so schnell verkaufen.

Allein die drei genannten Eigenschaften von Aktien machen deutlich, warum die Anlage in Aktien für Privatanleger, vor allem Kleinanleger, durchaus sinnvoll ist. Daneben aber, und das werde ich im weiteren Verlauf zeigen, ist das Verhältnis zwischen Rendite und Risiko, bei einer sinnvollen Herangehensweise an die Anlage in Einzelaktien, deutlich vorteilhafter als bei anderen Anlageformen. Die Frage des Risikos und der Risikominimierung ist sogar derart wichtig, dass ich ihr einen eigenen Bereich gewidmet habe.

Man muss festhalten, dass jede Anlageform mit einem Risiko behaftet ist. Das gilt sogar für vermeintlich sichere Staatsanleihen, denn Staaten können grundsätzlich pleitegehen oder die Menschen können ihr Vertrauen in sie verlieren. Ende 2023 standen die USA vor der Problematik, dass die Nachfrage nach ihren

Staatsanleihen nicht mehr im gewohnten Maß bestand. Selbst Bargeld verliert aufgrund von Inflation stetig an Wert, unterliegt also mindestens dem Inflationsrisiko.

Warum ich, intelligent herangegangen, die Aktienanlage für deutlich weniger risikoreich halte als andere Anlageformen, und was sich hinter dem Begriff des intelligenten Investierens in Aktien verbirgt, lege ich im Folgenden genauer dar. Dabei habe ich Kategorien gebildet, die den Kern deutlich hervortreten lassen und gleichzeitig eine sinnvolle Zusammenführung ermöglichen. Das ist der Grund, warum man in der entsprechenden Literatur zum Value Investing eine ähnliche Kategorisierung so nicht findet. Ich habe aus den Darlegungen der Literatur zum Thema Value Investing die vorliegenden Kernkategorien für mich zusammengestellt, weil ich davon überzeugt bin, dass der Fokus darauf hilfreich für die Investmententscheidungen ist. Diese Kategorien nenne ich die Geheimnisse des intelligenten Investierens, in Anlehnung an Benjamin Graham und sein herausragendes Werk.

1 Das Geheimnis des Ignorierens

Der Name dieses Geheimnisses mag ein wenig verwirren, da Ignoranz eigentlich ein negativ besetzter Begriff ist. Doch geht es im Kontext des Investierens nicht um eine schlechte, sondern eine fundamental hilfreiche Eigenschaft. Es geht um das Ausblenden von manchen Informationen, von unnötigem oder schädlichem Wissen und Verhalten. Diese können nämlich die Investitionsentscheidungen in eine ungünstige Richtung beeinflussen.

Da manche Informationen für eine sinnvolle Anlageentscheidung ungünstig sind, gilt es, diese weitgehend auszublenden oder differenziert zu bewerten. Das ermöglicht dem Anleger, langfristig erfolgreich zu sein und sein Vermögen aufzubauen.

Ignorieren ist also fundamental, obwohl die meisten Anleger genau das Gegenteil machen. Sie versuchen sich mit allen möglichen Informationen vollzusaugen, denn sie denken, dass ihnen diese einen Wissensvorsprung und damit einen Vorteil beim Investieren verschaffen. Zu viel Wissen und zu viele Informationen können aber auch zu Verwirrung führen und damit zur Handlungsunfähigkeit oder zu Handlungen, die nicht der eigenen Natur entsprechen. Ganz besonders in Bereichen, in denen es eine Vielzahl unterschiedlicher und teilweise widersprüchlicher Positionen gibt. In einer solchen Situation ist es ab einem gewissen Zeitpunkt der eigenen Entwicklung sinnvoll, einiges zu ignorieren. So z. B. die Masse – ihre Handlungen und ihre Meinungen. Der uns angeborene Herdentrieb sorgt dafür, dass wir gerne der Masse folgen. Zu tun, was andere tun, gibt uns eine gewisse Sicherheit. Bei Anlageentscheidungen jedoch ist dies in vielen Fällen kontraproduktiv. Deswegen kommt es darauf an, dass man sich als Anleger selbst Gedanken zur Geldanlage macht. Ein erfolgreicher Anleger bildet sich eine eigene Meinung und bleibt von fremden Einflüssen weitgehend unbeeindruckt. Das ist selbstverständlich schwierig und vielleicht die größte Herausforderung, vor der wir bezüglich der Geldanlage stehen. Immerhin müssen wir auf uns und unser erworbenes Wissen vertrauen und auf die Entscheidung, die daraus resultiert. Allerdings glaube ich, dass wir selbst am besten wissen, was für uns richtig ist. Deswegen ist Ignorieren in weiten Teilen auch so wichtig für den eigenen Erfolg am Aktienmarkt. Und hier gibt es einiges, das wir besser ignorieren oder in einer veränderten Weise betrachten sollten.

Aktien sind Unternehmensbeteiligungen

Zuallererst sollten wir eine landläufige und anscheinend vorherrschende Meinung vieler Marktakteure über Aktien ignorieren: Die Antwort auf die Frage, was eine Aktie eigentlich ist. Der intelligente Investor beantwortet diese Frage anders als viele Menschen. Für diese, ob Anleger oder nicht, ist eine Aktie ein Stück Papier, das man heute kauft und morgen wieder verkauft. Sie ist also eine Ware, die täglich ihren Besitzer wechselt und mit der man hoffentlich Gewinn macht. Eine Aktie ist für diese Menschen ein Spekulationsobjekt.

Für den intelligenten Investor hingegen ist eine Aktie etwas ganz anderes. Für ihn ist sie nicht einfach nur ein Stück Papier, denn hinter diesem Papier steckt etwas; unter Umständen etwas sehr Wertvolles. Hinter einer Aktie steckt immer ein Unternehmen, weswegen eine Aktie im Eigentlichen eine Unternehmensbeteiligung ist. Eine Aktie ist ein kleines Stück eines Unternehmens. Sie ist das Unternehmen selbst. Und dieses kleine Stück wird genauso behandelt wie der gesamte Teil. Es trägt einen Teil des Vermögens und der Wertgegenstände und es erhält einen Teil des Gewinns. Und zwar genauso viel wie die anderen Teile des Unternehmens. Alles wird gerecht geteilt.

Hat man beispielsweise 5 % der Aktien eines Unternehmens, stehen einem auch 5 % des ausgeschütteten Gewinns zu. Man erhält diesen Gewinn in Form von 5 % der Dividenden und in Form von Reinvestitionen in das Unternehmen.

Hinter jeder Aktie verbirgt sich ein Teil eines real existierenden Unternehmens, in dem Menschen arbeiten, die Produkte herstellen oder eine Dienstleistung anbieten. Ein Unternehmen, das Geld ausgibt und Geld einnimmt, das also wirtschaftet, das einen Gewinn erzielen will und dies im Allgemeinen auch tut. Viele Anleger arbeiten selbst in einem börsennotierten Unternehmen. Beinahe jeder Mensch jedoch nutzt und kauft die Waren oder Dienstleistungen eines solchen Unternehmens: Sportschuhe von Nike oder Adidas, Smartphones von Apple oder Samsung, Waschmittel von Henkel oder Procter und Gamble, Autos von VW, BMW, Mercedes, Tesla etc.

An solch einem Unternehmen kann man sich mit einer Aktie beteiligen. Mit einer Aktie wird man zu einem Eigentümer des Unternehmens. Ein Teil, wenn auch nur ein kleiner, gehört einem, wenn man eine Aktie von ihm besitzt.

Aktien sind für den intelligenten Investor also kein Spekulationsobjekt, sondern Unternehmensbeteiligungen. Er sieht das Unternehmen hinter der Aktie und legt seinen Fokus darauf. Nicht auf den sich stets verändernden Aktienkurs. Spekulanten hingegen sehen das Unternehmen hinter der Aktie oft nicht und interessieren sich auch nur bedingt dafür. Sie sind nur daran interessiert, zu welchem Preis man seine Aktien kaufen und am nächsten Tag wieder verkaufen kann. Dieses Interesse ergibt sich aus der Tatsache, dass der Käufer erwartet, die Aktien in x Tagen zu einem höheren Preis verkaufen zu können.

Spekulanten interessieren sich nicht für die Menschen, die in den Unternehmen jeden Tag ihr Bestes geben, um etwas herzustellen oder anzubieten, das jemand anderes benötigt oder haben möchte. Der intelligente Investor aber interessiert sich dafür. Er lässt nicht außer Acht, dass die Mitarbeiter des Unternehmens dieses mit ihrer Arbeit wertvoll machen, dass sie einen Mehrwert produzieren. Dieser Wert, den die Mitarbeiter produzieren, macht den eigentlichen Preis einer Aktie aus.

Zumindest sollte es das und in den Augen des intelligenten Investors ist dies auch so. Lediglich der Markt spiegelt diesen Preis nicht immer wider. Ja, er tut dies sogar nur in seltenen Fällen. Ein Umstand, der dem Investor beim Aufbau eines Vermögens hilft.

Aktien spiegeln nicht den Wert des Unternehmens wider, das hinter der Aktie steht, da sie oft als unabhängiges Wertpapier angesehen werden und die Preise von kurzfristigen Hoffnungen und Erwartungen getrieben sind. Dies sorgt dafür, dass viele Marktteilnehmer versuchen, aus dem schnellen Kauf und Verkauf von Aktien, also aus der Differenz zwischen den beiden, Gewinn zu ziehen. Das ist dann aber kein Investment mehr, sondern eine Spekulation, eine Wette. Für den Vermögensaufbau eines privaten Anlegers ist das nicht geeignet.

Viele Menschen ignorieren weitgehend das dahinterstehende Unternehmen und dessen tatsächlichen Wert. Sie machen sich kaum Gedanken darüber, ob der Preis der Aktie in einem richtigen Verhältnis zum Wert des Unternehmens steht.

Diese Sichtweise, die Aktien zu einem Spekulationsobjekt macht, ignoriert der intelligente Investor. Für ihn ist eine Aktie, wie zuvor erwähnt, kein Stück Papier, das heute zu einem Preis gekauft und morgen wieder verkauft wird. Es handelt sich für ihn nicht um eine fiktive, am Monitor dargestellte Zahl oder Kurve. Für ihn handelt es sich um eine Beteiligung an einem realen Unternehmen, in dem Menschen arbeiten und in dem Waren hergestellt oder Dienstleistungen erbracht werden. Um soliden Vermögensaufbau zu betreiben, versteht sich der intelligente Anleger als Investor, deswegen auch „intelligenter Investor."

Der intelligente Investor möchte kein Unternehmen heute kaufen und morgen wieder verkaufen, auch nicht in Form von Aktien. Er will Unternehmen kaufen, die er nach Möglichkeit behalten will, und zwar die nächsten 10 oder 20 Jahre. Am besten ein Leben lang. Denn er will am Erfolg und am Gewinn der Unternehmen teilhaben. Ein Erfolg, der noch lange anhalten soll.

Ein Anleger, der sinnvoll und intelligent sein Vermögen aufbauen möchte, versteht sich also als Investor. Er ist kein Spekulant und auch kein Trader. Er wettet nicht auf das Steigen oder Sinken einer Aktie. Stattdessen möchte er am Erfolg eines Unternehmens teilhaben.

Der intelligente Investor ist ein Unternehmensanalyst auf der Suche nach tollen Unternehmen. Er sucht gute oder herausragende Unternehmen und investiert in sie mittels einer Aktie. Er wird Teilhaber dieses Unternehmens und lässt seine Beteiligung für sich arbeiten, indem er Teilhaber am steigenden Gewinn und am steigenden Wert des Unternehmens wird. Teile des Gewinns werden in Relation zu seiner Beteiligung an ihn ausgezahlt und der steigende Wert des Unternehmens spiegelt sich über die Zeit hinweg im steigenden Preis der Aktie wider. Im Kapitel „Geheimnis des Wertes“ gehe ich tiefer darauf ein, wie man ein Unternehmen analysiert, den Wert berechnet und ein tolles Unternehmen finden kann.

Halten wir fest: Beim Kauf von Aktien geht es um das Unternehmen, das hinter der Aktie steht. Es geht nicht darum, vorherzusehen, wohin sich die Börse entwickeln wird und ob der Preis der Aktie morgen höher oder niedriger sein wird als heute. Das wäre Spekulation und Wahrsagerei. Und wahrsagen kann leider niemand. Deswegen versucht der intelligente Investor es gar nicht erst.

Viele Anleger blicken tagtäglich auf den Preis der Aktien. Sie sehen sich die Kurse an, wie sie steigen und fallen, und versuchen einen Preis zu treffen, der günstig genug erscheint, z. B. wenn nach einer Phase des Anstiegs eine Aktie konsolidiert, also fällt. Diese Spekulanten erkennen nicht, dass beim Investieren der Preis der Aktie nicht das Wichtigste ist; es ist das Unternehmen dahinter und der Wert dieses Unternehmens. Der Preis spielt nur in Relation zum Wert und zur Qualität des Unternehmens eine Rolle, niemals alleine. Deswegen interessiert den intelligenten Investor, ob das Unternehmen den Preis, den er bezahlen muss, auch wert ist. Am besten ist es für ihn, wenn das Unternehmen mehr wert ist, als er bezahlen muss. Der Preis dient also dazu, dem intelligenten Investor zu sagen, ob er zu teuer kauft oder ein Schnäppchen macht. Wie hoch der Preis im Eigentlichen ist, spielt dabei keine Rolle. Es kommt lediglich auf das Verhältnis zum Wert des Unternehmens an.

Der Wert des Unternehmens ist das, was von entscheidender Bedeutung ist, weniger der Preis. Dieser Wert wächst bei guten Unternehmen mit der Zeit und resultiert aus der Geschäftstätigkeit des Unternehmens, also aus dem, was das Unternehmen tut, aus seiner Wettbewerbsfähigkeit und aus seinen Aussichten für die Zukunft. Ist die Entwicklung des Unternehmens gut, wird sich das früher oder später auch im Preis niederschlagen; er wird also steigen. Am Ende erkennt der Markt, also die anderen Teilnehmer, die Käufer, stets die Qualität des Unternehmens. Dann wird der Markt anfangen, sich für dieses Unternehmen zu interessieren und die Leute werden versuchen, einen Teil davon zu erhalten. So steigt der Preis des Unternehmens bzw. der Aktien. Der intelligente Investor versucht, ein solches Unternehmen zu finden, ehe es die Aufmerksamkeit des breiten Marktes hat. Dann ist der Preis im Verhältnis zum Wert nämlich niedrig und er kann von dem zu erwartenden Anstieg des Preises Richtung Wert profitieren.

Mit einem schlechten Unternehmen wird der Investor am Ende aber kein Geld verdienen. Auch das Risiko, Verluste zu machen, ist viel zu hoch. Auf die Rolle des Risikos gehe ich im Kapitel „Das Geheimnis der Sicherheit“ näher ein.

Der intelligente Investor verwechselt die Performance der Aktie nicht mit der Wertentwicklung des Unternehmens. Er weiß, dass der Preis der Aktie sich nicht parallel zum Wert des Unternehmens entwickelt. Mal ist der Preis höher, mal niedriger, selten entspricht er dem Wert. Der intelligente Investor achtet nur auf den Preis, um zu entscheiden, ob das Unternehmen günstig und somit attraktiv ist. Er möchte auf gar keinen Fall zu teuer kaufen. Denn selbst ein gutes Unternehmen kann ein schlechtes Investment sein, wenn man zu viel dafür bezahlt.

Der intelligente Investor achtet bei der Aktienwahl also nicht auf die Performance der Aktie, sondern auf die des Unternehmens. Um zu entscheiden, ob ein Unternehmen eine gute Performance hat, versucht er herauszufinden, wie gut das Unternehmen wirtschaftet, welche Produkte es hat und wie die Zukunftsaussichten sind. Er betrachtet die Geschäftsergebnisse über mehrere, vorzugsweise 10, Jahre. Hierzu betrachtet er die Entwicklung der Gewinn-und-Verlustrechnung, der Bilanz und des Kapitalflusses (Cashflow). Er sammelt alle notwendigen Informationen (nicht Meinungen) über das Unternehmen, wie er sie z. B. in den Geschäftsberichten und Zeitungen findet. Nur Unternehmen, die über einen längeren Zeitraum konstant gute Ergebnisse erzielt haben, versprechen, dies auch in Zukunft zu tun.

Warren Buffett, der wohl erfolgreichste Anwender dieser Strategie, achtet vorrangig auf vier Aspekte beim Kauf eines Unternehmens:

1. **Verständliche und nachvollziehbare Geschäftstätigkeit**
   Buffett fragt sich, ob er das Produkt und das Unternehmen versteht. Wenn nicht, lässt er die Finger davon, denn es befindet sich außerhalb seines Kompetenzkreises (Circle of Competence).

2. **Günstige langfristige Aussichten**
   Buffett überlegt, ob das Produkt von Dauer ist. Wird es also auch in 10 Jahren noch existieren? Fehlt der Aspekt der Dauerhaftigkeit, wird das Unternehmen entweder ständig neue Innovationen auf den Markt bringen müssen, was viel Geld verschlingt, oder es wird vom Markt verschwinden. Beides schmälert das Vermögen des Anteilseigners.

3. **Ehrliches und kompetentes Management**
   Für Buffett ist es wichtig, dass das Management nicht für sich, sondern für das Unternehmen wirtschaftet. Er möchte wissen, ob es das Unternehmen als Ganzes, sprich die Produkte, die Mitarbeiter, die Kunden und natürlich auch die Eigentümer im Blick hat. Manager, die hauptsächlich an ihre eigenen finanziellen Bedürfnisse denken, dienen weder dem Unternehmen noch dem Vermögen der Eigentümer.

4. **Attraktiver Aktienkurs**
   Wie ich bereits erwähnte, entsteht die Attraktivität des Aktienkurses durch sein Verhältnis zum inneren Wert des Unternehmens. Attraktiv ist der Kurs dann, wenn der Anleger weniger zahlt, als er an Wert erhält.

Viele große Investoren begründen ihren immensen Erfolg mit intelligenten Investitionen. Natürlich bleibt immer ein Risiko (die Zukunft lässt sich eben nicht vorhersagen), doch das Risiko dieser Art des Investierens minimiert sich gegenüber anderen Anlagen und bleibt überschaubar. Auch dies werde ich später im Kapitel „Das Geheimnis der Sicherheit" noch genauer zeigen. Da über einen langen Zeitraum investiert wird, sollte sich der Wert des Unternehmens, wenn das richtige ausgewählt worden ist, und damit der Preis der Aktie positiv entwickeln. Auf die nachrangige Bedeutung des Preises bin ich bereits eingegangen, doch ich möchte diesen Aspekt im nächsten Kapitel noch etwas vertiefen, denn der Preis spielt für viele Anleger einfach eine allzu große Rolle. Für den intelligenten Investor jedoch nicht, was uns direkt zum nächsten Aspekt des Ignorierens führt.

Ignoriere den Preis

In diesem Kapitel geht es darum, etwas zu ignorieren, was den meisten Menschen sehr schwerfällt: die Kurse der Aktien. Ich erlebe es immer wieder: Viele Marktteilnehmer, insbesondere

Neueinsteiger, unterliegen dem ständigen Drang, die Kurse zu verfolgen, vorwiegend jene Aktien, die sie selbst besitzen. Das ist nicht nur hinderlich, wie ich gleich zeigen werde, es ist auch in zweierlei Hinsicht fatal. Der ständige Blick auf Aktienkurse beeinflusst die eigenen Emotionen und die eigene Psyche, und das in negativer Weise. Steigen die Kurse, sind viele Anleger euphorisch und werden gar gierig. Sind sie bereits investiert, halten sie sich für die besten Anleger und glauben, dass sie genau wussten, dass diese Aktie steigen würde. Fallen die Kurse, sind sie schnell deprimiert und geraten in Panik, sehen sie doch ihr hart verdientes Geld dahin schwinden. Oft wird dann schnell und ohne Nachdenken verkauft, bevor der Kurs der Aktie noch weiter fällt und man noch mehr Geld verliert. Steigt der Kurs dann wieder, hat der Anleger den Zug bereits mit Verlust verlassen. Der plötzlich einsetzenden Rallye sieht er nur hinterher.

Viel zu oft steigen viele dann wieder ein, wenn der Preis zu hoch ist, um anschließend nach Verlusten erneut zu verkaufen. Diese Anleger bauen kein Vermögen auf, sondern bauen es ab. Sie unterliegen dem Irrglauben, wenn der Markt hoch stehe, ließe sich schnell Geld verdienen und so steigen sie ein. Doch das ist falsch.

Der stete Blick auf die Kurse ist in keiner Weise hilfreich, denn er hilft beim Aufbau des Vermögens nicht. Vermögen kann sich nur über längere Zeiträume aufbauen, über qualitativ hochwertige Unternehmen und deren positive wirtschaftliche Entwicklung. Darüber aber sagt der tägliche Aktienkurs nichts aus, weswegen er getrost ignoriert werden kann. Die Emotionen, die entstehen, wenn man die tägliche Entwicklung der Kurse der eigenen Aktien verfolgt, kann ein Investor für einen sinnvollen Vermögensaufbau nicht gebrauchen. Intelligentes Investieren bedeutet nämlich auch, seine Emotionen zu kontrollieren. Dazu gehört, sie nicht zu präsent werden zu lassen.

Für den intelligenten Investor sind die Kurse weitgehend ohne Bedeutung und sie haben vor allem nicht die Bedeutung, die ihnen viele Menschen beimessen.

Viele glauben, die Börse sei ein Spielkasino. Ein Ort, an dem sich die Reichen auf Kosten der Armen noch mehr bereichern. Ein Ort, an dem die großen Anlageprofis die kleinen Privatanleger abzocken. Gerade hier in Deutschland trauen sich viele deswegen gar nicht an die Börse, ja, sie verabscheuen sie sogar. Viele haben Angst, in diesem angeblichen Casino ihr Geld zu verlieren, weil sie nicht sehen, was hinter einer Aktie und ihrem Kurs steckt. Nämlich ein Unternehmen, das einen Wert hat, welches Dinge produziert und in dem Menschen arbeiten. Ein Unternehmen, das über Besitz, Maschinen, Gebäude usw. verfügt. Ein Unternehmen, das in aller Regel Gewinn macht. Mit Aktien beteiligt man sich an den Werten des Unternehmens, die weitere Werte produzieren.

Was die Menschen stattdessen sehen, ist, wie die Börse sich jeden Tag auf und ab bewegt, wie die Kurse steigen und fallen. Man kann es sehr gut an dem folgenden, willkürlich herausgegriffenen Chart des Deutschen Aktien Index mit Start der Kurve im Oktober 2015 sehen. Die Kurve zeigt die Entwicklung des DAX[1] über ein Jahr hinweg.

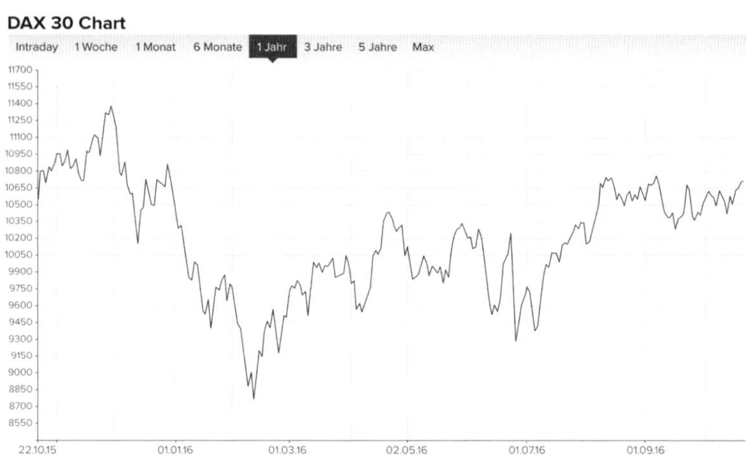

[1]Quelle: `http://www.finanzen.net/index/DAX/Charttool`

Wir sehen, wie der DAX von knapp 11.400 Punkten Ende November 2015 auf unter 8.800 Punkte im Februar 2016 gefallen ist, um anschließend wieder über 10.350 Punkte zu steigen. Dann begann eine Seitwärtsbewegung mit schwächeren und stärkeren Ausschlägen.

Wie aber kommen diese Ausschläge zustande? Sind sie ein Anzeichen dafür, dass es sich bei der Börse um ein Spielkasino handelt, weil jeden Tag Spekulanten darauf wetten, was morgen mit den Aktien passiert? Ja, kurzfristig betrachtet, mag das tatsächlich so sein. Jeden Tag kaufen Menschen Aktien und andere verkaufen sie. An manchen Tagen steigen die Kurse, an anderen fallen sie. Auch steigen oder fallen sie über längere Zeiträume hinweg.

Für den intelligenten Investor ist das aber nicht von Bedeutung, denn der Preis der Aktien, also der Kurs, den man verfolgen kann, entspricht selten dem inneren Wert des Unternehmens. Der intelligente Investor beantwortet auch die Frage, ob er als Anleger wirklich Geld verloren hat, nur weil die gekaufte Aktie am nächsten Tag weniger kostet, anders als viele andere Anleger. Solange der intelligente Investor nicht verkauft, hat er im Grunde kein Geld verloren. Denn Verluste müssen realisiert werden, um sich auch auszuwirken. Verkauft er nicht, hat er auch keinen realen Verlust. Lediglich einen Buchverlust, der aber auf dem Preis basiert, nicht auf dem Wert. Deshalb ist die interessantere und wichtigere Frage, ob das Unternehmen, in das investiert wurde, sich verschlechtert und an Wert verloren hat, nur weil der Aktienkurs gefallen ist. Das ist sicherlich nicht der Fall. Das Unternehmen steht nicht schlechter da. Sein innerer Wert hat sich nicht verändert. Das geht nämlich nicht so schnell. Eben darum behauptet Warren Buffett auch, dass Investoren bei fallenden Märkten nichts verlieren, sondern gewinnen.

Dass es für viele Anleger anders aussieht, liegt daran, dass sie zwei Dinge miteinander verwechseln: den Preis für ein Unternehmen und den Wert des Unternehmens. Viele machen den Fehler, die Marktkapitalisierung mit dem Wert des Unternehmens gleichzusetzen. Das ist jedoch irreführend. Die Marktkapitalisierung ist lediglich ein Abbild der Psyche des Marktes, also der Erwartungen und Hoffnungen der Marktteilnehmer. Der eigentliche, der innere Wert des Unternehmens allerdings basiert auf seinen fundamentalen Daten, auf den Produkten und Sachwerten, die es vertreibt und besitzt.

Der angebliche Verlust der Aktie bezieht sich auf den Tagespreis des Unternehmens, weil mehr Menschen an diesem Tag verkauft haben, als kaufen wollten. Betrachten wir hingegen den inneren Wert und nicht den Markt"wert", dann ist das dahinterstehende Unternehmen immer noch genauso viel wert, wie an dem Tag, an dem der Anleger es gekauft hat. Sicher kann sich das ändern und darauf muss ein Investor reagieren. Doch diese Veränderung vollzieht sich nicht von einem auf den nächsten Tag, sondern über einen längeren Zeitraum, über Monate oder Jahre hinweg.

Der Wert des Unternehmens ist also gleich geblieben, jedoch bietet der Markt es jetzt zu einem günstigeren Preis an. So funktioniert der Markt. Mal ist der Preis für ein Unternehmen hoch, mal niedrig, oft genug zu hoch oder auch zu niedrig. Er zeigt selten an, was der Anleger an Wert für diesen Preis erhält. Deswegen ist die Aussage, der Preis der Aktie spiegele immer den Wert des Unternehmens wider, nicht richtig. Im besten Fall ist der Preis in der Nähe des Wertes. Der intelligente Anleger nutzt die genaue Position im Verhältnis zum Wert, um sein Vermögen aufzubauen.

Das Problem des Preises ist, dass er sehr viel vorweggenommenes Vertrauen, Vorhersagen oder auch Ängste enthält. Die Psyche der Teilnehmer können wir nicht vorhersagen. Auch nicht, welche politischen, wirtschaftlichen oder gesellschaftlichen Ereignisse auf die Psyche der Käufer und Verkäufer einwirken und vor allem, wie sie einwirken. Diese Psyche der Marktteilnehmer ist der größte Gegner des Anlegers, wenn er die Entwicklung des Preises vorhersagen möchte. Sie kann aber auch sein größter

Freund sein, wenn er sie richtig zu nutzen weiß. Dann beschert sie ihm Kaufgelegenheiten. Nämlich in dem Moment, in dem der Preis deutlich unter dem Wert des Unternehmens liegt, für das der Investor sich interessiert. Dafür orientiert sich der Investor nicht an kurzfristigen Kursbewegungen, sondern er denkt an die langfristigen Geschäftsergebnisse. Diese Erwartungen sind für ihn von Bedeutung, nicht die Kurse.

Interessant ist, sich einmal anzusehen, wie der tägliche Preis in der Regel zustande kommt. Selbstverständlich durch Angebot und Nachfrage. Aber wie sehen die Bewegungen dahinter aus? Es ist tatsächlich so, dass der tägliche Preis oft nur von ganz wenigen Teilnehmern bestimmt wird. Hierzu braucht man bloß den Tagesumsatz in Stückzahl, den man auf jeder guten Börsenseite einsehen kann, mit der Gesamtzahl der Aktien des Unternehmens zu vergleichen. Typischerweise handeln weniger als 1 % der Besitzer am Tag mit der entsprechenden Aktie. Diese wenigen bestimmen den aktuellen Preis.

Es stellt sich also die Frage, wenn nur eine kleine Minderheit über den Preis einer Aktie bestimmt, wie dieser Preis dann den Wert des Unternehmens widerspiegeln soll. Das ergibt wenig Sinn, weswegen es auch über die meiste Zeit hinweg wenig hilfreich ist, die Kurse zu beobachten. Sinnvoller und hilfreicher ist es, das Unternehmen zu beobachten. Denn es zählt eben der Wert des Unternehmens und nicht der Tageskurs seiner Aktien.

Es gibt nur einen einzigen Moment, in dem Preise von Bedeutung sind und man sich den Kurs anschauen sollte, wobei es auch dann nicht auf den einzelnen Euro oder Dollar ankommt. Dieser Moment kommt, wenn man ein Unternehmen bzw. dessen Aktien kaufen möchte. Dann, wenn der Anleger den Wert des Unternehmens ins Verhältnis zum Preis setzt. Ein Investor möchte schließlich nicht zu viel für das Unternehmen ausgeben, das er haben will. Ist der Preis der Aktie hingegen angemessen oder noch besser, erhält der Investor sie zu einem Schnäppchenpreis, dann möchte er zugreifen.

Oft kommt der angemessene Preis erst durch einen Kursverlust zustande, der keine Berechtigung in dem Unternehmen selbst hat, sondern auf Grundlage von Ereignissen erfolgt, die nur sehr begrenzt mit dem Unternehmen zu tun haben, womöglich auch gar nicht. Ein Anleger kann diesen Einfluss selten vorhersehen, insofern sollte der Kursverfall ihn auch nicht irritieren. Er sollte ihn eher freuen. Denn nun bekommt er das gewünschte Unternehmen, das immer noch hervorragend ist, zu einem Preis, den er bereit ist, dafür zu zahlen.

Einen solchen Moment erlebten wir im Frühjahr des Jahres 2020, als im Zuge der Coronapandemie die weltweiten Kapitalmärkte in wenigen Tagen massiv einbrachen. Beinahe alle Unternehmen waren von diesen Rückschlägen betroffen, wenn auch nicht in gleicher Stärke. Während einige Unternehmen, die ich schon seit einiger Zeit beobachtete und auf eine Kaufgelegenheit wartete, endlich zum Schnäppchen-Preis erhältlich waren, gab es andere, die trotz Verlusten nicht einmal in die Nähe ihres inneren Wertes fielen, also weiterhin überteuert blieben. Als Investor nutzte ich den Markteinbruch im Frühjahr 2020, um endlich einige der Unternehmen, die ich unbedingt in meinem Portfolio haben wollte, zu einem attraktiven Preis zu kaufen. Während viele Marktteilnehmer angesichts der fallenden Preise in Panik gerieten, wurde ich gierig. Genau, wie Warren Buffett es Anlegern empfiehlt.

Value Investoren freuen sich über fallende Kurse, denn sie bedeuten Kaufgelegenheiten. Sie geraten angesichts fallender Kurse nicht in Panik, denn sind die Preise an der Börse am Fallen, können sie Aktien guter Unternehmen günstig kaufen oder nachkaufen. Fallende Kurse sind also eine gute Nachricht, sofern diese Investoren kaufen wollen. Wollen Value Investoren gerade nichts kaufen, sind die Kurse für sie keine besondere Meldung wert. Denn der innere Wert der Unternehmen, die sie besitzen, ändert sich nicht, weswegen sie auch nichts verlieren. Folglich können sie die Kurse einfach ignorieren. Auch deswegen, weil sie langfristig, mit sehr großer Wahrscheinlichkeit, wieder steigen werden. Zumindest, wenn es sich um gute Unternehmen handelt. Das liegt auch daran, dass sich langfristig der Wert eines Unternehmens immer im Kurs niederschlägt. Ein gutes oder hervorragendes Unternehmen wird immer einen guten oder hervorragenden Preis erzielen. Der zukünftige Kurs der Aktie wird nicht von der heutigen Hysterie bestimmt, sondern von den zukünftigen Zahlen des Unternehmens.

Nehmen wir Walmart als Beispiel. Ein Investor, der 1970 100 Aktien zu $16,50 gekauft hätte, besäße 20 Jahre später aufgrund von Aktiensplits 51.200 Aktien zu einem Stückpreis von $62. Aus $1.650 wären stolze $3,1 Mio. geworden. Nicht wegen der Spekulanten, sondern weil das Unternehmen eine so herausragende Performance hatte, an der viele Anleger teilhaben wollten.

Fassen wir zusammen: Intelligente Investoren ignorieren die Kurse. Sie ignorieren den täglichen Börsenticker und das tägliche Auf und Ab. Sie geraten nicht in Panik, nur weil es die anderen Marktteilnehmer tun. Diese wissen oft gar nicht wirklich, warum sie überhaupt in Panik geraten. Sie machen das nur, weil es alle tun. Das nennt man Massenpsychologie.

Die Kurse an der Börse bewegen sich jeden Tag, weil jeden Tag jemand kaufen möchte und ein anderer verkaufen will. Wollen mehr Leute kaufen, steigt der Preis; wollen mehr verkaufen, fällt er.

So funktioniert es. Der tatsächliche Wert des Unternehmens, der nicht durch den Aktienpreis repräsentiert wird, wird dadurch nicht beeinflusst. Deswegen achten intelligente Investoren auf das Geschehen im Unternehmen und den Wert des Unternehmens. Sie benutzen die Kurse an der Börse, um herauszufinden, ob das Unternehmen zu einem guten Preis zu bekommen ist. Sie nutzen fallende Aktienkurse, um mehr von einem guten Unternehmen zu einem noch besseren Preis zu bekommen. Man kann den Preis nicht vorhersehen, aber man kann ihn nutzen. Man sollte sich nicht darüber ärgern, wenn man heute gekauft hat und morgen die gleiche Aktie günstiger bekommen hätte, da der

Kurs gefallen ist. Es war nicht vorherzusehen. Wenn man dann noch Kapital zum Nachkaufen hat, kauft man nach. Wenn nicht, freut man sich über das gute Unternehmen im Portfolio.

Ignoriere politische und wirtschaftliche Großereignisse und Prognosen

Wenn man kein Vollzeit-Profi-Investor ist, befasst man sich nicht den ganzen Tag mit dem Thema Investment. Vielleicht beschäftigt man sich nur zwei- oder dreimal in der Woche oder gar noch seltener damit. Man muss dafür eigene Freizeit erübrigen, denn man geht in der Regel jeden Tag einer Arbeit nach. Geld anlegen ist entweder eine Notwendigkeit, um für die Zukunft vorzusorgen, ein Hobby mit dem Ziel, finanziell unabhängiger zu werden oder, wie bei mir, einfach nur Spaß.

Sicherlich verfolgt ein Anleger die Nachrichten des Tages. Er macht sich Gedanken darüber, welche Auswirkungen die politischen Geschehnisse auf die Wirtschaft und letztlich auf die Entwicklung des Aktienmarktes, ihrer eigenen Aktien oder der Aktien, die sie kaufen möchten, haben könnten. Am Ende aber kann er all das in keine wirkliche Prognose fassen, denn er kann weder vorhersehen, was morgen geschieht, noch wie die Akteure darauf reagieren werden.

Als Anleger hat man vielleicht schon die Erfahrung gemacht, dass man aufgrund eines Ereignisses eine bestimmte Reaktion erwartet hat, diese Reaktion aber dann doch gänzlich gegensätzlich ausgefallen ist. Nehmen wir, wie ich finde, ein interessantes Beispiel hierzu:

Über das Jahr 2015 schwebte lange Zeit der Geist der Leitzinserhöhung in den USA. Das billige Geld der Zentralbank hatte seit 2008 für einen unglaublichen Boom an den Börsen gesorgt. Die Verteuerung des Geldes würde für eine Abschwächung der Kurse und womöglich für eine längere Phase des Rückgangs sorgen. Insofern wünschte man sich diesen Schritt nicht besonders herbei, obwohl man ihn erwartete. Doch eine Anhebung erfolgte nicht, woraufhin am Folgetag die Kurse einbrachen, anstatt aus Freude zu steigen. Man glaubte, wenn die Zentralbank die Zinsen jetzt nicht erhöhte, müsste es um die Weltkonjunktur sehr schlecht stehen. Die Menschen bekamen Angst. Die Zentralbank versuchte daraufhin, diese Bedenken zu zerstreuen und beschloss auf einer nächsten Sitzung eine moderate Anhebung des Zinssatzes. Sie gab dem Markt also, was er wollte. Doch was geschah? Erneut fielen die Kurse, denn der Markt freute sich auch nicht darüber, dass die Zentralbank Vertrauen in die Konjunktur hatte.

Auch die Coronakrise bietet ein schönes Beispiel. Als deutlich wurde, dass dieses Virus größeren Schaden anrichten würde und die Welt von einem Tag auf den anderen zum Stillstand gebracht wurde, brachen in einem atemberaubenden Tempo die Aktienmärkte ein. Ein solches Szenario sorgt eigentlich immer für eine Flucht der Anleger in Gold. Doch diese Flucht blieb zunächst aus. Wie ich bereits erwähnte, gab auch der Goldpreis zusammen mit den Aktienmärkten nach. Eine Reaktion, die so eigentlich nicht zu erwarten gewesen wäre.

Ich verfolge das Geschehen am Aktienmarkt jetzt seit über 30 Jahren. Jedes Mal aufs Neue bin ich dabei erstaunt über so manche Reaktionen von Käufern und Verkäufern. Weil man mit Prognosen genauso falsch wie richtig liegen kann, mache ich weder welche, noch höre ich auf welche. Mir gelingt es selten, die Psyche des Marktes vorherzusagen. Angesichts dessen sind Erwartungen an den Markt für mich kein Kriterium, um mich dort zu engagieren. Ich treffe darauf basierend weder eine Kaufs- noch Verkaufsentscheidung. Warum mir das sinnvoll erscheint, mögen die folgenden Beispiele zeigen, die noch einmal deutlich machen, wie falsch man mit der Vorhersage der Zukunft, also mit Prognosen, liegen kann.

Am 16. Oktober 1929, wenige Tage vor dem größten Börsencrash der Geschichte, der die Weltwirtschaftskrise einleitete, versicherte der US-amerikanische Ökonom Irving Fisher in der New York Times, dass die Aktienkurse „ein sehr hohes Niveau erreicht haben und dort auch bleiben werden".[2]

1966, weit vor Beginn des Online-Handels, wurde im Time Magazin ein Essay mit dem Titel „The Futurists" veröffentlicht, in dem es hieß, dass Online-Handel keine Zukunft haben könne, da Frauen gerne einkaufen gingen und die Waren mit ihren Händen anfassen wollten.[3]

Vor der Jahrtausendwende befürchtete man, dass um Mitternacht sämtliche Computer zusammenbrechen würden und die Welt ein Informatik-Chaos erleben würde.[4] Wie wir wissen, trat dies nicht ein.

Und Steve Ballmer von Microsoft prophezeite vor der Einführung des iPhones im Jahr 2007, dass dieses nie einen signifikanten Marktanteil erreichen würde. Eine ganz klare Fehleinschätzung, wenn wir den außerordentlichen Erfolg von Apple seitdem betrachten.

Es ist also klar ersichtlich, wie unzuverlässig Prognosen sind. Aus den politischen und wirtschaftlichen Ereignissen lässt sich einfach nicht vorhersagen, was wirklich geschehen wird. Deswegen kann niemand einschätzen, wohin sich die Kurse am nächsten Tag bewegen werden und was sie beeinflussen wird. Benjamin Graham, der Vater des Value Investing, war erstaunt, wie viele Menschen Wert auf Marktprognosen legen, statt auf den Wert eines Unternehmens.

---

[2],Stock prices have reached „what looks like a permanently high plateau," Irving Fisher, Yale economist, told members of the Purchasing Agents Association at its monthly dinner meeting...'; New York Times, October 16, 1929, Page 8

[3]„Remote shopping, while entirely feasible, will flop-because women like to get out of the house, like to handle merchandise, like to be able to change their minds."; Essay: THE FUTURISTS: Looking Toward A.D.2000, Time magazine, February 25, 1966

[4]Y2K is a crisis without precedent in human history."; Edmund DeJesus 1998, BYTE magazine

In der Entwicklung der Aktienkurse sind viel Psychologie und viel subjektive Wahrnehmung der Akteure im Spiel. Ich sehe mich nicht in der Lage, diese zu ergründen. Ich bin mir ihrer Existenz bewusst und nutze sie, wenn sie mir Kaufgelegenheiten eröffnen, so wie beim Einbruch der Aktienmärkte am Anfang der Coronakrise. Aber ich verstehe nicht, wann genau sie wie funktionieren. Folglich bleibt mir nichts anderes übrig, als sie einfach auf mich zukommen zu lassen. Ich kann nicht vorhersehen, wie die Masse auf Ereignisse reagiert. Also ignoriere ich die Ereignisse für meine Anlageentscheidungen. Manche werden sich jetzt fragen, ob man denn auch ohne die große Weltlage zu berücksichtigen sinnvolle Anlageentscheidungen treffen kann. Und manche werden darauf antworten, dass dies auf keinen Fall ginge, denn diese würden schließlich die Unternehmen und ihre wirtschaftlichen Aussichten beeinflussen. Das ist sicherlich richtig, spielt aber nur dann eine Rolle, wenn man sich auf die „falschen" Unternehmen konzentriert. Was bedeutet das?

Die Pandemie war für Unternehmen deswegen so schwierig, weil die wirtschaftliche Welt weitgehend stillstand und so keine Einnahmen erwirtschaftet werden konnten. Gleichzeitig sieht man recht gut, welche Unternehmen während dieser Zeit besonders litten und welche sogar profitierten. Und zwar ganz unabhängig von den jeweiligen Branchen, die unterschiedlich von der Situation betroffen waren. Die Reisebranche, allen voran die Kreuzfahrtindustrie, litt sehr stark. Ebenso die Fluglinien, deren Flugzeuge weitgehend am Boden geparkt waren. Auch der Einzelhandel mit seinen stationären Läden verzeichnete starke Einbußen, weil die Menschen nicht mehr massenweise in die Geschäfte strömen durften. Diese Situation, deren Dauer ungewiss war, war besonders problematisch für Unternehmen, die schwierige Zeiten nicht leicht überbrücken konnten, z. B. solche, die nur über begrenzte liquide Mittel verfügten und deren Schuldenlast viel zu hoch war. Denn Schulden müssen auch beglichen werden, wenn die Einnahmen nicht fließen. Wenn man dann nicht vorgesorgt hat, bekommt man ein Problem. Ich komme an anderer Stelle noch einmal auf diesen Aspekt zu sprechen. Aber bereits an dieser Stelle zeigt sich, wie wichtig es ist, sich ein Unternehmen gut anzusehen und darauf zu achten, dass man ein gutes kauft, das eine Krise durchstehen könnte, selbst wenn sie nie eintritt.

Krisen tauchen immer wieder auf und Markteinbrüche mit ihnen. Wann dies geschehen wird, vermag niemand korrekt vorherzusagen. Wie stark die Krise wird und wie tief die Kurse fallen werden, ebenso wenig. Sicher kann man anhand mancher Parameter sagen, ob ein Markt heiß, überhitzt, abgekühlt oder überverkauft ist. Wann sich das Blatt jedoch wendet, bleibt unklar. Ein überhitzter Markt kann durchaus noch heißer werden. Das ist das Problem. Deswegen ist es wichtig, sich weniger auf die politischen und ökonomischen Ereignisse zu konzentrieren, deren Interpretation für private Anleger häufig sehr schwierig ist. Es ergibt mehr Sinn, auf die Unternehmen zu achten, an denen man interessiert ist und Kaufentscheidungen anhand ihrer fundamentalen Daten und ihrer Performance zu treffen.

Warren Buffett soll einmal gesagt haben, dass Großereignisse, bis auf ganz wenige Ausnahmen, keinen dauerhaften Einfluss auf die Märkte hätten und man sie ohnehin nicht vorhersagen könne. Sollte dies stimmen, können wir Großereignisse für unsere Investitionsentscheidungen weitgehend ignorieren.

Die Anlageentscheidungen, die ein intelligenter Investor trifft, müssen praktikabel und vernünftig sein. Unabhängig von den weltpolitischen Ereignissen. Sie müssen auch außerhalb von Krisen so getroffen werden, dass mögliche Krisen gut durchgestanden werden können. Die Auswahl der Unternehmen muss also diese Festigkeit in Krisen mit einbeziehen. Was das genau bedeutet, darauf komme ich noch einmal zu sprechen.

Wenn der intelligente Investor Anlageentscheidungen trifft, dann ignoriert er grundsätzlich die großen Ereignisse. Er analysiert stattdessen die Geschäftsaussichten des Unternehmens, das Management etc. und sucht sich Unternehmen, die sich sowohl in guten Zeiten rentieren als auch durch schlechte Zeiten gut manövrieren können. Die Konzentration auf das Unternehmen, seine Zahlen und Daten, ist sinnvoller und erfolgversprechender, als die täglichen Nachrichten zu lesen und sich von diesen beeinflussen und ablenken zu lassen.

Der intelligente Investor versteht sich als Unternehmensanalyst, nicht als Volkswirt. Er recherchiert gründlich und bildet sich seine eigene Meinung über ein Unternehmen. Deswegen gerät er auch nicht in Panik, wenn der Markt abstürzt. Denn er hat bereits vorher gut recherchiert und eine vernünftige Entscheidung bezüglich seiner Unternehmen getroffen.

Viele „professionelle" Marktteilnehmer glauben, sie wüssten, was geschieht und was man wann zu kaufen habe. Aber letztlich wissen sie es nicht. Allerdings verdienen sie mit ihren Annahmen und Vorhersagen viel Geld. Oder sie möchten Aufmerksamkeit.

Nichtsdestotrotz lassen wir große Ereignisse der Welt nicht unbeachtet, wenn sie einmal auftauchen, denn sie können wunderbare Kaufgelegenheiten schaffen, wenn der Markt fällt. Auch gute und herausragende Unternehmen unterliegen der Psyche des Marktes. Und diese sorgt dafür, dass der Preis auch für diese Unternehmen fällt und sie dann zum Teil deutlich unter dem inneren Wert zu beziehen sind. Großereignisse sind also hilfreich dabei, dem intelligenten Investor Kaufgelegenheiten zu verschaffen, mit denen er sein Vermögen aufbauen kann.

Und auch wenn diese Großereignisse für viele Anleger eine emotionale Belastung sind, geht der intelligente Investor mit ihnen rational um. Gerade während einer Krise, also wenn die Märkte fallen, wenn die Marktteilnehmer in Panik geraten, ist es von absoluter Wichtigkeit, die eigenen Emotionen unter Kontrolle zu halten. Auf diesen Aspekt gehe ich zu einem späteren Zeitpunkt noch genauer ein.

Wenn die Märkte stark fallen und die Anleger in Panik geraten, verkaufen sie ihre guten Unternehmen zu einem Spottpreis und machen deswegen Verlust. Der intelligente Investor jedoch weiß, dass solche Großereignisse auf den langfristigen Erfolg eines Unternehmens und damit auf die langfristige Entwicklung der Aktie des Unternehmens selten einen Einfluss haben. Zwar bringen ihm die kurzfristig gefallenen Preise einen Verlust im Buchwert. Langfristig jedoch, wenn er also geduldig ist, zahlt sich sein Kauf mit großer Wahrscheinlichkeit aus.

Verdeutlichen wir das einmal an einem Beispiel und betrachten die Aktie des Autozulieferers Continental[5].

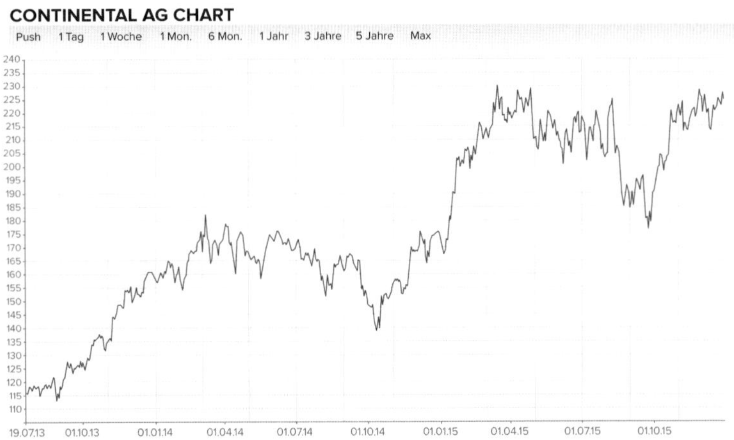

Ein Investor, der Anfang März 2014 diese Aktie zu einem Wert um die 180 € pro Stück kaufte, hätte dafür im Oktober des gleichen Jahres, wenn er sie verkauft hätte, „nur" 140 € erhalten. Hätte er die Aktie trotz des fallenden Aktienwertes nicht verkauft, wäre sie im darauffolgenden März 230 € Wert gewesen. Er hätte also innerhalb eines Jahres einen „Verlust" von 40 € je Aktie verbucht, gefolgt von einem Gewinn von 50 € bezogen auf seinen Kaufpreis oder 90 € gegenüber dem Tiefstand.

Betrachtet man die Entwicklung der Aktie über den Zeitraum von 20 Jahren, z. B. von 1996 bis 2016, kann man Folgendes feststellen: 1996 notierte die Aktie unter 15 €. 2016 jedoch lag

[5] Quelle: `https://www.finanzen.net/chart/continental`

ihr Wert bei etwa 225 € und das trotz massiver Kursverluste infolge verschiedener Krisen. Innerhalb dieser 20 Jahre hat sich die Continental-Aktie verfünfzehnfacht. Aus 100 € wären 1.500 €, aus 1.000 € wären es 15.000 € geworden. Der Anleger musste nicht einmal etwas unternehmen. Er brauchte die Aktie bloß kaufen und liegen lassen. Das Vermögen wäre von ganz alleine gewachsen.

Weil es so wichtig ist und von vielen gerne übersehen wird, möchte ich noch einmal hervorheben, warum sich die Continental-Aktie derart entwickelt hat.

Der Grund liegt daran, dass hinter dieser Aktie ein Unternehmen steht,

- das etwas produziert,
- in dem Menschen einen Mehrwert erwirtschaften,
- das Gewinne erzielt und
- versucht, jedes Jahr besser zu werden.

Bei Continental handelt es sich um ein Unternehmen, dessen Wert in diesem Zeitraum ebenfalls gestiegen ist, trotz des täglichen Auf und Ab der Kurse, des Einbruchs im Zuge der Dotcom-Blase und der weltweiten Finanzkrise 2008. Wir können hieran also deutlich erkennen, warum es für den intelligenten Investor nicht nur Sinn ergibt, eine Aktie als Unternehmensbeteiligung zu verstehen, sondern auch, warum er die täglichen Schwankungen der Kurse und politischen Großereignisse in der Welt weitgehend ignoriert.

Ignoriere die unterschiedlichen Methoden zur Auswahl von Aktien

Wer sich neu am Kapitalmarkt bewegt, stellt sich in der Regel die Frage, nach welchen Kriterien er eine Aktie auswählen soll. Aber auch bereits Engagierte kommen um diese Frage häufig nicht herum, insbesondere dann, wenn sie mit ihrer bisherigen Strategie wenig erfolgreich waren. Ich habe über zehn Jahre gebraucht, um die richtige Strategie für mich zu entwickeln und zu finden. Bei der Fülle der Ratschläge und Methoden ist es nicht einfach, zu entscheiden, welche wirklich funktioniert und welche zu einem passt. Daneben tummeln sich am Kapitalmarkt etliche, die eigentlich nur damit Geld verdienen, dass sie ihre Methode verraten. Sie berichten von angeblichen tollen Gewinnen und stellen ihren vermeintlichen Reichtum deutlich zur Schau. Sie wecken bei unbedarften und unwissenden Anlegern die Gier und versuchen, sie zu Methoden und Strategien zu überreden, mit denen diese Anleger in aller Regel hereinfallen und Verluste schreiben. Andere machen sich überhaupt keine richtigen Gedanken zu einem Investment und kaufen einfach etwas Unbekanntes. Darüber hinaus gibt es jene, die kaufen, was alle anderen kaufen oder was gerade von irgendjemandem empfohlen wird.

Die präzisere Frage lautet: Auf welche Art kann auch ein durchschnittlicher Privatanleger sein Vermögen bei deutlich reduziertem Risiko aufbauen? Die Antwort darauf lässt etliche Strategien, Methoden und Anlageformen bereits ausscheiden.

Um auf Dauer erfolgreich zu sein, ist der intelligente Investor daran interessiert, Anteile an guten oder herausragenden Unternehmen zu erwerben. Er ist langfristig und an der Qualität der Unternehmen orientiert. An der Börse tummeln sich viele, die das Gegenteil anstreben und sich für den spekulativen Kurs der Aktie interessieren und auf dessen Entwicklung wetten. Diese Spekulanten oder Trader haben verschiedene Methoden, wie sie ihre Aktien auswählen. Da gibt es z. B. die Wellentheorie,

Intraday Trading, technische Analyse, Market Timing, computergesteuerter Sekundenhandel etc. Bei aller Unterschiedlichkeit haben diese Verfahren eines gemeinsam: Sie betrachten nicht das Unternehmen, sondern die Aktie und so manche versprechen die Überlistung des Aktienmarktes und das schnelle Geld.

Dabei darf der kurzfristige Erfolg weniger Profis nicht darüber hinwegtäuschen, dass es sich dabei um ein Glücksspiel handelt und nicht um eine Investition. Die Trader oder Spekulanten versuchen, den künftigen Preis oder die Entwicklung der Aktie vorherzusagen und bedienen sich dafür unterschiedlicher Methoden. Im Kern geht es darum, aus den statistischen Entwicklungen der Kurse der Vergangenheit die zukünftige Bewegung zu erahnen. Diese Methoden haben folglich mehr mit Wahrsagerei zu tun als mit vernünftiger Geldanlage. Dadurch haftet ihnen ein Risiko an, dessen Höhe für den privaten Anleger und den langfristig orientierten Vermögensaufbau inakzeptabel ist. Diese Strategien gilt es folglich zu ignorieren.

Der intelligente Investor hört nicht auf die Gurus, die versuchen, ihn mit tollen Versprechen zu ködern, die am Ende nicht eingehalten werden können. Er weiß, wenn ein Gewinnversprechen zu schön klingt, als dass es wahr sein könnte, dann ist es meistens nicht wahr.

Auf meiner langen Suche nach vernünftigen Anlagestrategien habe ich mich mit einigen näher beschäftigt. So habe ich z. B. die technische Analyse selbst ausprobiert, weil sie eine sehr verbreitete Methode ist. Man kann sie recht gut verstehen. Von anderen habe ich, aufgrund meiner Erfahrung, gleich die Finger gelassen, als ich Näheres darüber las und erfuhr.

Bei der technischen Analyse wettet man auf fallende oder steigende Kurse, indem man sich bestimmte technische Indikatoren (MACD, Stochastik, RSI, Hanging Man, Hammer etc.) als Prognosehilfsmittel nimmt. Man schaut sich die Charts, also die historische Preisbewegung einer Aktie, an. Das dahinterstehende Unternehmen und dessen wirtschaftliche Erfolge interessieren nicht. Mit Hilfe statistischer und mathematischer Werte versucht man sich die historische Bewegung zu erklären. Man lässt sich z. B. die durchschnittlichen Werte der letzten 30, 60, 90 Tage anzeigen und setzt sie in Relation mit der aktuellen Kurslinie. Oder man lässt sich Bandbreiten anzeigen, innerhalb derer die Aktie fluktuierte und fluktuieren könnte. Man sucht nach Mustern in der Vergangenheit, um eine bestimmte Bewegung vorherzusagen. Man hofft, aufgrund bestimmter Schnittstellen und statischer Werte, die kurzfristige Entwicklung der Aktie abzuschätzen. Es ist im Grunde eine Wette auf die Richtigkeit einer Vorhersage. Mit einer vernünftigen Analyse von Unternehmen hat diese Technik, wie viele andere auch, nichts zu tun.

Manchmal – und deswegen versuchen viele diese Methoden anzuwenden – hat man mit dieser Wette recht. Genauso wie es Menschen gibt, die im Lotto gewinnen. Doch der Gewinn eines anderen erhöht nicht die Wahrscheinlichkeit der eigenen Gewinnchance. Sicherlich kann man selbst auch Glück haben und auf die richtigen Zahlen gewettet haben. Doch seien wir mal ehrlich: Meistens verliert man seinen Einsatz, weil man die Wette verliert. So baut man kein Vermögen vernünftig auf. So hofft man lediglich darauf, einmal Glück zu haben.

Der Anlageerfolg der genannten Strategie basiert darauf, dass man mit den wenigen richtigen Vorhersagen nur mehr Geld verdienen muss, als man mit den vielen falschen verliert. Der Verlust ist also einkalkuliert. Man rechnet sogar damit, öfter zu verlieren als zu gewinnen. Für den intelligenten Investor ist das kein vernünftiges Anlagekonzept.

Ein entscheidender Nachteil, den viele Anhänger dieser Systeme selbst als Voraussetzung für einen Erfolg sehen: Man benötigt ein relativ hohes Startkapital. 10.000 €, so heißt es, sind zu wenig. 100.000 € sollten es schon sein. Viele private Anleger, insbesondere Einsteiger, verfügen nicht über ein solch hohes Startkapital und wenn sie es hätten, wollten sie es sicher nicht verlieren. Die reine Anlage in Aktien hingegen ist mit deutlich weniger Kapital und geringerem Risiko möglich.

Ich selbst habe Trading ausprobiert, nachdem ich viel über die Anwendung recherchiert hatte. Ich habe tatsächlich gewonnen und ich habe auch verloren. Am Ende bin ich mit einem Vermögenszuwachs von beinahe NULL wieder ausgestiegen.

Die Einzigen, die daran wirklich Geld verdienen, sind die Broker und Banken, denn man kauft und verkauft viele Zertifikate. Jedes Mal wird eine Gebühr fällig, die das eigene Vermögen reduziert, den Gewinn der Broker und Banken jedoch erhöht.

Daneben bedeutete das ständige Starren auf Charts und deren Analyse, dann die Auswahl des richtigen Zertifikats aus einer Unmenge an Zertifikaten, Stress für mich. Es nahm sehr viel Zeit in Anspruch. Zeit, die ich eigentlich nicht hatte. Ich musste schon morgens anfangen, Charts zu studieren und nach den Merkmalen für Bewegungen zu suchen, um dann zum richtigen Zeitpunkt einzusteigen und wieder auszusteigen. Das entspricht überhaupt nicht meiner Art, in Ruhe und mit Vernunft Entscheidungen zu treffen – vor allem bei der Geldanlage.

Weil es sich bei diesen Methoden eher um eine Wette als um eine Investition handelt, ignoriert der intelligente Investor sie. Statt an Widerständen und Unterstützungslinien, an Mustern oder anderen Indikatoren, orientiert er sich an den Zahlen des Unternehmens. Sie sagen etwas über den Erfolg des Unternehmens aus und darüber, ob man mit einem Investment in das Unternehmen zukünftig und langfristig Geld verdienen kann. Das mag langweilig sein und wenig spannend klingen, aber es reduziert das Risiko, falsch zu liegen. Investieren ist kein Spiel und womit man investiert, ist kein Spielgeld. Wenn man Geld verliert, ist es Geld, das man hart erarbeitet hat. Ein Investor möchte, dass es diesem Geld genauso gut geht, wie es ihm selbst gut geht. Aus diesem Grund investiert der intelligente Investor sein Geld nicht beliebig, sondern er entscheidet sich für Unternehmen, die gezeigt haben, dass sie erfolgreich am Markt agieren können und vermutlich auch weiter werden.

Philip Fisher, Vermögensverwalter und Autor von „Common Stocks and Uncommon Profits“, soll einmal eine Aussage von Oscar Wilde adaptiert und auf den Kapitalmarkt bezogen haben. Er meinte, dass es an der Börse viele gäbe, die zwar alle Kurse kennen, aber in keinem Fall den Wert.

Der intelligente Investor lernt, den Wert eines Unternehmens einzuschätzen und zu würdigen. Er ignoriert Charts von Aktien, die Prognosen vermeintlicher Börsenexperten, politische Großereignisse und Techniken, die eher eine Wette sind, als eine vernünftige Geldanlage. Er widmet sich dem langfristigen Vermögensaufbau mit qualitativ hochwertigen Unternehmen.

2

Das Geheimnis der Eigenständigkeit

Wenn man sich neu am Kapitalmarkt engagiert, hat man noch keine große Erfahrung und auch das benötigte Wissen ist in der Regel nur rudimentär vorhanden. Folglich orientiert man sich an anderen und eine eigenständige Anlageentscheidung scheint kaum möglich. In den sozialen Medien gibt es etliche Foren, in denen sich Anfänger tummeln und fragen, ob sie Aktie A oder B kaufen sollen. Sie machen ihre Kaufentscheidung also zu einem Teil, wenn nicht gar ganz, von der Empfehlung anderer abhängig. Diese Ratschläge kommen teilweise selbst noch von Anfängern oder wenig Erfahrenen im Bereich der Kapitalanlage. Einige verfügen zwar über theoretisches Wissen, vor allem über jenes, auf dessen Grundlage die breite Masse anlegt und mittelmäßige Ergebnisse erzielt. Aber ihnen fehlt oft die Erfahrung, besonders die eines Markteinbruchs.

In den etlichen Kommentaren merkt man schnell, dass viele sich nur wenige eigene Gedanken zur Aktie und zum Unternehmen gemacht haben. Da liest man dann oft Sätze wie „Ich bin von diesem Unternehmen einfach überzeugt!“ Was das jedoch genau bedeutet, findet man auch über Nachfragen kaum heraus, denn die Antworten sind dann ebenso oberflächlich. Häufig kommen so Kaufentscheidungen heraus, die auf der Hoffnung basieren, rechtzeitig in das nächste Amazon, Facebook, Google o. ä. einzusteigen. Ein schönes Beispiel dafür ist meines Erachtens das insolvent gegangene Unternehmen Wirecard. Beinahe alle Forenmitglieder, deren Beiträge ich lesen durfte, waren heiß auf dieses Fintech.

Man sah eine großartige Zukunft. Und obwohl die Aktie deutlich überteuert war, stiegen gerade viele Anfänger kontinuierlich ein, fühlten sich super, als die Aktie weiter stieg, und verstanden selten, wenn andere eher skeptisch darauf blickten. Man war sogar bereit, die Bedenken zu ignorieren, die im Zuge der Berichte der Financial Times bezüglich Wirecard aufkamen. Man glaubte lieber, die Zeitung wollte dem Unternehmen absichtlich schaden, als dass an den Vorwürfen etwas dran sei. Die Gier war stärker als die Vernunft, sogar zu den weit überteuerten Preisen. Hätte man das Unternehmen ein wenig recherchiert, wäre man durchaus skeptisch geworden. Doch man agierte lieber wie die anderen, die so überzeugt von Wirecard waren. Das führte bei etlichen Anlegern zu deutlichen Verlusten. Immerhin sind sie um eine Erfahrung reicher und beherzigen zukünftig das folgende Kapitel.

Denke eigenständig

In all den verschiedenen Wirtschaftsblättern, im Fernsehen und auch im Internet, egal, wo man etwas über die Wirtschaft und die Börse erfährt: Immer gibt es verschiedene Experten, die mit ihrer vermeintlich professionellen Meinung aufwarten. Sie erzählen einem, warum eine bestimmte Entwicklung am Aktienmarkt gerade eingetreten ist, wie sich die wirtschaftliche und politische Lage auf die Kurse ausgewirkt haben und welche Konsequenzen für die zukünftige Entwicklung der Kurse aus der Lage gezogen werden sollte. Und immer glauben diese Experten, den Anlegern sagen zu müssen, wohin die Reise zukünftig gehen wird. Denn sie sind sich sicher, den Reiseweg gut abschätzen zu können. Ich habe hier einmal ein Beispiel einer solchen Expertenmeinung. Sie entstammt dem Artikel „DAX entert den Bullenmarkt“ aus dem Handelsblatt vom 09.08.2016.

„Ein Grund für die Rallye: In den vergangenen zwölf Monaten haben sich die Anleger niemals so stark gegen fallende Kurse abgesichert wie in dieser Woche. [...] Da plötzlich die Kurse steigen, standen diese Anleger unter Druck, ihre Absicherungs-

positionen aufzulösen, um die Verluste nicht noch weiter zu vergrößern. Das ließ die Kurse rasant weiter steigen. [...] Auch die aktuelle Stimmung an den Börsen spricht für steigende Kurse. Denn nach der aktuellen Handelsblatt-Umfrage, [...] hat sich die Investitionsbereitschaft positiv entwickelt. Nicht durch einen Anstieg der Kaufbereitschaft, sondern die Zahl derer, die verkaufen wollen, ist deutlich gesunken. [...] Auch die Charttechnik signalisierte steigende Kurse. Viele Investoren orientieren sich an der 200-Tage-Durchschnittslinie. [...] Der positive Aspekt: Diese 200-Tage-Durchschnittslinie wurde Mitte Juli von unten nach oben durchstoßen [...] Der Dax-Chart fiel am vergangenen Dienstag auf diese Linie und prallte nach oben ab – was als Bestätigung eines Aufwärtstrends gilt."

Die Analyse klingt nicht nur plausibel, sondern sehr professionell. Da scheint einer alles ganz genau zu verstehen und zu durchschauen. Man bekommt das Gefühl, als müsse man, basierend auf dem Rat, nur richtig agieren und schon würde sich das Ganze auszahlen. Im Grunde gibt es gar keinen Zweifel, was der Aktienmarkt machen wird.

Hier noch ein paar willkürliche Beispiele von Überschriften aus der Finanzpresse, die bereits suggerieren, man wüsste, was kurzfristig zu tun sei. Solche Überschriften kann man immer wieder mit kleinen Abwandlungen in den verschiedenen Presseerzeugnissen finden.

> *„Welche Dax-Titel noch Chancen bieten"*
> *„Wir erwarten einen Goldpreis von 2.300 Dollar"*
> *„Die Top-Favoriten der Anlageprofis"*
> *„Das sind derzeit die Favoriten der Anlageprofis"*
> *„Deshalb wird Gold langfristig steigen"*
> *„Goldpreis: Warum die Rallye bald enden könnte"*
> *„Bei diesen Aktien lohnt sich der Einstieg immer noch!"*[6]

[6] Handelsblatt, 05.08.2016; Handelsblatt, 04.08.2016; finanzen.net, 11.08.2015; Finanzen100, 10.06.2015; boerse.de, 03.08.2016; boerse.de, 27.07.2016; Handelsblatt, 10.08.2016; boerse.de, 19.07.2016

Etliche private Anleger, insbesondere jene, die noch recht neu im Markt unterwegs sind, orientieren sich an solchen Aussagen. Man kann es ihnen kaum verdenken. Wenn die Grundlagen fehlen, um eine fundierte eigene Entscheidung zu treffen, hat man Angst, Fehler zu machen. Aber der erste Fehler besteht bereits darin, keine Grundlagen zu haben. Ich beobachte aber auch immer wieder, dass bereits engagierte Anleger sich eher an der Masse orientieren und auf solche Ratschläge hören. Ich halte das für keine besonders gute Idee, auch weil ich es selbst, zu meinem Leidwesen, zu Beginn meines Investmentlebens nicht anders gemacht habe. Über etliche Jahre hinweg musste ich die Erfahrung machen, dass es wenig hilfreich ist, seine Investments an diesen Ratschlägen zu orientieren. Erst als ich anfing, mir eigene Gedanken zu machen, mich selbst genauer über ein Unternehmen zu informieren und mir eine eigene Meinung dazu zu bilden, wurden meine Anlageentscheidungen besser und vor allem sinnvoller.

Warren Buffett glaubt, dass grundsätzlich jeder sein Geld erfolgreich selbst anlegen kann. Er ist davon überzeugt, dass man mit Wissen und Geduld alle Anlageentscheidungen selbst treffen kann. Er ist sogar der Meinung, man müsse dazu nicht einmal besonders intelligent sein.

Warum also sollte der private Kleinanleger lieber auf die Meinung anderer, unerfahrener Kleinanleger hören, anstatt sich selbst zu vertrauen? Warum sollte er sich auf die vielen „Experten“ verlassen, die tagtäglich die Schlagzeilen mit ihren Meinungen füllen, aber auch nicht besonders reich geworden sind? Ein intelligenter Investor hört nicht auf die vermeintlichen Investment-Gurus. Deren Meinung trägt nichts zum eigenen Erfolg bei.

In einer deutschen Tageszeitung las ich einmal einen Bericht über die Wertentwicklung eines Fonds, der von einem aus dem Fernsehen bekannten „Börsenexperten“ aufgelegt und betreut wurde. Man untersuchte die Entwicklung des Fonds und musste feststellen, dass die Performance nicht besser war als die eines normalen Indexfonds. Der Fonds eines anderen, aus dem Fernsehen bekannten Experten musste sogar einen Verlust von 18 % hinnehmen, während der breite Markt, gemessen am Weltindex MSCI Welt, um 76 % zulegte. Ich halte die Orientierung an einer Benchmark grundsätzlich für wenig sinnvoll und hilfreich. Und sicherlich sagt das genannte kurzfristige Ergebnis zunächst nichts über eine mangelnde Qualität der aufgelegten Fonds aus.

Die Anlagestrategie mag noch aufgehen. Dass die Fonds gerade in jenem Moment schlecht performten, mag womöglich ein besonderes Qualitätsmerkmal gewesen sein. Die Beispiele zeigen jedoch, dass auch angebliche Experten nicht unbedingt den Markt schlagen, sondern sich ebenso durchschnittlich entwickeln oder sogar schlechter abschneiden können als der Markt. Sie unterscheiden sich in kaum einer Weise von den normalen privaten Anlegern, obwohl wir annehmen sollten, dass diese „Experten" eben auch über ein besonderes Expertenwissen verfügen, welches ihnen einen Vorteil beim Investieren verschafft. Ich glaube, dass es genau andersherum ist. Ich denke, gerade der private Anleger ist gegenüber den professionellen im Vorteil. Deswegen teile ich auch nicht die Meinung, ein Privatanleger solle lieber gar nicht versuchen in Einzelaktien zu investieren, da selbst die meisten Profis wenig erfolgreich sind. Ich werde noch auf die Frage zurückkommen, warum der private Anleger meines Erachtens im Vorteil ist.

Aus meiner eigenen Erfahrung kann ich Warren Buffett nur zustimmen. Ich bin überzeugt, dass jeder Privatanleger selbst in der Lage ist, sinnvolle Anlageentscheidungen zu treffen. Grundlagen hierfür sind Geduld und ein ausreichendes Wissen, nicht vermeintliches Expertenwissen. Wissen, das auch einem Privatanleger mit begrenzten finanziellen Mitteln die Entwicklung einer Strategie ermöglicht, die es ihm erlaubt, sein Geld sinnvoll und intelligent anzulegen.

Ein Teil einer fundierten und vernünftigen Entscheidung über ein Investment ist, sich das Unternehmen genau anzusehen. Neben den Informationen – nicht Meinungen, die öffentlich über ein Unternehmen erhältlich sind – sieht sich der intelligente Investor die Zahlen im Geschäftsbericht an. Jeder Interessierte kann ein Unternehmen recherchieren. Es ist nicht schwierig. Alle Unternehmen verfügen über eine Webseite. Unter der Rubrik „Investors Relations" finden sich die Jahres- und Quartalsberichte. Vor allem bei amerikanischen Unternehmen kann man auch auf der Seite der SEC, der Securities and Exchange Commission, nachsehen. Dort finden sich alle wichtigen Zahlen. Man muss lediglich den Namen des Unternehmens eingeben und im nächsten Schritt bekommt man eine Auswahl mit Unternehmen gleichen Namens oder man kommt direkt auf die Seite mit den Berichten. Die Jahresberichte tragen die Bezeichnung „10-K", Quartalsberichte heißen „10-Q". Man kann sie als Dokument oder als interaktive Datei aufrufen. Natürlich kann man auch andere Berichte finden.

Es gibt einige wichtige Zahlen, nach denen man sehen sollte. Diese geben reichlich Antwort auf die Frage nach der Qualität des Unternehmens. Aus einigen kann man wichtige Verhältnisse berechnen. Einige Zahlen findet man auch im Internet auf den üblichen Finanzseiten. Um einen ersten Überblick und einen Eindruck von einem Unternehmen zu erhalten, schaue ich selbst dort nach. Anhand dieses Eindrucks entscheide ich dann, ob ich einem Unternehmen mehr Zeit widme oder nicht. Ist ein Unternehmen interessant, dann mache ich mir die Mühe und überprüfe die vorliegenden Zahlen der Finanzseiten und berechne wichtige Verhältnisse selbst. Das sorgt dafür, dass ich mich mit dem Unternehmen intensiver beschäftige und es genauer kennenlerne. Welche Zahlen wichtig sind, was sie dem Anleger sagen und wie man aus den Zahlen den Wert des Unternehmens berechnet, schildere ich im Kapitel „Das Geheimnis des Wertes".

Da jeder Anleger alles über das Unternehmen, für das er sich interessiert, selbst herausfinden kann, sollte er sich die Mühe machen. Es ist gar nicht so aufwendig, wie es sich anhören mag. Und auf lange Sicht zahlt es sich meines Erachtens aus. Wichtig ist, sich auf die Informationen zu konzentrieren und sich eine eigene Meinung zu bilden, die Meinung anderer zu dem Unternehmen jedoch unberücksichtigt zu lassen.

Der intelligente Investor verlässt sich auf objektive, nüchterne Zahlen und Aussagen. Dabei weiß er, dass Aussagen von Vorständen in Jahresberichten nicht immer objektiv sind. Vorstände wollen ein bestimmtes Bild ihres Unternehmens in der Öffentlichkeit zeichnen. Eines, das ihr Unternehmen oft besser aussehen lässt, als die Zahlen versprechen. Wenn also zukünftige Gewinnsteigerungen und Wachstumserwartungen zu deutlich kommuniziert werden, ist der intelligente Investor skeptisch. Er denkt unabhängig, auch dann, wenn andere seine Anlagestrategie kritisieren oder, was ich auch immer wieder erlebe, sich darüber lustig machen. Selbst Warren Buffett wurde für seine Investment-Entscheidungen öfter belächelt, z. B. zur Jahrtausendwende, bevor die Dotcom-Blase platzte. Buffett hatte sich ganz bewusst dagegen entschieden, an dem damaligen Boom teilzunehmen und hatte am Ende recht. Er ist eben nicht umsonst einer der reichsten Menschen der Welt und der erfolgreichste Investor unserer Zeit.

Es ist für den privaten Anleger nicht nötig, auf vermeintliche Experten, Analysten, Börsenmakler oder Bankberater zu hören. Diese wissen es selten besser, auch wenn sie allzu gerne den Eindruck vermitteln, es sei anders und für Normalsterbliche sei das Investieren in Aktien zu kompliziert. Das stimmt nicht. Was aber stimmt, ist, dass diese Experten mit ihrem Expertenrat ihr Geld verdienen. Sie geben vielleicht jeden Monat einen Börsenratgeber heraus, der einen dreistelligen Betrag kostet. Oder sie handeln mit Wertpapieren und möchten deswegen viele Käufe und Verkäufe sehen. Oder sie verwalten einen Fonds und möchten das Geld der Anleger für eine stattliche Gebühr verwalten. Deshalb müssen sie den privaten Anleger von seiner Unzulänglichkeit hinsichtlich erfolgreicher Kapitalanlage überzeugen.

Viele große Investoren sind davon überzeugt, dass auf dem Gebiet der Vermögensverwaltung nicht nur Fachleute gute Ergebnisse erzielen können. Deswegen ist es unnötig und Zeitverschwendung, täglich die Investmentratgeber zu verfolgen. Der intelligente Investor kauft niemals auf Empfehlung. Er beobachtet das Unternehmen selbst und bewertet es. Er trifft eigene Anlageentscheidungen und lässt sich darin nicht von fremden Ratgebern und keiner Prognose beeinflussen. Er ignoriert Kursprognosen, denn sie sind für ihn nutzlos. Niemand kann den Markt vorhersagen, auch Experten nicht. Selbst Warren Buffett gibt zu, dass er Marktbewegungen nicht einmal im Ansatz einschätzen könne.

Eine Prognose von einem vermeintlichen Experten könnte den Blick des intelligenten Investors auf das Unternehmen trüben. Und damit seine gute Auswahl aufgrund seiner Recherche. Deswegen ist es für ihn absolut wichtig, unabhängig zu denken. Wer wie die Masse denkt, macht die gleichen Fehler der Masse. Und diese Fehler sind für seinen Vermögensaufbau schädlich.

Sei geduldig

Betrachtet man alte Bilder des Börsenparketts oder verfolgt den ganzen Tag über die Kurse am Bildschirm, bekommt man den Eindruck, als sei der Kapitalmarkt furchtbar hektisch. Ständig wird gekauft und verkauft und die Kurse bewegen sich in einer steten Kurve zitternd auf und ab. Zwar ist der Parketthandel heutzutage weitgehend eingestellt, doch bleibt auch am Computer eine gewisse Betriebsamkeit bestehen, zumindest, wenn man sich den ganzen Tag über mit den Börsenkursen beschäftigt.

Entscheidungen über den Kauf oder Verkauf von Aktien unter Zeitdruck und in Hektik zu treffen, ist für einen unerfahrenen Anleger wenig hilfreich. Ich selbst verfahre auch nach 30 Jahren nicht auf diese Weise. Sicher gibt es im Leben Situationen, in denen eine Entscheidung unter Druck und schnell erfolgen muss. In Fragen der Kapitalanlage hingegen kann man solche

Situationen leicht vermeiden. Zum einen, indem man in Produkte investiert, die eine schnelle Entscheidung aufgrund kurzfristiger Gegebenheiten nicht erfordern. Zum anderen, indem man sich für die Anlage Kriterien zurechtlegt, die ebenfalls keine spontane Entscheidung erzwingen. Im Wesentlichen aber dadurch, dass man den Zeitpunkt der Anlageentscheidung vom Zeitpunkt der Kaufentscheidung trennt.

Der intelligente Investor weiß, dass es für seinen Erfolg besser und sinnvoller ist, sich in Ruhe und Gelassenheit Gedanken über die Geldanlage zu machen. Er trifft Entscheidungen über seinen Vermögensaufbau weit vor der eigentlichen Transaktion. Er hat sich während der ruhigen Marktphasen, in denen er wenig bis gar nicht aktiv ist, seine Strategie zurechtgelegt. Er weiß genau, welche Kriterien erfüllt sein müssen, damit er Aktien eines Unternehmens kauft, nachkauft oder wieder verkauft. Für diese Kriterien hat er sich nach rationalen Gesichtspunkten entschieden, in einer Phase, in der es keine Schwierigkeit war, die eigenen Emotionen zu kontrollieren. So gerät er gar nicht erst in Versuchung, emotionale Kaufentscheidungen zu treffen. Wenn schließlich die Kriterien erfüllt sind, braucht er nur noch seiner vorher gut durchdachten Strategie zu folgen. Emotionen lassen sich so besser im Zaum halten.

Viele Akteure an der Börse machen einen kolossalen Fehler. Sie sind zu ungeduldig. Sie sehen eine Aktie um ein paar Prozent fallen und glauben, sie müssten die Chance dieses Rücksetzers nutzen, um einzusteigen. Oder sie sind bereits in dieses Unternehmen investiert und wollen ihre Verluste begrenzen, weswegen sie verkaufen. Steigt ein Kurs um ein paar Prozent, meinen manche, sie müssten ihren Gewinn sogleich mitnehmen. Auf diese Weise wechseln jeden Tag mehr als 1 Milliarde Aktien den Besitzer. Jeden Tag schichten Leute ihr Portfolio um. Die Strategie der Day-Trader basiert in besonderem Maße auf diesem Verhalten.

Viele Privatanleger sehen sich als Investoren, aber sie sind lediglich Spekulanten. Sie haben kein besonderes Vertrauen in das Unternehmen, das sie gekauft haben, und wenig Ahnung von dessen Qualität. Wäre es anders, würden sie nach kleinen Einbrüchen nicht gleich wieder verkaufen.

Auch wenn der Aktienmarkt jeden Tag äußerst aktiv ist, ist diese Aktivität nicht gleichbedeutend mit finanziellem Erfolg. Ganz im Gegenteil: Eine hohe Aktivität ist für den normalen Kleinanleger eher schädlich, denn es kostet ihn Geld.

Benjamin Graham schreibt in seinem Buch „Intelligent Investieren“: „*Wir konnten beobachten, dass ‚gewöhnliche Leute‘ mit ruhigem Temperament auf Dauer mehr Geld verdienten als die Hektiker, die umfangreiches Wissen in Finanzen, Buchhaltung und Börsenwesen mitbrachten.*“

Und Warren Buffett sagt, die Börse sei ein Umtauschplatz, an dem das Geld von den Aktiven zu den Geduldigen wechsele. Für einen Anleger scheint es sich also auszuzahlen, Geduld zu haben. Es ist nicht nötig, hinter jeder Aktie und hinter jedem Unternehmen herzujagen. Besser ist es, gezielt nach wenigen, wirklich interessanten Unternehmen zu suchen und diese genau unter die Lupe zu nehmen. Da kann es auch schon einmal vorkommen, dass man wochen- oder auch monatelang keinen Kauf tätigt, weil es einfach nichts Attraktives auf dem Markt gibt. Vor dem Einbruch der Märkte 2020 habe ich selbst sehr lange nicht gekauft, weil aufgrund des überteuerten Marktes keines der interessanten Unternehmen günstig genug war.

Dieses ruhige und abwartende Verhalten passt grundsätzlich gut zu den Lebensumständen privater Anleger. Wer jeden Tag acht Stunden einer geregelten Arbeit nachgeht, hat nur wenig Zeit, sich um seine Geldanlage zu kümmern. Er hat vor allem nicht die Zeit, zu Handelszeiten ständig die Kurse seiner Aktien im Blick zu haben, um zum richtigen Zeitpunkt zu kaufen oder zu verkaufen, was grundsätzlich ein unmögliches Unterfangen ist. Als Kleinanleger, der sein Vermögen aufbauen möchte, kann man sich nur in der Freizeit, also am Feierabend, am Wochenende oder im Urlaub, um sein Portfolio kümmern. Zu wissen, dass selbst die großen Investoren überzeugt davon sind, dass man nicht alle Zeit der Welt für das Investieren benötigt, ist da äußerst hilfreich.

Zeit ist in doppelter Weise von Bedeutung. Zum einen für die persönliche Arbeitsweise, denn man braucht bei der Suche nach guten und intelligenten Investments nicht zu eilen. Man hat Zeit, ausreichend zu recherchieren und sich das ins Auge gefasste Unternehmen genau anzusehen, die Zahlen zu prüfen und eine Entscheidung über ein Engagement zu treffen. Man braucht nicht der Hektik des Marktes verfallen und unbedingt und um jeden Preis aktiv zu werden.

Warren Buffett glaubt nicht, und da steht er im Gegensatz zu vielen anderen Aktienexperten, dass man im Laufe des Lebens viele Anlageentscheidungen treffen müsse. Es komme eher auf wenige gute an. Diese sucht der intelligente Investor und dafür benötigt er Zeit. Das entlastet ihn von der irreführenden Vorstellung, sein Erfolg beim Aufbau eines Vermögens hänge davon ab, dass er zu jeder Zeit die Börse und ihre Kurse im Auge haben müsse.

Zum anderen erweist sich die Zeit für den Geduldigen als hilfreicher Assistent, wenn es um den Aufbau eines Vermögens geht. Sie ist nicht nur sein Freund, sondern auch der Freund guter Unternehmen. Wenn der Investor gute Unternehmen in seinem Portfolio hat, die er zu einem guten Preis gekauft hat, einem Preis, der unter dem inneren Wert des Unternehmens lag, dann wird der Markt mit der Zeit den wahren Wert des Unternehmens erkennen. Der Preis für das Unternehmen, also sein Aktien- oder Marktwert, wird mit großer Wahrscheinlichkeit steigen. Das dauert oft eine Weile. Dafür braucht der Anleger Geduld. Die Zeit lässt sich eben oft selbst „Zeit".

Kurzfristig mag der Anleger Rückschläge erfahren, die er aushalten kann, wenn er auf seine Entscheidung vertraut. Genau wie ein Samen Zeit benötigt, um zu einer Pflanze heranzuwachsen, genauso braucht der Vermögensaufbau Zeit. Eine Eichel wird nicht morgen schon zur stattlichen Eiche. Es braucht Jahrzehnte, bis wir uns in ihrem Schatten ausruhen können.

Der intelligente Investor ist langfristig orientiert und behält gut ausgewählte Aktien über geraume Zeit. Manche für fünf oder zehn Jahre, manche sogar ein Leben lang. Warum auch sollte er die Aktie morgen oder übermorgen wieder verkaufen wollen? Nur weil sie im Kurs gefallen oder gestiegen ist? Niemand, der nicht Händler ist, würde ein Haus oder ein Auto kaufen, um es morgen gleich wieder zu verkaufen. Warum sollte man das dann mit einem Unternehmen tun oder mit einem Teil davon? Warren Buffett sagt, wenn man nicht bereit sei, eine Aktie zehn Jahre lang zu behalten, solle man nicht einmal darüber nachdenken, sie zehn Minuten zu behalten.

Statt sich jeden Tag mit dem Aktienkurs aufzuhalten, studiert der intelligente Investor das Unternehmen und dessen Ertragskraft und Zukunft. Er kauft nur, wenn das Unternehmen alle Bedingungen für ein gutes Unternehmen und einen Kauf erfüllt. Er hat keine Furcht davor, eine Gelegenheit zu verpassen. Brillante Investoren, so weiß er, zeichnen sich in manchen Zeiten durch schlichtes Nichtstun aus. Sie warten auf die richtige Gelegenheit, den Zeitpunkt, wenn sie mehr Wert bekommen, als sie für das Unternehmen bezahlen müssen. Lethargie ist oft lukrativer als Aktionismus. Gerade für private Kleinanleger.

Charlie Munger meint, man solle Aktionismus nicht mit Erfolg verwechseln. In Fragen der Geldanlage sei Lethargie gefragt.

Der Vorteil dabei ist, dass Lethargie Kosten und Steuern reduziert. Kosten entstehen für Anleger in der Regel durch exzessives Handeln, denn bei jeder Transaktion sind Gebühren fällig und für Kapitalerträge, also für realisierte Gewinne, muss er Steuern abführen. Je seltener der Anleger kauft und verkauft, umso mehr Geld spart er. Und dieses gesparte Geld kann er zum weiteren Aufbau seines Vermögens verwenden.

Charlie Munger vergleicht den Vermögensaufbau mit einem Schneeball. Er behauptet, vermögend zu werden sei wie einen

Schneeball zu rollen. Man müsse früh beginnen und dann den Schneeball sehr lange rollen. So werde aus einer kleinen Kugel, die man mit der Hand geformt und geduldig gerollt hat, am Ende der dicke Sockel, der den gesamten Schneemann trägt.

Das größte Problem bist du selbst

Bei der Aktienanlage geduldig zu sein, ist einfacher gesagt als getan. Besonders, wenn der Markt hektisch ist und die Kurse Kapriolen schlagen; wenn eine Nachricht den Markt zum Einknicken bringt und die eigenen Aktien vordergründig keine gute Performance haben. Oder wenn die gekaufte Aktie plötzlich explodiert und man einen stattlichen Gewinn einfahren kann. In diesen Situationen nicht zu verkaufen, um den Verlust zu begrenzen oder den gemachten Gewinn einzustreichen, ist schwierig. Es erfordert von einem Anleger sehr viel Disziplin, damit er sich an seine aufgestellten Regeln hält. Ganz besonders diszipliniert muss er sein, wenn es zu heftigen Marktbewegungen nach unten kommt. Wenn sich die Aktien nicht so zu entwickeln scheinen, wie er gedacht oder gehofft hat. Dann ist es absolut wichtig, dass der Anleger sich auf sein Urteil bezüglich einer Aktie verlässt und er nicht der Herde folgt und ebenfalls verkauft. Benjamin Graham sagte einmal: „*Das größte Problem des Investors, ja, sein größter Feind, das ist höchstwahrscheinlich er selbst.*“

Wir sind dafür verantwortlich, auch in widrigen Situationen das Richtige zu tun. Nicht der Markt ist schuld, wenn wir Verluste einfahren. Auch nicht die anderen Teilnehmer, die sämtliche Aktien verkaufen und damit den Marktwert unserer eigenen Aktien in den Abwärtsstrudel mitziehen. Wir ganz allein tragen für die Entscheidung Verantwortung, wie wir in einer solchen Situation reagieren. Wir entscheiden, ob wir gelassen bleiben, einen kühlen Kopf bewahren und rational reagieren oder, ob wir in Panik geraten, unsere Aktien schleunigst abstoßen und einen Verlust realisieren.

Es gibt zwei wirklich große Fehler, die Anleger begehen können: Der Gier verfallen und in Panik geraten. Beides bedeutet nichts anderes, als seine Emotionen die Entscheidung über das Verhalten am Kapitalmarkt treffen zu lassen. Wenn Emotionen entscheiden, ist das Verhalten nicht mehr rational und häufig nicht mehr intelligent. Das bedeutet nicht, dass nicht auch emotionale Entscheidungen intelligent und gut sein können. Bei der Kapitalanlage jedoch sind sie es selten.

Sicherlich ist es schwierig, gerade in Fragen der Kapitalanlage und in heißen Phasen seine Emotionen zu kontrollieren. Angst oder Panik sind starke Gefühle. Stärker noch als die Gier. Das meint Graham damit, wenn er sagt, dass ein Investor selbst das größte Problem sei. Dabei geht es nicht darum, emotionslos zu sein. Das wäre zwar einfach, geht aber meistens nicht. Doch sich seiner eigenen Unzulänglichkeiten und Schwächen bewusst zu sein, ist bereits der erste Schritt, sie zu kontrollieren. Und Kontrolle bedeutet, sich trotz ihres Vorhandenseins nicht emotional zu entscheiden, sondern rational anhand der Kriterien, die man in ruhigen Momenten für die intelligente Kapitalanlage erstellt hat und auf die man einfach zugreifen kann.

Gerade wenn der Markt einbricht, ist es für den intelligenten Investor wichtig, nicht in Panik zu geraten. Er lässt sich nicht von der Furcht der anderen anstecken, denn, wie Howard Marks, der Mitgründer und Co-Vorsitzende von Oaktree Capital, meint, Furcht und Gier trügen dazu bei, dass Investoren sich zusammentun, um exakt das Falsche zu machen.

Warren Buffett und sein Partner Charlie Munger sind der Meinung, wenn man nicht bereit sei, einen Kursverlust von 50 % zu ertragen, dann sei man nicht bereit, ein Investor zu sein. Und sie raten davon ab, in Unternehmen zu investieren, bei denen man in Panik geraten und die Aktien abstoßen würde, wenn der Aktienkurs um 50 % fällt.

Kursverluste kommen vor, insbesondere in heftigen Marktphasen. Der intelligente Investor lässt sich davon nicht beunruhigen. Er überlässt die Reaktion auf solch heftige Bewegungen der Kurse anderen. Er hält sich in aller Regel aus dem Geschehen heraus, bis die Kurse ihm Kaufgelegenheiten bieten. Findige Investoren warten nur darauf, dass der Markt in Panik gerät und verkauft. So wie im Frühjahr 2020 im Zuge der Coronapandemie. So machen sie ihre besten Geschäfte. Dann kommen sie zu unglaublichen Schnäppchenpreisen an herausragende Unternehmen.

Genauso wie es wichtig ist, in Phasen von Markteinbrüchen einen kühlen Kopf zu bewahren, auf die eigene Entscheidung zu vertrauen und mit Geduld auf den nächsten Anstieg des Marktes zu warten, so ist es wichtig, bei rapiden Anstiegen des Marktes nicht den Kopf zu verlieren. Der eben erwähnte Howard Marks hat dazu eine interessante Analyse vorgenommen, auf die ich mich hier beziehen möchte. Er sagt, Gier entstehe dann, wenn die Leute glauben, die Märkte könnten nur noch steigen, wenn sie den Eindruck haben, dass der Markt keine Risiken mehr kenne und man ohne große Risiken enorme Renditen erzielen könne. Gier überwindet dabei jede Vorsicht. Howard Marks bringt das größte Problem der Gier so auf den Punkt:

„*Wenn die Psychologie der Investoren extrem rosig aussieht und die Märkte ‚auf Perfektion gepresst' sind – basierend auf der Annahme, dass die Dinge immer gut aussehen werden – sind optimale Voraussetzungen für eine Kapitalvernichtung geschaffen.*"

Warum ist das so? Das liegt vorwiegend daran, dass die Kurse der Wertpapiere, wenn die Gier exzessive Ausmaße erreicht, sehr hoch sind. Die Höhe der Aktienkurse aber lässt die Renditen niedrig und das Risiko hoch werden. Die Wahrscheinlichkeit, dann einen Verlust zu erleiden, ist ebenfalls sehr hoch. Warum aber sind die Renditen niedrig und das Risiko, Verluste zu erleiden, hoch?

Die Erklärung dafür ist im Grunde ganz einfach. Aktien haben die Tendenz, sich um ihren inneren Wert zu bewegen. Eine Aktie, die sich also immer weiter von diesem inneren Wert nach oben entfernt, hat es schwerer, weiter zu steigen als eine, die unterhalb dieses Wertes notiert. Sicherlich kann auch eine bereits überbewertete Anlage noch teurer, also noch stärker überbewertet werden. Aber es ist schwieriger, denn in aller Regel finden sich weniger Menschen, die bereit sind, eine überteuerte Aktie zu kaufen, als Menschen, die eine Aktie zum Schnäppchenpreis kaufen würden.

Mit steigendem Preis oberhalb des inneren Wertes nimmt das Risiko eines möglichen Verlustes zu. Je überbewerteter ein Unternehmen wird, desto höher ist die Wahrscheinlichkeit, dass die Marktteilnehmer den zu hohen Preis nicht nur erkennen, sondern auch Nutzen daraus ziehen. Sie werden ihre Gewinne zum einen realisieren wollen, zum anderen aber bei den ersten schlechten Nachrichten aussteigen, um der Gefahr eines starken Abfalls zu entgehen.

Letztlich steckt dahinter die Frage, wie lange die Marktteilnehmer bereit sein werden, für etwas, das bereits mehr kostet, als es wert ist, noch mehr zu zahlen. Das kann eine Weile gut gehen, insbesondere, wenn die Menschen nicht wissen, wohin mit ihrem Geld. Bei der ersten Gefahr aber geht es nicht mehr gut und wer zu spät, also zu teuer eingestiegen ist, macht mit größerer Wahrscheinlichkeit Verlust.

Eine Aktie, die bereits sehr teuer ist, hat weniger Potenzial, in weit höhere Sphären vorzudringen als eine Aktie, die unterhalb des Wertes notiert. Der prozentuale Anstieg einer Aktie unterhalb des inneren Wertes bis zum möglichen Höchstpreis ist größer als bei einer Aktie, die bereits deutlich über dem inneren Wert notiert. Folglich ist die Rendite der teuren Aktie mit größerer Wahrscheinlichkeit geringer als die der billigeren. Umgekehrt steigt das Risiko bei der teuren Aktie mit steigendem Preis.

Interessant ist, dass viele Marktteilnehmer glauben, einsteigen zu müssen, wenn die Preise nicht nur steigen, sondern bereits hoch sind. Sie glauben wider jede Logik, dass das Risiko bei teuren Märkten geringer sei, als wenn der Markt am Boden liegt.

Diese Anleger steigen viel zu spät in den Markt ein und steigen allzu häufig mit erheblichen Verlusten wieder aus.

Der intelligente Investor lässt sich in Zeiten hoher Märkte nicht auf den Kauf von teuren Aktien ein. Er widersteht dem psychologischen Problem, das auftaucht, wenn die Märkte steigen oder explodieren und die Leute ungebremst Aktien kaufen. Viele Akteure haben in solchen Phasen das Gefühl, alle um sie herum verdienen Geld und sie selbst würden etwas verpassen. Sie geraten in Angst, nicht an diesem außergewöhnlichen Boom teilzuhaben. Sie ertragen den Spott so mancher Menschen nicht, weil sie bislang nicht auf den Zug aufgesprungen sind. Dann stellen sie oft ihre eigene Anlagestrategie in Frage.

Nicht so der intelligente Investor. Er bleibt standhaft und hält an seiner Strategie fest. Er vertraut darauf, dass er mit seiner Entscheidung richtig liegt. Er trauert möglichen verpassten Chancen nicht hinterher, denn er weiß, es werden sich ihm wieder neue bieten.

Sorglosigkeit in teuren Märkten und die Angst, Gewinne zu verpassen, gab es auch vor der globalen Finanzkrise 2008. Statt sich wegen der hohen Preise und des Risikos in den Märkten Sorgen zu machen, war die Stimmung äußerst optimistisch. 2008 glaubten viele Marktteilnehmer tatsächlich, dass es kein Risiko mehr gäbe und sie sich nur Gedanken über verpasste Chancen machen müssten. Viel Geld wurde in unbekannte und riskante Finanzinnovationen gesteckt, deren Auswirkungen niemand einschätzen konnte. Diesem Optimismus fielen schließlich viele zum Opfer. Denn er sorgte dafür, dass man nicht nur Anlagen mit großem Risiko, sondern auch Anlagen, die bereits weit überteuert waren, kaufte. Und als es schon zu spät war, sprangen auch noch die letzten kleinen Privatanleger auf den Zug auf. Ganz nach dem Motto der alten Börsenweisheit: „*Was der weise Mann am Anfang macht, das macht der Narr am Ende.*“

Als dann die Kursrückgänge kamen, hatte das große psychologische Auswirkungen. Der einhergehende Vertrauensverlust in die Märkte, gepaart mit dem Verlust von Selbstvertrauen und der aufsteigenden Angst vor hohen Verlusten, ließ viele Anleger panikartig verkaufen. Sie stürzten sich mit der Herde in den Abgrund. Hatte man teuer gekauft, sah man sich jetzt gezwungen, in den folgenden Tiefs zu verkaufen.

Genauso wie der Markt zwischen Hochs und Tiefs hin und her pendelt, so pendelt auch die Psyche der Anleger hin und her. Von Optimismus hin zu Pessimismus. Von Furcht zu Gier. Dieses Schwingen veranlasst viele Marktteilnehmer, zu hohen Kursen zu kaufen und zu niedrigen zu verkaufen. Wenn man als Teil der Herde diese Schwingungen mitmacht, führt das unweigerlich zu Verlusten und man ist nicht in der Lage, sich ein Vermögen aufzubauen. Sicher, der psychische Druck ist groß. Doch ihn gilt es zu überwinden oder wenigstens im Zaum zu halten.

Der intelligente Investor unterschätzt niemals die Macht der Psychologie und der Herde. Er weiß, dass Gier und Furcht, Neid und Ego Teil der menschlichen Natur sind und er sie unweigerlich zu spüren bekommt. Er weiß, er ist gegen sie nicht immun. Aber er hat gelernt, mit ihnen umzugehen. Weil er sich in ruhigen Phasen eine Strategie erarbeitet hat, an die er sich auch in hektischen Zeiten hält, kann er seinen Emotionen widerstehen. Er vertraut auf die Entscheidungen seines Verstands in ruhigen Zeiten. So ist er in der Lage, Exzessen nach oben und nach unten zu widerstehen, was wesentliches Element für seinen Erfolg ist. Diese Exzesse lässt er jedoch nicht aus den Augen, denn sie helfen ihm beim Aufbau seines Vermögens.

Erkennt der intelligente Investor, dass andere Marktteilnehmer unbesorgt sind, fängt er an, sich Sorgen zu machen. Geraten sie in Panik, bereitet er sich vor, aggressiv zu werden. Denn er weiß, jetzt kommt die Zeit der besten Investitionen.

Markteinbrüche sind gut für dich

Einen kühlen Kopf zu bewahren, also seine eigenen Emotionen zu kontrollieren, ist sicherlich leichter gesagt als getan. Gerade dann, wenn alle um einen herum den Kopf verlieren. Das hat etwas mit unserer Veranlagung als Mensch zu tun. Genau deswegen schwirrt dann eine Frage hartnäckig in unserem Kopf herum: Haben die anderen vielleicht doch recht? Gerade wenn man wenig oder gar keine Erfahrung hat, nagt dieser Zweifel kräftig an den eigenen Nerven. Jetzt weiter an seiner Strategie festzuhalten, erfordert sehr viel Disziplin.

Stellen wir uns einmal Folgendes vor: Wir sind auf der Suche nach einem Haus. In bester Lage sind Häuser oft mehrere Millionen wert. Wäre es nicht wünschenswert, statt mehreren Millionen nur 500.000 € dafür bezahlen zu müssen.

Manch einer wird jetzt sagen: Wünschenswert, aber unrealistisch. Der intelligente Investor weiß jedoch, dass es nicht unrealistisch ist. Denn es kann real werden. Dann nämlich, wenn plötzlich, aufgrund kurzfristiger, nicht nachvollziehbarer Ursachen, niemand dieses Haus haben möchte, der Besitzer aber gezwungen ist, es zu verkaufen. Obwohl niemand das Haus in diesem Moment haben möchte, bleibt es dennoch ein schönes und grundsätzlich attraktives Haus mit einem inneren Wert. Trotz fallender Preise behält es diesen inneren Wert. Die Mauern stehen noch, ebenso die Inneneinrichtung. Die Lage hat sich nicht verändert, auch der Zustand nicht. Lediglich die Marktteilnehmer haben ihre Einstellung verändert – kurzfristig.

Da der Besitzer es loswerden möchte, es aber schwierig ist, einen Käufer zu bekommen, sinkt der Marktpreis für die Immobilie. Der Besitzer bietet es also günstig an. Sollte man dann nicht zuschlagen? Sollte man lieber warten, bis es wieder teurer ist? Sicher nicht. Das wäre abstrus. Jeder hielte einen für verrückt, wenn man das Haus lieber kaufen wollte, wenn der Preis gestiegen ist.

Das Gleiche gilt für Unternehmen bzw. deren Anteile, also Aktien. Nur weil die Masse sich von einem oder mehreren Unternehmen abwendet, heißt das nicht, dass das Unternehmen schlecht geworden ist. Deswegen gibt uns Charlie Munger auch den Rat, sich nicht von ein paar Rückschlägen entmutigen zu lassen.

Der intelligente Investor weiß, wenn es keine großen Kursrückschläge und keine Einbrüche gäbe, die die Börsen in Angst und Schrecken versetzten, gäbe es auch keine Gelegenheiten, günstig an herausragende Unternehmen zu kommen. Dank der Launen der Finanzmärkte sinken die Kurse von hervorragenden Unternehmen oft unverhältnismäßig tief. Dann ist der richtige Zeitpunkt, zu dem sich der intelligente Investor in ein gutes Unternehmen einkauft.

Es ist schon erstaunlich. Obwohl die Menschen es lieben, Dinge billig zu kaufen und deswegen ständig auf Schnäppchenjagd sind, machen sie am Aktienmarkt oft genau das Gegenteil. Ist der Markt hoch, kaufen sie in der Annahme, jetzt könne man leicht Geld verdienen. Sie folgen der Mehrheit, denn diese muss schließlich recht haben und über eine tiefere Einsicht verfügen. Ist der Markt hingegen niedrig und Aktien sind billig zu erwerben, verkaufen viele Anleger aus den gleichen Gründen. Sie kaufen, wenn die Anlagen teuer sind und verkaufen, wenn sie billig sind.

Der intelligente Investor macht es genau umgekehrt. Er versteht Markteinbrüche wie einen Rabatt auf ein gutes Unternehmen. Warum sollte er teuer kaufen, wenn es auch billiger geht?

Markteinbrüche sind für ihn Kaufgelegenheiten. Auf sie freut er sich. Er sieht einer Panik erwartungsvoll entgegen, denn sie hilft ihm, sich ein Vermögen aufzubauen. Warren Buffett behauptet, Investoren verlieren bei fallenden Märkten nichts. Dahinter steht das Wissen, dass der Markt dem Investor nicht den Wert anbietet, sondern den Preis. Benjamin Graham nennt das Mister Market. Die Relation zwischen dem Kurs und dem Wert des Unternehmens ist der Schlüssel zum Investmenterfolg und damit zum Vermögensaufbau.

Deswegen ist es wichtig, ein Unternehmen gut zu bewerten und dann die Disziplin zu besitzen, es nur zu kaufen, wenn das betreffende Investment zu einem ausreichend großen Abschlag auf den berechneten Wert zu haben ist.

Howard Marks stellt dazu fest, dass der Kauf unterhalb des Wertes der zuverlässigste Weg zum Gewinn sei, der Kauf über dem Wert hingegen funktioniere nur selten so gut. Dieses Vorgehen verspricht Erfolg, weil der Markt Vermögenswerte über längere Zeiträume (gewöhnlich innerhalb einiger Jahre) grundsätzlich richtig bewertet. Der Preis pendelt stets um den Wert des Unternehmens. Kaufen wir ein „Schnäppchen", so wird es mit großer Wahrscheinlichkeit im Laufe der Zeit steigen, um einen Ausgleich zwischen Wert und Preis herzustellen.

Warum aber sinkt der Kurs einer Anlage unter ihren Wert? Der Kurs sinkt hauptsächlich, weil die Wahrnehmung die Realität unterschätzt. Die Qualität und/oder das zukünftige Potenzial eines Unternehmens werden von den Marktteilnehmern oft nicht richtig (auf jeden Fall stets unterschiedlich) eingeschätzt.

Benjamin Graham wies darauf hin, dass sich der langfristige Wert eines Unternehmens so unmöglich oft und schnell ändern könne, wie es die Änderungen der Aktienkurse anzuzeigen scheinen. Das ist der Grund, warum sich der intelligente Investor auf den Wert des Unternehmens konzentriert und die Schwankungen des Preises zu seinem Vorteil nutzt. Wenn der Markt das Interesse an dem Unternehmen verliert und der Kurs der Aktie sinkt, beginnt er Interesse daran zu entwickeln. Sein Vorteil ist, dass nur wenige den Mut haben, an ihrer Einschätzung zu einem Unternehmen, zu dessen Qualität und damit zum eigentlichen Wert des Unternehmens festzuhalten. Die meisten folgen der Herde.

Doch selbst wenn die hohe Qualität eines Unternehmens erkannt wird, braucht es Einsicht, um zu bemerken, dass es auch billig ist. Aus mangelnder Einsicht verwechseln Investoren oft objektive Qualität mit einer preiswerten Kaufchance. Der intelligente

Investor hingegen vergisst nie, dass es das Ziel ist, gute Käufe von guten Anlagen zu finden. Vor allem der Kauf unter dem Wert ermöglicht ihm nicht nur Gewinnmöglichkeiten, sondern er ist auch ein entscheidendes Element seiner Risikobegrenzung.

Es ist interessant, sich einmal anzuschauen, warum viele Anleger wie der Rest der Herde agieren. Das liegt an unseren Überlebensinstinkten. Die führen auch dazu, dass wir viel mehr Angst vor Verlust haben, als wir uns über Gewinne freuen. Wir tendieren dazu, vor Gefahren schnell wegzulaufen und uns erst dann zu fragen, ob es richtig war. Daher steigen wir auch schnell aus Investments aus, wenn sie anfangen, Verluste zu generieren. Wir versuchen nur zu überleben. Der Herdentrieb sorgt dafür, dass wir uns wohler fühlen, wenn wir uns an die Meute halten. Deswegen ist es ganz natürlich, wenn wir verkaufen, wenn alle es tun. Dann geht es uns gefühlt einfach besser.

Es ist wichtig, Kenntnis über die Natur des Menschen zu haben. Dieses natürliche Verhalten können wir nur kontrollieren, wenn wir über ausreichend Wissen verfügen, das uns Vertrauen gibt, uns auch dagegen zu entscheiden. Deswegen ist Wissen für den intelligenten Investor von großer Bedeutung. Mit wachsendem Wissen nimmt das Selbstvertrauen und das Verständnis für Wahrheiten und Fakten zu.

Untermauern wir das Gesagte mit ein paar Beispielen. Dazu betrachten wir zwei Charts und sehen uns an, wie sich die Aktien entwickelt haben und welche Auswirkungen dies auf unser Vermögen gehabt hätte. Betrachten wir zunächst den DAX[7], also den Deutschen Aktienindex, in dem bis September 2021 die 30 größten deutschen Unternehmen notiert waren. Heute beinhaltet er 40 Unternehmen.

In dem Chart können wir einige der Crashs zwischen 1997 und 2016 sehen. 1997 die Asienkrise, als der DAX innerhalb kurzer Zeit knapp 600, insgesamt innerhalb eines halben Jahres etwa 800 Punkte verlor. 1998, als man sich Sorgen um Russland

[7]Quelle: `http://www.finanzen.net/index/DAX/Charttool`

machte, fiel der DAX von 6.184 um ca. 2.000 Punkte, verlor also etwa 40 %. Im Jahr 2000 sahen wir, wie der DAX bei über 8000 Punkten notierte. Viele der Firmen des neuen Marktes waren nicht annähernd den Preis wert, zu dem sie gehandelt wurden. Dennoch kauften die Leute die Aktien von allen möglichen Firmen. Sie waren sich sicher, nichts falsch machen zu können. Im März schließlich platzte die Dotcom-Blase und schickte die Kurse durchschnittlich um 70 % in die Tiefe. Während dieses Abwärtstrends gab der DAX 5.500 Punkte ab und notierte tiefer als im Januar 1996. 2008 folgte die Finanzkrise.

Der Dow Jones verlor im Zuge der Lehman-Pleite 450 Punkte; der DAX an einem Tag über 500 Punkte. Insgesamt verlor er innerhalb von etwa einem Jahr über 4.000 Punkte. 2011 kam die Schuldenkrise. In einer Woche verlor der DAX 13 %. Von etwa 7.500 Punkten sackte er um ein Drittel auf etwa 5.000 Punkte ab. Als im Jahr 2014 schließlich deutlich wurde, dass der Boom in China nicht so weitergehen würde, verlor der DAX am 24. August 476 Punkte. Diese Rücksetzer der Kurse waren oft sehr dramatisch und wenn man sie miterlebte, konnte einem schon ziemlich bange werden.

Aber man kann in dem Chart nicht nur die Einbrüche erkennen. Man sieht auch, wie der DAX nach den Einbrüchen regelmäßig zur Erholung ansetzte und den vorherigen Einbruch wieder wettmachte. Wer also seine Aktien nicht verkaufte, dessen angeblicher Verlust wurde meist wieder ausgeglichen. Wer sich in die Schwäche des Marktes einkaufte, der hatte die unglaubliche Möglichkeit, durch den dann folgenden Boom ein stattliches Vermögen aufzubauen. Denn Markteinbrüche sind eben Kaufgelegenheiten.

Schauen wir uns stellvertretend eine Aktie an und wie sich diese in den Jahren entwickelt hat. Als willkürliches Beispiel soll uns die Firma Beiersdorf[8] dienen.

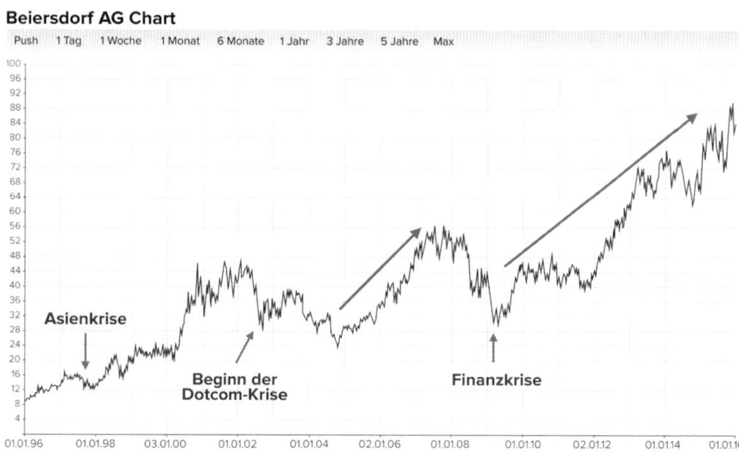

Von der Asienkrise 1997 und von den Rückschlägen im Zuge der Aussichten Russlands war die Aktie weniger beeindruckt. Der Verlust hielt sich in Grenzen. Sie verlor in diesem Zeitraum etwa 5 €, was einem Verlust von ca. 30 % entsprach, während der DAX im gleichen Zeitraum etwa 40 % verlor. Die Dotcom-Blase ließ die Aktie von etwa 47 € auf ca. 32 € absacken, ein Verlust von 15 € oder wieder etwa 30 %. Anschließend erholte sich die Aktie, verlor aber dann 20 € oder etwa 400 % an Wert. Im Herbst 2005 notierte die Aktie unter 25 € und verdoppelte ihren

[8]Quelle: `http://www.finanzen.net/chart/Beiersdorf`

Wert bis 2008. Ein Gewinn von 100 %. Ab 2008 musste die Aktie dann wieder etwa 20 € abgeben, um anschließend bis Ende 2015 ihren Wert von 30 € auf 90 € zu verdreifachen. Hätte man diese Aktie also während der Asienkrise zu etwa 12 € gekauft und gehalten, hätte man eine Wertsteigerung von 750 % erfahren. Hätte man nach der Dotcom-Blase zu einem Kurs von etwa 30 € gekauft, läge die Wertsteigerung immer noch bei 1.300 %.

Wir sehen also: Markteinbrüche brauchen einem Investor keine Angst bereiten, denn nach Einbrüchen folgt immer auch eine Phase der Erholung. Markteinbrüche kann man stattdessen für den Kauf von Aktien nutzen. Dann sind die Preise günstiger, das Risiko von Verlusten geringer und die Renditechancen höher.

3

Das Geheimnis der Einfachheit

Wenn man die Breite des Kapitalmarkts überblickt, so wird man nicht nur von der Fülle der Anlagemöglichkeiten überwältigt; man bekommt auch schnell den Eindruck, der Aufbau und das Verwalten des eigenen Vermögens wären eine unheimlich komplizierte Sache. Als ich vor über dreißig Jahren damit anfing, ging es mir genauso. Erst im Laufe der Zeit und durch viel Arbeit erkannte ich, dass Kapitalanlage und auch das Agieren am Aktienmarkt gar nicht so schwierig waren, wie ich zunächst dachte. Leicht ist es dennoch nicht. Aber sich die Anlage einfacher zu machen, ist durchaus hilfreich für den Erfolg. Und diese Einfachheit macht es dem kleinen Privatanleger möglich, sich ein Vermögen aufzubauen, ohne sich den ganzen Tag um die Kapitalanlage kümmern zu müssen. Ich möchte mit ein paar Fragen einsteigen, die uns direkt zum ersten Teil dieses Kapitels führen.

Seit nunmehr einigen Jahrzehnten benutzen wir wie selbstverständlich Computer in mittlerweile unterschiedlichen Formaten in unserem täglichen Leben. Wie aber genau funktionieren die Mikrochips, die sich in diesen Geräten befinden? Und wieso erzeugt die Verbindung diverser elektronischer Bauteile in Verbindung mit einem binären Code ein Bild komplexer Software auf einem Monitor? Wieso wissen die Bauteile in meinem Computer, dass sie etwas machen müssen, nur weil jemand in einer von ihm erfundenen Computersprache etwas schreibt? Ich glaube, die wenigsten Menschen können diese Fragen befriedigend beantworten, ebenso wie die meisten Kapitalanleger.

Wie sieht es mit den folgenden Fragen aus?

- *Wie kann es gelingen, aus Gensequenzen Teile herauszuschneiden und an die gleiche Stelle andere einzusetzen?*
- *Wozu dient ein Sportschuh?*
- *Woraus besteht ein Hamburger und wozu dient er?*
- *Wie stellt man ein Hemd her?*
- *Wie funktioniert ein Fahrrad?*

Einige dieser Fragen wird man leichter beantworten können, andere hingegen nicht. Während wohl viele Menschen die erste Frage weniger befriedigend beantworten können, sieht das Ganze bei der dritten Frage deutlich anders aus. Das ist nicht dramatisch. Wir können einfach nicht alles wissen. Und nicht alles ist für jeden Einzelnen von Interesse. Manches liegt einem auch einfach nicht. Es gibt Bereiche, die manche bereits oberflächlich nicht verstehen. Wie sollten sie dann die tieferen Details verstehen können?

Die Tatsache jedoch, dass man von einigen der gestellten Fragen eine Ahnung hat, von den anderen womöglich jedoch nicht einmal ansatzweise, hilft uns bei der Entscheidung, wie wir unser Geld am Aktienmarkt investieren sollten. Da wir manche Produkte nicht verstehen, können wir deren Potenzial oder Nutzen nicht korrekt einschätzen und damit auch nicht, was die wirtschaftlichen Aussichten für das Unternehmen mit diesem Produkt sind. Demzufolge gilt für den intelligenten Investor:

Verstehe dein Investment

Zu Beginn des Buches habe ich erklärt, warum ich Aktien als Anlageform und zum Aufbau eines Vermögens bevorzuge und andere Anlageklassen weniger favorisiere oder für ungünstig halte.

Das hat im Wesentlichen zwei Gründe: Erstens bin ich davon überzeugt, dass jeder, egal über welches Startkapital er verfügt, sich ein Vermögen mit Aktien aufbauen kann. Aktien werden nicht nur zu einem überschaubaren Preis gehandelt, sondern die Anlage mit ihnen ist auch verständlich und klar. Zweitens ermöglicht die Konzentration auf eine Anlageklasse, dass man sein Wissen ausschließlich darauf fokussieren kann. Man kann sich ein breites Wissen bezüglich dieser Anlageform aneignen und vermeidet es, auf vielen Gebieten nur wenig zu wissen. Warren Buffett spricht in diesem Zusammenhang von seinem „Kompetenzbereich". Er selbst beschränkt sich auf Anlageformen und Branchen, die er versteht und bei denen er sich deswegen sicher fühlt. Verstehen bedeutet für Buffett nicht, das Produkt eines Unternehmens an sich zu verstehen, sondern die wirtschaftlichen Aussichten des Unternehmens in den kommenden zehn oder zwanzig Jahren. Allerdings glaube ich, und deswegen habe ich den Aspekt hier erweitert und die oben aufgeführten Fragen formuliert, dass für den privaten Kleinanleger ein Zusammenhang zwischen dem Verständnis des Produkts und den wirtschaftlichen Aussichten besteht. Für ihn könnte es hilfreich sein, sich zunächst das Produkt anzusehen und zu schauen, ob er dieses versteht, und in einem zweiten Schritt sich dann mit den wirtschaftlichen Aussichten zu beschäftigen.

Für den intelligenten Investor ergibt das Bewegen innerhalb des eigenen Kompetenzbereichs absolut Sinn. Wir müssen berücksichtigen, dass die allermeisten Menschen jeden Tag einer geregelten Arbeit nachgehen, die ihrer vollen Aufmerksamkeit bedarf. Für diese Arbeit sind sie gut ausgebildet und hier liegen ihre wesentlichen Kompetenzen. Weitere Fähigkeiten, so auch im Bereich der Geldanlage, müssen sie sich in ihrer freien Zeit aneignen. In dieser sehr begrenzten Zeit ist es unmöglich, sich ein fundiertes Wissen über sämtliche Anlageklassen anzueignen. Eine Möglichkeit wäre, wenig über viele Anlageklassen zu wissen, was einem sinnvollen Vermögensaufbau wenig dienlich wäre.

Vor diesem Hintergrund erscheint es sinnvoller, sich auf eine Anlageklasse zu konzentrieren und darüber fundiertes Wissen anzueignen. Diese Konzentration bleibt im Bereich des Überschaubaren und ist gut mit dem täglichen Leben der meisten Anleger vereinbar. Diese sind eben keine Profi-Investoren, die sich den ganzen Tag mit Geldanlage beschäftigen und sich das Wissen darüber beruflich aneignen und verwerten können. Für die meisten ist die Geldanlage eine Nebentätigkeit, der sie nur begrenzte Zeit zur Verfügung stellen können.

Wenn man sich, so wie ich, für Aktien als Anlageklasse entschieden hat, dann ist es sinnvoll, sich von den vielen Lobpreisungen und Gewinnversprechen etlicher anderer Klassen nicht mehr beeindrucken zu lassen. Man ignoriert sie, wie ich an anderer Stelle schon gesagt habe. Der intelligente Investor bleibt bei dem, was er kennt. Nur dort ist er in der Lage, richtige und lukrative Entscheidungen zu treffen. Nur dort bleibt das Risiko für ihn überschaubar. Wenn er von der Sache keine Ahnung hat, kann er Risiko und Erfolgsaussichten nicht richtig abschätzen. Damit bringt er den Erfolg seines Vermögensaufbaus unnötig in Gefahr.

Viele Unternehmen tummeln sich auf dem Aktienmarkt. Der Anleger hat also eine große Auswahl, in die er sein Geld investieren kann. Der intelligente Investor sucht sich Unternehmen und Branchen mit Produkten, die er verstehen kann. Er sucht sich Unternehmen, deren wirtschaftliche Aussichten er einschätzen kann. Warren Buffett sagt, man müsse nicht für jedes Unternehmen ein Experte sein; wichtig sei nur, dass man sich in seinem Kompetenzbereich gut auskennt.

Ich selbst investiere nicht in Bankaktien, denn ich sehe mich nicht in der Lage, Banken nachvollziehbar zu analysieren.

Vielleicht verpasse ich auf diese Weise die ein oder andere Chance. Aber ich verpasse so auch den ein und anderen Verlust, der sich daraus ergibt, dass ich mit der Aktie des Unternehmens spekuliert und nicht in das Unternehmen investiert habe. Im Falle des jüngsten Hypes, des Fintechs Wirecard, auf den so viele junge private Kleinanleger gewettet haben, bin ich, dank des Festhaltens an meiner Strategie, um den Totalverlust herumgekommen.

Wenn man Erfolg und Risiko nicht abschätzen kann, hofft man lediglich, dass etwas eintritt. Dann ist man ein Spekulant, kein intelligenter Investor. Dieser widersteht der Versuchung, seinen Kompetenzbereich zu verlassen. Innerhalb dieses Bereichs findet er noch genug Möglichkeiten, sein Kapital sinnvoll und langfristig erfolgreich anzulegen. In Unternehmen, die er versteht und die er beurteilen kann. Auf dieser Grundlage kann er seiner Entscheidung vertrauen. Auch Warren Buffett ist der Auffassung, dass es unwichtig sei, wie groß der eigene Kompetenzbereich ausfällt. Wichtig sei nur, die eigenen Grenzen zu kennen und sie nicht zu überschreiten.

Der intelligente Investor bleibt auch dann innerhalb seines Circle of Competence, wenn alle ein Unternehmen haben wollen, weil es beispielsweise neu und innovativ ist, es aber nicht in seinen Kompetenzbereich fällt. Wenn es nicht dort hineinfällt, ist das Risiko einer Fehlinvestition um ein Vielfaches höher.

Was genau aber ist der eigene Circle of Competence und wie findet man ihn? Eine erste Einschätzung kann man bekommen, wenn man sich selbst betrachtet. Man kann es zunächst auf ganz banale Wahrnehmungen herunterbrechen:

Welches Gefühl hat man, wenn man sich ein Unternehmen anschaut? Ist einem ein Unternehmen und was man über es liest auf Anhieb sympathisch oder bereits unsympathisch?

Genau so erging es mir mit Banken und das Gefühl steigerte sich, je mehr ich mich mit den Zahlen und dem Aufbau dieser Unternehmen beschäftigte. Was mich am meisten abschreckt, ist die Tatsache, dass viele Banken selbst am Kapitalmarkt agieren und in Produkte investieren, die ich absolut nicht verstehe und die mir auch häufig viel zu suspekt erscheinen.

Der intelligente Investor schaut auch, ob er die Produkte des Unternehmens kennt und erklären kann, wie sie funktionieren. Versteht er bei der Betrachtung der Produktpalette überhaupt nichts, fallen sie nicht in seinen Kompetenzbereich und er lässt die Finger davon.

Fällt ein Unternehmen hingegen in seinen Kompetenzbereich, findet der intelligente Investor heraus, ob die Unternehmen den Kriterien, die er für die Auswahl festgelegt hat, entsprechen – und zwar vollständig. Ist dies nicht der Fall, dann befinden sie sich außerhalb seines Circle of Competence, denn er kann die wirtschaftlichen Aussichten nicht abschätzen. Er hat diese Kriterien ja ganz bewusst festgesetzt, weil er sich nur dann sicher fühlt, wenn sie erfüllt sind.

Nehmen wir erneut Warren Buffett zu Hilfe. Einige wichtige Kriterien, die Unternehmen erfüllen müssen, wenn er in sie investieren soll, sind:

- eine erwiesen starke Ertragskraft
- eine gute Kapitalrendite
- wenig bis keine Schulden
- ein starkes und für das Unternehmen arbeitendes Management
- ein günstiger Preis

Nur Unternehmen, die diese Kriterien erfüllen, erhöhen seine Erfolgsaussichten, mit ihnen viel Geld zu verdienen. Erfüllen die Unternehmen diese Kriterien nicht, so ist Buffett in der Regel nicht interessiert und investiert nicht.

Für den intelligenten Investor klingt das überzeugend. Er agiert folglich nur innerhalb seines Kompetenzbereichs, den er vor allem über zwei Kriterien eingrenzen kann:

Erstens soll ein Unternehmen Produkte herstellen, die er verstehen kann. Dadurch vermitteln sie ihm eine gewisse Sicherheit, die er für eine intelligente Anlageentscheidung nutzen kann. Zweitens sollte das Unternehmen alle Kriterien erfüllen, die er für ein gutes Unternehmen festgelegt hat, und zwar ausnahmslos. Der intelligente Investor macht keine Ausnahme von dieser Regel. Wenn er erfahren genug ist und genau weiß, was er tut, passt er seine Regel den neuen Gegebenheiten an. Jedoch niemals innerhalb eines Kaufprozesses, sondern immer nur in ruhigen Phasen, in denen keine Anlageentscheidung ansteht. In den Kapiteln „Das Geheimnis der Sicherheit“ und „Das Geheimnis des Wertes“ gehe ich tiefer auf solche Kriterien ein.

Der intelligente Investor eignet sich auf einem Gebiet wirkliche Kompetenz an, statt auf allen Hochzeiten tanzen zu wollen. Er agiert nur innerhalb dieses Kompetenzkreises. Verpasst er auf diese Weise außerhalb dieses Gebietes Chancen, macht er sich keine Vorwürfe. Die Chancen, die ihm in seinem Circle of Competence übrig bleiben, räumen ihm genug Möglichkeiten ein, sein Vermögen aufzubauen. Um innerhalb eines Kompetenzbereichs agieren zu können, achtet der intelligente Investor auf einen weiteren Aspekt, der ihm die Kapitalanlage in Aktien erleichtert und der seine Chancen, erfolgreich zu sein, erhöht. Auf diesen gehe ich im nächsten Abschnitt ein.

Mache es dir einfach

Menschen tendieren dazu, Sachverhalte zu verkomplizieren. Nicht nur die Herangehensweise an ein Problem wird mit einer Schwierigkeit versehen, die unnötig ist. Auch die Fragestellungen und die darauffolgenden Antworten gestalten sie häufig komplizierter als notwendig. Nur weil ein Thema komplex erscheint, glauben viele, sie müssten von Anbeginn an mit ebensolcher Komplexität an die Fragestellung herantreten. Doch das funktioniert in den meisten Fällen nicht. Das Traurige dabei ist, dass viele Menschen deswegen die Lust und den Mut verlieren, sich weiter mit der Materie zu beschäftigen. Sie unterliegen der falschen Annahme, man könne das Thema und das Problem ohnehin nicht verstehen. Das aber ist ein grober Irrtum. Um einen komplexen Sachverhalt verstehen zu können, ist es hilfreich und notwendig, sich zunächst einmal die einfachen Grundlagen zu verdeutlichen, auch dann, wenn man sie schon kennt und nur wiederholt. Das heißt, man fängt an, das Einfache und scheinbar Offensichtliche zu beschreiben und sich erneut klarzumachen. Wenn diese Basis gelegt ist, kann man zu komplexeren Sachverhalten vordringen, die man leichter versteht, da die Grundlagen klar und deutlich verankert sind. Oft erkennt man dann, dass die Dinge gar nicht so kompliziert sind, wie sie auf den ersten Anblick erscheinen. Manchmal sind sie sogar sehr einfach.

Wenn ich mir einen komplexen Sachverhalt erschließen möchte, breche ich alles erst einmal auf das ganz Banale herunter und arbeite mich allmählich in die Tiefe. Das mache ich selbst dann, wenn ich aufgrund von Wissen und Erfahrung auf einem vertieften Niveau anfangen könnte. Der vereinfachte Einstieg hilft mir, innerhalb der Komplexität nichts zu übersehen, weil ich mir selbst die einfachen noch einmal bewusst vergegenwärtige. Ich halte also zuerst nach dem Einfachen Ausschau. Einfache Materie oder Materie, die wir uns einfach gemacht haben, verstehen wir. Und was wir verstehen, verunsichert uns nicht. Im Gegenteil, es gibt uns sogar größere Sicherheit. Diese brauchen wir, wollen wir sinnvolle und erfolgreiche Anlageentscheidungen treffen.

Die Börse ist nichts, das man nicht verstehen könnte. Es ist ein Irrglaube, nur Profis könnten hier erfolgreich investieren. Sie verfügen sicherlich über entsprechende wirtschaftliche Kenntnisse und interne Informationen, über die Kleinanleger nicht verfügen. Sie haben Zugriff auf allzu komplizierte Formeln und teure Computersysteme. Doch wenn man die richtigen Grundsätze beim Investieren befolgt, benötigt man all diese aufwendigen Strukturen nicht. Man kann auch ohne sie erfolgreich sein.

Andererseits, wenn die Grundsätze missachtet werden, helfen einem die besten technischen Systeme nicht. Sie machen einen

Anleger nicht erfolgreich. Was man wirklich benötigt, um erfolgreich am Aktienmarkt zu agieren und sein Geld gewinnbringend anzulegen, sind im Grunde recht einfache Dinge: einen gesunden Menschenverstand, Wissen und Geduld.

Bereits Benjamin Graham war der Ansicht, man müsse nicht außergewöhnlich sein, um außergewöhnliche Ergebnisse zu erzielen.

Es bedeutet für den Erfolg am Kapitalmarkt überhaupt nichts, wenn man sich mit so manchen Fremdwörtern der Geldanlage nicht auskennt, wie Beta, Hedging, Option Pricing, Hanging Man, MACD, relative Stärke und so weiter. All dieses Vokabular verstellt einem nur den Blick auf das wirklich Wichtige bei der Entscheidung über eine Geldanlage: das Unternehmen.

Keine komplizierten mathematischen Berechnungen sagen uns etwas über den Stand und die Entwicklung des Unternehmens. Sie erklären uns nicht, was das Unternehmen produziert.

Der intelligente Investor sucht sich Unternehmen, die er leicht verstehen kann, die solide sind und über lange Zeit hinweg gezeigt haben, dass sie beständig und erfolgreich am Markt agieren können und dies deswegen mit großer Wahrscheinlichkeit auch in Zukunft machen werden.

Wenn man nach Unternehmen sucht, die man verstehen kann, weil man die Produkte versteht, die sie herstellen, dann ist man eher in der Lage, das Unternehmen korrekt zu analysieren und zu entscheiden, welches Potenzial das Unternehmen für die nächsten 10 oder 20 Jahre hat.

Betrachten wir dazu zwei Beispiele, die diesen Zusammenhang und ein Problem verdeutlichen, das zu einer riesigen Blase anschwoll und vielen Unwissenden eine Menge Geld gekostet hat.

Mich selbst hat es auch Geld gekostet, doch glücklicherweise war ich nicht hoch investiert.

In den 90er-Jahren, besonders am Ende der Dekade, schossen IT-Unternehmen wie Pilze aus dem Boden. Technologische

Entwicklungen wie das Internet, Mobiltelefone und sogenannte Handheld-Computer schienen unglaubliche Möglichkeiten zu eröffnen. Viele dieser neu gegründeten IT-Unternehmen gingen an die Börse. Anleger zeigten großes Interesse an den Unternehmen und deren Aktien, denn sie waren überzeugt, in Zukunftsunternehmen mit hohen Gewinnerwartungen zu investieren. Immer mehr Anleger wollten an den herausragenden Aussichten teilhaben und stiegen ein. Gegen Ende des Jahrhunderts, also ab 1999, vervielfachte sich innerhalb weniger Monate die Börsenbewertung, also der Marktwert etlicher Unternehmen. Immer mehr Menschen, die vorher nicht am Aktienmarkt investiert hatten, stiegen in den Markt ein. Auch ich selbst erlag dem Herdentrieb und steckte Geld in ein Unternehmen namens SCM Microsystems.

Ich war damals immer noch am Lernen und hatte meine Strategie bislang nicht gefunden. Ich las die Tipps in der Zeitung und hörte auf den Rat, den vermeintliche Börsenexperten gaben. Über das Unternehmen SCM Microsystems wusste ich nicht viel mehr als den Namen und dass es mir gefiel. Warum es mir genau gefiel, konnte ich damals und kann ich auch heute nicht beantworten. Es war einfach so. SCM Microsystems stellte Lösungen zur Sicherheit und zur Sicherung von digitalem Eigentum sowie von elektronischen Transaktionen her. Das klang nach etwas Sinnvollem und Zukunftsträchtigem. Damit begnügte ich mich und kaufte Aktien dieses Unternehmens zu einem nach meinem heutigen Wissen viel zu hohen Preis. Da der Preis jedoch weiter stieg, glaubte ich, alles sei in Ordnung. Was für viele nicht in Augenschein genommen wurde und was einer Menge Anleger auch gänzlich egal war, waren die fundamentalen Unternehmenszahlen und die Bewertungen, die sich daraus ergaben. Übrigens etwas, das nach wie vor geschieht, auch mit aktuellen Unternehmen.

Immer mehr Menschen, Profis wie Einsteiger, gerieten in den Bann des schnellen Geldes und stiegen ein. Sie ignorierten die Zahlen der Unternehmen. Die Zukunftsperspektiven schätzten sie nicht korrekt ein; konnten es auch gar nicht, denn sie hatten keine Ahnung, was diese Unternehmen eigentlich machten und worin ihr Wert bestand und in Zukunft bestehen würde. Dem Börsenwert stand kein materieller Wert gegenüber. Der Buchwert vieler Unternehmen bestand aus nicht viel mehr als ein paar Gebäuden und der IT-Infrastruktur. Gegen Ende des Booms wurde allmählich klar, dass die hoch bewerteten Unternehmen die an sie gestellten Gewinnerwartungen in absehbarer Zeit nicht erfüllen würden. Schließlich begannen die ersten Unternehmen wegen mangelnder Profitabilität, Insolvenz anzumelden. Die ersten Verkäufe begannen und schließlich brach der Markt zusammen, denn viele, besonders unerfahrene Anleger, gerieten in Panik und verkauften ihre Aktien um jeden Preis, um den Verlust gering zu halten.

Ich verlor am Ende 98 % meines eingesetzten Kapitals mit SCM.

Nachdem ich erst einen ordentlichen Kursanstieg verbuchen konnte, jedoch meine Gier nicht zügelte und hoffte, noch mehr Gewinn einzufahren, verpasste ich die Gelegenheit, ein überteuertes und fundamental schlechtes Unternehmen rechtzeitig zu verkaufen. Ich setzte mein Geld emotional ein, statt mich mit dem Unternehmen auseinanderzusetzen. So erkannte ich nicht, dass ich etwas wenig Lukratives für einen viel zu hohen Preis gekauft hatte. Anzunehmen, dass die Kurse dieser Unternehmen, also auch von SCM, wieder steigen würden, war eine weitere Fehleinschätzung. Das geschah nicht. Warum? Die Antwort ist ganz simpel. Die Unternehmen hinter den Kursen rechtfertigten einen Anstieg nicht. Die fundamentalen Daten ließen keine höhere Bewertung des Unternehmenswertes zu und Aktien spiegeln auf lange Sicht immer den tatsächlichen Wert des Unternehmens wider. Im Grunde pendeln sie um darum. Ohne Substanz aber gibt es keinen Wert. Die Unternehmen waren in der heißen Phase des Booms oder der Blase stark überbewertet.

Wenn man es hätte sehen wollen, hätte man es sehen können. Ein Einstieg zu diesem Zeitpunkt war im Grunde unverantwortlich. Die Kurse konnten am Ende nur fallen. Aber man verließ sich auf unsichere Spekulationen über eine Technik, die man nicht einschätzen konnte. Man verließ sich auf die Aussagen von vermeintlichen Experten, die glaubten zu wissen, wohin der Weg all dieser Unternehmen führen würde. Auch ich verließ mich darauf, denn ich hatte von diesen komplizierten Unternehmen keine Ahnung. SCM befand sich außerhalb meines Kompetenzkreises.

Ein Mann investierte damals bewusst nicht in die Unternehmen der IT-Branche, weil sie nicht in seinen Kompetenzkreis gehörten, da er diese Unternehmen und das, was sie taten, nicht verstand: Warren Buffett. Für sein mangelndes Engagement während des Dotcom-Booms wurde Buffett von vielen belächelt. Man war sogar davon überzeugt, dass seine Methode nicht mehr angemessen und seine Zeit als hervorragender Investor vorbei sei. Am Ende hat er gezeigt, dass seine Methode immer noch ausgezeichnet funktionierte. Gerade weil er seinen Prinzipien treu blieb und weiter Unternehmen bevorzugte, die er verstehen konnte, lief er der Herde nicht hinterher.

Viele Anleger haben sich damals heftig die Finger verbrannt und sind bis heute gezeichnet. Ein guter Freund von mir, mit dem ich mich zu Schulzeiten viel über Wirtschaft und Kapitalanlage austauschte, hat nach dem Dotcom-Crash keine Aktien mehr gekauft. Wir haben einen ganz dramatischen Fehler begangen: Wir sprangen auf den Zug auf, als es zu spät war. Wir wollten an etwas teilhaben, ohne uns ausreichend Kenntnisse darüber zu verschaffen. Gierig liefen wir mit der Herde und gingen am Ende mit ihr unter. Ganz nach der bereits erwähnten Börsenweisheit: Was der Weise zu Beginn macht, macht der Narr am Ende.

Auch ich habe damals Lehrgeld bezahlt. Ich habe dabei gelernt, meine Emotionen hinsichtlich Gier und Angst kontrollieren zu müssen. Dieser Aufgabe, und natürlich anderen, habe ich mich danach massiv gewidmet. Selbstverständlich sind meine Emotionen nicht verschwunden. Doch ich habe gelernt, sie in Schach zu halten. Kaufentscheidungen treffe ich nicht mehr emotional, sondern weitgehend rational. Und das bereits weit vor dem eigentlichen Kauf. Zu diesem Zeitpunkt sind meist die Bedingungen für einen Kauf noch nicht alle erfüllt. In der Regel stimmt der Preis des Unternehmens nicht. So habe ich in Ruhe Zeit, mir Gedanken zu dem Unternehmen zu machen und es auf meine Bedingungen abzuklopfen. Ich untersuche es vor dem Hintergrund meines Systems und weiche nicht von diesem ab. Ich untersuche auch nur noch Unternehmen, bei denen ich von Anfang den Eindruck habe, ich könnte verstehen, was sie machen. Dabei hilft mir das Prinzip:

„Mache es dir einfach." Die Aktiengesellschaft SCM Microsystems gibt es übrigens so nicht mehr. Sie ist jetzt Teil der Identive Group.

Es gibt aber ein anderes Unternehmen, das ich an dieser Stelle beispielhaft für andere kurz betrachten möchte, um meinen Punkt noch einmal klar zu verdeutlichen. Das Unternehmen, von dem ich spreche, heißt PepsiCo. Ich nehme dieses Unternehmen, weil es vielen Menschen ein Begriff ist. PepsiCo ist ein weltweiter Getränke- und Nahrungsmittelhersteller, zu dessen Marken u. a. Pepsi, 7Up, Tropicana und Lays gehören. Die Produktpalette umfasst Soft- und Energydrinks, Kaffee, Tee, Wasser, Snacks, Cerealien usw. 1993 war PepsiCo zu einem Kurs um $15 herum an der Börse erhältlich. Bis 1998 arbeitete sich der Kurs der Aktie auf über $40 empor, sackte dann auf etwa $25 ab, um anschließend bis Anfang 2000 bei $30 bis $35 zu pendeln. Nach 2000 legte die Aktie schließlich wieder zu und kletterte bis $60 empor. Vor dem Crash im Frühjahr 2020 und danach lag der Wert der Aktie zwischen $130 und $140. Was sagt uns das?

Zunächst einmal müssen wir festhalten, dass ein Unternehmen wie PepsiCo für uns Kleinanleger leichter zu verstehen ist. Cola ist kein Mikrochip. Softdrinks kennen wir aus unserem Alltag, ebenso Produkte wie Kartoffelchips, Reis und Nudeln. Auch wenn uns die genaue Rezeptur von Cola unbekannt ist, haben wir doch eine gute Vorstellung davon, worum es sich dabei handelt. Wir leben mit Cola nicht nur seit unserer Kindheit, wir wissen auch, dass schon unsere Großeltern in den Genuss davon kamen. Softdrinks wie Cola sind seit vielen Jahrzehnten überall erhältlich und sie sind ein Produkt, das von vielen Menschen konsumiert wird. All das hilft uns, eine Einschätzung davon zu bekommen, wie es PepsiCo in Zukunft ergehen kann oder wahrscheinlich ergehen wird. Softdrinks werden nicht von heute auf morgen aus den Regalen, Kinos und Lokalen verschwinden. Softdrinks werden sich relativ einfach an Gesundheitstrends anpassen können, indem sie z. B. auf Zucker verzichten. Was Cola in 10 Jahren sein wird und was PepsiCo in 10 Jahren produzieren wird, ist viel eher zu erahnen, als die Entwicklung auf dem Computerchipmarkt, der sich rasend schnell verändert. Die Einfachheit des Produkts Softdrink oder diverser Nahrungsmittel hilft uns, die Entwicklung von PepsiCo einzuschätzen und damit auch die Zahlen des Unternehmens zu verstehen, wie sie im Geschäftsbericht enthalten sind. Hieraus können wir mit viel größerer Wahrscheinlichkeit sagen, ob PepsiCo auch in 10 oder 20 Jahren noch ein gutes Unternehmen mit einem guten Produkt sein wird, als wir es bei einem Chiphersteller machen können. Die Aktiengesellschaft PepsiCo gibt es noch heute, die Aktiengesellschaft SCM Microsystems nicht.

Das bedeutet jedoch nicht, dass der intelligente Investor nicht auch bei Unternehmen, die er versteht, mal wenig erfolgreich sein kann. Doch er kann eine Entscheidung darüber, ob es sinnvoll und lohnenswert ist, in ein Unternehmen zu investieren, besser und nachvollziehbarer treffen. Und im Zusammenspiel mit den anderen Kriterien ergibt sich ein Bild, auf dessen Grundlage er eine erfolgreiche Anlageentscheidung treffen kann. Halten wir fest: Der intelligente Investor investiert in Unternehmen, die er versteht. Dabei beachtet er, dass die Dinge lieber einfach statt kompliziert sind. Das wiederum führt zum dritten Abschnitt dieses Kapitels: Zu einem Aspekt, der bereits angeklungen ist.

Unterschätze Lowtech nicht

Zu Beginn dieses Abschnitts möchte ich drei Unternehmen vorstellen: Webvan, Pets.com, eToys. Den meisten Lesern werden diese Unternehmen wohl weniger bekannt sein, obwohl sie bei Kapitalanlegern einmal sehr beliebt waren.

Webvan wurde im Jahre 1998 gegründet. Ziel dieses Online-Supermarktes war es, seine Kunden innerhalb von 30 Minuten nach Bestellung mit der gewünschten Ware zu beliefern. Eine tolle Idee. Webvan bot seine Dienste u. a. in San Francisco, Dallas, San Diego und Los Angeles an. Als das Unternehmen 1999 an die Börse ging, sammelte es $375 Millionen ein. Damit war das Unternehmen über $4,8 Milliarden wert. Bis zu diesem Zeitpunkt hatte Webvan insgesamt $395.000 an Einnahmen verbucht und einen addierten Vermögensverlust von über $50 Millionen. Im Juli 2001 meldete Webvan Insolvenz an. In seiner Ausgabe Nr. 29 vom 16. Juli 2001 widmete sich DER SPIEGEL dem Unternehmen und schrieb u. a. über die Pleite von Webvan:

„*Eine Milliarde Dollar hat das fünf Jahre alte Unternehmen verbraten – das ist Weltrekord unter den gescheiterten Internet-Startups.*"

Mit dieser spektakulären Pleite stellte das Unternehmen also alle bisherigen Dotcom-Pleiten in den Schatten. Vom Symbol der New Economy wurde Webvan zum Symbol des Scheiterns der reinen Online-Wirtschaft. Und das, obwohl das Unternehmen, wie im SPIEGEL zu lesen ist, „von Experten, die sich auskennen mit Geschäftsplänen und Bilanzen, mit Märkten und Gewinnspannen" gegründet, finanziert und geführt wurde, wie dem ehemaligen Chef der Unternehmensberatung Andersen Consulting als Geschäftsführer und dem Yahoo-Chef, einem Vorstandsmitglied des Online-Brokerhauses E-Trade und dem Ex-Netscape Chef im Verwaltungsrat.

Pets.com wurde im August 1998 gegründet und beendete seine Geschäfte bereits im November 2000. Das Unternehmen verkaufte online Tierbedarf. Obwohl das Unternehmen seine Verkaufszahlen steigern konnte, stand es fundamental auf schwachen Beinen und verlor bei fast allen Verkäufen Geld. Im ersten Fiskaljahr hatte Pets.com Einnahmen von $619.000, gab jedoch $11,8 Millionen für Werbung aus. Dem Unternehmen fehlte ein nachvollziehbarer Geschäftsplan. Auch der Versuch mit Rabatten und kostenlosem Versand scheiterte aufgrund der ausufernden Kosten, die von einer Gewinnmarge zwischen 2 % und 4 % gedeckt werden mussten. Im Februar 2000 ging Pets.com an die Börse zu einem Stückpreis von $11. Am Tag der Pleite war das Papier nur noch $0,19 wert. Nur 268 Tage lagen zwischen dem Börsengang und der Pleite. Nicht mal ein Jahr.

eToys war einer der ersten Online-Händler für Spielzeug und war anschließend im Besitz von Toys'R'Us, welches 2017 nach bald 70 Jahren Insolvenz anmelden musste. Gegründet 1997, ging eToys 1999 an die Börse zu einem Preis pro Aktie von $20. Als die Börse am selben Tag schloss, war der Kurs der Aktie auf $76 gestiegen. Auf seinem kurzen Höhepunkt als Branchenführer verfügte eToys über eine Marktkapitalisierung von 10 Milliarden Dollar. Nach einem enttäuschenden Weihnachtsgeschäft meldete das Unternehmen 2001 Insolvenz an.

Warum erzähle ich das? Alle drei Unternehmen waren für kurze Zeit Hightech-Überflieger. Alle drei kamen mit einer tollen Idee, sammelten viel Geld von Investoren ein und verbrannten dieses Geld in kurzer Zeit. Alle drei Unternehmen waren Teil der Dotcom-Blase, in der viele unbedarfte Kleinanleger ihr Geld in gehypte Tech-Unternehmen steckten. Sie sprangen auf einen Zug auf, der das schnelle Geld zu versprechen schien. Sie investierten ihr hart verdientes Geld in Unternehmen, die sie nicht ausgiebig analysiert hatten. Unternehmen mit einer schwachen Bilanz und einem sehr hohen Verlustrisiko.

Warum aber investierten die Menschen in diese Unternehmen? Aus dem gleichen Grund, warum sie es heute auch tun und weswegen sie, wie im Falle Wirecard, die gleichen Fehler wiederholen. Die Unternehmen waren modern und versprachen den Anbruch einer neuen Zeit. Ohne tatsächlich Gewinne zu machen, versprachen sie immense Gewinne in der Zukunft. Die Menschen wollten Teil dieser Entwicklung sein. Sie wollten Teil der Innovation und des daraus resultierenden enormen Gewinns sein. Man glaubte, große Gewinne zu verpassen, wenn man nicht Teil des Booms war. Wachstumsaktien bieten diese Chance, aber sie bieten auch ein hohes Risiko. Ein Risiko, das für Kleinanleger oft zu hoch ist. Nehmen wir zwei noch bestehende Unternehmen, wobei das eine die Dotcom-Blase überstanden hat, das andere erst Jahre danach gegründet wurde: Amazon und Twitter.

Amazon ist nicht nur der bekannteste, sondern auch der führende Online-Händler, und bewegt sich gleichzeitig auch in anderen Feldern, um möglichst innovativ zu sein.. Amazon zählt zu den weltweit wertvollsten Unternehmen und der Gründer Jeff Bezos ist einer der reichsten Menschen der Welt. Viele Menschen finden Amazon toll und halten die Aktie für ein gutes Investment. Wie es scheint, ist sie das auch. Der private Kleinleger sollte eines bei seiner Einschätzung allerdings nicht übersehen: In den Jahren 2010 bis 2012 nahm das Konzernergebnis kontinuierlich ab und war 2012 sogar im Verlustbereich.

Auch 2014 gab es keinen Unternehmensgewinn, sondern einen ordentlichen Verlust. Danach stieg der Gewinn wieder an, zum Teil deutlich. Sowohl der Gewinn als auch die Eigenkapitalquote und die Eigenkapitalrendite fluktuieren bei Amazon stark. Das mag für einige Kapitalanleger kein großes Problem sein, für den privaten Kleinanleger und den Neuling aber womöglich schon. Er kann selten erkennen, woran das liegen kann. Er kann kaum einschätzen, was es bedeutet und das damit verbundene Risiko noch weniger. Damit wird eine Anlage in Amazon für diese Gruppe nicht zu einem Investment, sondern zu einer Spekulation.

Sehen wir uns Twitter an, das heute X heißt und seine Tage als attraktiver Onlineservice womöglich hinter sich hat. Als Twitter 2013 an die Börse ging, war es eine heiß begehrte Aktie.

Vom Ausgabepreis zu $26 stieg die Aktie zunächst um 93 % auf rund $50 und ging anschließend mit knapp $45 aus dem Handel. Damit wurde das Unternehmen am ersten Tag mit $25 Milliarden bewertet. Allerdings wies das Unternehmen bis in das vierte Quartal 2018 ausschließlich Verluste aus. Die Erwartungen, die man an das Unternehmen hatte, haben sich fünf Jahre lang nicht gerechtfertigt. Und die Gewinne der Jahre 2018 und 2019 waren kaum nachhaltig, denn in den darauffolgenden Jahren fuhr das Unternehmen wieder Verlust ein. Es bleibt für die meisten unklar, wie der Dienst dauerhaft Geld verdienen will. Und jetzt, da X wegen Elon Musk etliche große Werbekunden verliert, wird es noch schwieriger, Geld zu verdienen.

Wo aber genau ist das Problem? Ist Twitter ein schlechtes Unternehmen? Bestimmt nicht. Wird Twitter wieder Gewinn machen, vielleicht dauerhaft und profitabel sein? Möglich, aber nach der Historie ist das für den privaten Anleger kaum genau zu sagen, denn er kann einen zukünftig möglichen dauerhaften Erfolg eines Hightech-Unternehmens wie Twitter schwer einschätzen. Insbesondere, da er auf keine jahrzehntelange Historie an Geschäftszahlen und Berichten zurückgreifen kann, um sich ein Bild von dem Unternehmen zu machen. Mittlerweile hat Elon Musk die Anleger von dieser Schwierigkeit entlastet, denn 2022 wurde das Unternehmen von der Börse genommen.

Lässt der intelligente Investor deswegen ganz die Finger von Hightech-Unternehmen? Sicher nicht. Sein Engagement ist davon abhängig, inwieweit er sich in der Lage sieht, das entsprechende Unternehmen zu bewerten und einzuschätzen. Dabei helfen ihm unter anderem folgende Kriterien:

Wie lange ist das Unternehmen schon auf dem Markt? Handelt es sich um einen Newcomer, dessen Idee viele in den Himmel loben und dessen Aktien von vielen gekauft werden, weil sie auf großen Gewinn spekulieren? Oder ist es ein Unternehmen, das seit einigen Jahrzehnten gezeigt hat, dass es in der Lage ist, erfolgreich Produkte zu verkaufen, so wie etwa Apple und

Microsoft? Macht das Unternehmen regelmäßig solide Gewinne oder fährt es trotz Popularität Verluste ein? Hat der intelligente Investor eine Datenbasis, die groß genug ist, dass er in der Lage ist, den Wert und das Potenzial des Unternehmens einzuschätzen? Versteht er, was das Unternehmen anbietet und womit es Geld verdient?

Es dauert eine ganze Weile, bis ein Unternehmen zeigen kann, dass sein Geschäftsmodell funktioniert und es erfolgreich am Markt agieren kann. Deswegen zieht der intelligente Investor nur Unternehmen in Betracht, die über mindestens 10 oder 20 Jahre konstante positive Ergebnisse erzielt haben. Das erhöht die Wahrscheinlichkeit, dass es auch in Zukunft konstante positive Ergebnisse erzielen wird.

Hightech-Unternehmen unterliegen einem starken Wandel. Sie sind ständig auf Innovationen angewiesen, müssen also viel Geld in Forschung und Entwicklung stecken. Ein Großteil des Erfolgs hängt davon ab, mit den Innovationen richtigzuliegen und den Geschmack der Leute zu treffen. Wenn man Entwicklungen verpasst, können selbst große Unternehmen plötzlich vom Markt verschwinden, wie es das Beispiel Motorola zeigt. Motorola war führend auf dem Markt für Mobiltelefone, doch verpasste den Boom des Smartphones. Deswegen ist Motorola heute so gut wie von diesem Markt verschwunden.

Oder nehmen wir den Fall Kodak. Einst innovativ und führend im Bereich Fotografie, verpasste die Firma den Weg hin zu digitalen Fotoaufnahmen und war schnell vom Markt verschwunden.

Unternehmen im Bereich Lowtech unterliegen diesem schnellen Wandel nicht. Diese Unternehmen haben Zeit, sich zu entwickeln und ihr Geschäftsmodell zu etablieren. Ihre Ausgaben und Einnahmen sind absehbar, ihr Innovationsdruck gering. Unternehmen, die z. B. im Bereich der Farb-, Teppich- oder Möbelherstellung aktiv sind oder im Bereich der Hygiene. Die Firma Henkel bspw. gibt es seit dem Jahr 1876. Sie produziert u. a. Güter aus den Bereichen Waschmittel und Schönheitspflege.

Seit 140 Jahren brauchen die Menschen diese Güter und sie werden sie wohl auch noch eine ganze Weile weiter benötigen. Unternehmen aus dem Bereich Lowtech mögen nicht so spannend sein wie Hightech-Unternehmen, doch sie sind einfacher zu verstehen, lassen sich besser einschätzen und produzieren konstante Ergebnisse und Erträge.

Warren Buffett behauptet, nur das Unternehmen sei groß, das auch in 30 Jahren noch groß sein wird. Ein Unternehmen, das drei Jahre lang groß ist, sei nicht groß. Investitionen in Hightech-Unternehmen sind häufig wie ein Torschuss von der Mittellinie aus. Gelegentlich wird der Ball ins Tor gehen. Doch oft genug wird das Tor verpasst oder der Torhüter fängt den Ball.

Der intelligente Investor hütet sich vor Ideen, die schnellen Reichtum versprechen. Er hütet sich vor spektakulären Ideen, die von blinden Fortschrittsgläubigen in den Himmel gelobt werden. Nichts gegen Fortschritt, er ist wichtig und richtig. Doch er sollte uns beim Aufbau eines Vermögens helfen und nicht das Risiko erhöhen, unser Geld zu verlieren.

Wenn der intelligente Investor nicht vorhersehen kann, wann und wie ein Unternehmen Geld verdienen wird, lässt er die Finger davon. Er meidet Unternehmen aus Branchen, die in einem ständigen Wandel begriffen sind und auf ständige Innovationen angewiesen sind. Er investiert lieber in Unternehmen, die seit Langem auf dem Markt sind und sich etabliert haben; mindestens zehn Jahre, besser zwanzig und mehr Jahre. Unternehmen brauchen lange, bis sie groß sind. Jene, die es geschafft haben, haben meist gezeigt, dass ihr Geschäftsmodell erfolgreich ist. Diese Unternehmen werden aller Wahrscheinlichkeit nach auch in den nächsten zehn Jahren noch erfolgreich sein. Insbesondere, wenn sie in Branchen tätig sind, die nur geringen Veränderungen unterliegen.

Außerdem möchte der intelligente Investor auf die Geschäftsberichte von mindestens 10 Jahren zurückgreifen können, um einen vernünftigen und nachvollziehbaren Eindruck von einem

Unternehmen zu erhalten. Je größer die Datenbasis, auf die er zugreifen kann, desto besser kann er das Unternehmen und dessen Zukunftsperspektiven einschätzen.

Konzentriere deine Investments

Dieser Aspekt steht im Widerspruch zu einer der am weitesten verbreiteten Ansichten an der Börse, die vor allem bezüglich privater Anleger vertreten wird. Er ist jedoch gerade in Bezug darauf, unsere Investitionstätigkeiten einfach zu halten, wichtig. Eine stärkere Konzentration stellt einen nicht zu unterschätzenden Aspekt für den Erfolg beim Vermögensaufbau dar. Während viele durchschnittliche Ratgeber und Anleger der Meinung sind, eine breite Diversifikation sei für eine Reduzierung des Risikos notwendig, weiß der intelligente Investor, dass das größte Risiko bei der erfolgreichen Kapitalanlage weniger von einer geringeren Diversifizierung, sondern von gänzlich anderen Faktoren abhängt. Darauf gehe ich tiefer im Kapitel „Das Geheimnis der Sicherheit" ein.

Da die Mehrheitsmeinung einen vollkommen anderen Ansatz vertritt, ist dieser Aspekt auch einer der am schwierigsten umzusetzenden. Er verlangt von uns als Investoren, einerseits gegen den Strom zu schwimmen, d. h. gegen diese Mehrheitsmeinung zu agieren und andererseits unsere Ängste im Griff zu haben, die von der Mehrheit zusätzlich geschürt werden. Was uns jedoch helfen kann, ist die Tatsache, dass einige der wirklich großen Investoren diese These selbst vertreten, so Warren Buffett, Charlie Munger, Seth Klarman, Philip Fisher, Bill Ruane, Eddie Lampert, Joel Greenblatt und Bruce Berkowitz. Andrew Carnegie, der schottisch-amerikanische Stahl-Tycoon, soll folgenden Rat gegeben haben: „Konzentriere deine Energie, deine Gedanken und dein Kapital. Der Weise legt all seine Eier in einen Korb und bewacht ihn."

Die meisten Vermögensverwalter, Anlageberater sowie professionelle und private Anleger raten, das Gegenteil zu tun. Sie propagieren eine starke Diversifikation als das Richtige, insbesondere für Kleinanleger. Ihr Grundgedanke klingt zunächst nicht abwegig und ganz im Sinne privater Anleger: Je breiter das Portfolio gestreut ist – über Anlageklassen und Branchen hinweg – desto geringer sollte die Gefahr eines Verlustes sein. Da es unwahrscheinlich erscheint, dass alle Klassen und Unternehmen gleichzeitig verlieren, sollte der Verlust im Portfolio begrenzt sein und wird womöglich ausgeglichen. Im Frühjahr 2020 war dies in weiten Teilen jedoch anders.

In Bezug auf Aktien bedeutet Diversifikation für den Anleger, möglichst viele unterschiedliche Unternehmen aus unterschiedlichen Branchen und geografischen Regionen auszuwählen. Um ein Klumpenrisiko zu vermeiden, sollten Unternehmen gewählt werden, die möglichst nicht korrelieren. Wenn eine Aktie oder auch mehrere Verluste einfahren, sollten diese durch die fehlenden Verluste oder auch Gewinne der anderen Aktien begrenzt oder kompensiert werden. Das klingt logisch und mit unterschiedlichen Fonds kann man diese Strategie ohne großen Aufwand und mit ETFs sogar kostengünstig verfolgen. Wer eine starke Diversifikation bevorzugt, braucht sich nicht die Mühe der eigenen Aktienauswahl zu machen. Wobei natürlich immer wieder auch die Frage auftaucht, welcher ETF für einen persönlich der sinnvollste ist. Auch hier gilt es genau nachzudenken und die richtige Entscheidung zu treffen. Ein Selbstläufer ist auch die Auswahl eines ETF nicht.

Die vordergründige Sinnhaftigkeit einer breiten Diversifikation verliert allerdings an Relevanz, wenn man sich anschaut, warum der intelligente Investor seine Investments stärker konzentriert. Da ist zunächst der Aspekt, dass er mit starker Diversifikation höchstens eine durchschnittliche Rendite erzielen wird. Charlie Munger meinte gar, dass eine gestreute Anlagepolitik höchstens eine unterdurchschnittliche Rendite garantiere. Dem intelligenten

Investor geht es nicht per se darum, den Markt zu schlagen. Vielmehr möchte er sein Vermögen vernünftig und erfolgreich aufbauen, wozu ihm eine überdurchschnittliche Rendite deutlich besser hilft. Eine starke Diversifikation aber ist notwendigerweise mit Investments in mittelmäßige Unternehmen verbunden, die eben auch nur mittelmäßige bis unterdurchschnittliche Renditen erzielen. Charlie Munger hält deswegen das ganze Konzept der Diversifikation für verrückt, denn es läuft darauf hinaus, sich glücklich zu fühlen, wenn man nur durchschnittliche Resultate erzielt.

Warren Buffett unterstützt die Einschätzung seines Partners, indem er sagt, dass die moderne Portfoliotheorie eine Lehre ist, mittelmäßig zu sein. Seiner Meinung nach verstünde sich jedoch fast jeder Fünftklässler aufs Mittelmaß. Und Philip Fisher, Wertpapieranalyst und Vermögensverwalter sowie Autor des Buches „Common Stocks and Uncommon Profits", findet es besonders erschreckend, dass bei zu starker Diversifikation, also bei mehr als 20–25 unterschiedlichen Aktien im Depot, in der Mehrzahl aller Fälle nur ein kleiner Anteil der Aktien von attraktiven Unternehmen stammt. Das ist wohl auch der Grund, warum die meisten Fonds nur mittelmäßig abschneiden. Das liegt nicht unbedingt an der mangelnden Qualität der Manager, sondern vermutlich zum größeren Teil an ihrer breiten Diversifikation, die im Übrigen systemimmanent ist, denn Fonds dürfen z. B. nur einen bestimmten Prozentsatz ihres Kapitals in einem Unternehmen binden.

Nun wird Diversifikation aus Gründen der Risikoreduzierung propagiert, aber ist sie nicht gerade das Gegenteil von Sicherheit? Ist es auf persönlicher Ebene nicht gerade ein Ausdruck von Misstrauen in die eigenen Fähigkeiten und damit gegenüber der eigenen Anlageentscheidung? Wer sein Portfolio breit streut, der geht implizit davon aus, dass er eine schlechte Auswahl hinsichtlich seiner Aktien treffen wird. Er rechnet geradezu mit Verlusten der ein oder anderen Aktie – und zwar dauerhaft.

Und er glaubt, diese Verluste durch eine Auswahl vieler Aktien unterschiedlicher Unternehmen kompensieren zu müssen. Diese Anleger haben entweder einen zu kurzen Anlagehorizont oder kaufen Aktien unter Berücksichtigung falscher Kriterien. Sie missachten das Prinzip, herausragende Unternehmen zu einem Preis unterhalb ihres inneren Wertes zu kaufen. Stattdessen kaufen sie zu einem beliebigen Preis, der womöglich zu oft viel zu hoch ist, und sie kaufen mittelmäßige oder schlechte Unternehmen. Wer zu teuer kauft und wer die Qualität der Unternehmen vernachlässigt, muss mit Verlusten rechnen.

Der intelligente Investor weiß, dass eine zu große Diversifikation nicht notwendig ist, wenn er auf Qualität und Preis des Unternehmens achtet. Philip Fisher meint, wer über eine lange Liste an möglichen Wertpapieren verfüge, zeige weniger seine Brillanz als seine Unsicherheit. Und Warren Buffett ergänzt, dass eine breite Diversifikation nur dann nötig sei, wenn Investoren ihr Handwerk nicht verstünden. Er ist außerdem der Meinung, dass Diversifikation eine Vorsichtsmaßnahme gegen Ignoranz sei. Sie sei nicht nötig für die, die wüssten, was sie tun. Wissen, was man tut, darum geht es dem intelligenten Investor.

Hören wir noch einmal, was Warren Buffett dazu sagt:

„*... wenn du ein wissender Investor und in der Lage bist, ein Unternehmen zu verstehen und fünf bis zehn Unternehmen zu einem vernünftigen Preis findest, die über einen lange Zeit währenden Wettbewerbsvorteil verfügen, ergibt Diversifikation keinen Sinn für dich. Sie eignet sich eher dazu, deine Rendite zu schmälern und erhöhen dein Risiko.*"

Aus diesem Grund versteht Buffett auch nicht, warum Investoren lieber Geld in Unternehmen stecken, die auf Platz 10 ihrer Auswahl stehen, statt Geld in ihre erste Wahl. Denn folgen wir Mae West, ergibt „*zu viel Gutes (...) etwas Wundervolles.*"

Wie ich im Kapitel „Das Geheimnis der Eigenständigkeit" ausführlich erklärt habe, ist es oft notwendig, anders zu agieren, als es die Mehrheit der Anleger macht, um am Aktienmarkt wirklich erfolgreich zu sein. Bezüglich der Diversifikation ist dies allemal der Fall. Außerdem wies ich weiter oben darauf hin, dass es notwendig ist, nur in Unternehmen und Branchen zu investieren, die man versteht. Wobei für den intelligenten Investor der Ansatz „mache es dir einfach" gilt. Je mehr unterschiedliche Unternehmen in das Blickfeld des Investors geraten, je verschiedener die Branchen sind, die er sich anschaut, umso mehr muss er wissen und umso komplizierter wird die Anlage.

Seth Klarman meint, es sei besser, sehr viel über 10 oder 15 Unternehmen zu wissen, als nur wenig über viele. Ein Einzelner kann nachvollziehbar nur wenige Unternehmen im Auge behalten und dabei sicherstellen, dass er die wirtschaftlichen Besonderheiten ihres Geschäfts versteht. Bereits aus diesem Verständnis heraus erscheint eine Konzentration auf wenige Unternehmen sinnvoll. Die Angst, zu wenig diversifiziert zu sein, ist groß. Sie verleitet dazu, zu wenig in Unternehmen zu investieren, über die man gut Bescheid weiß und über deren Qualität man eine gute Einschätzung erzielen kann. Stattdessen investiert man lieber zu viel in solche, über die man kaum bis gar nichts weiß.

Philip Fisher meint, eine Anlage in einem Unternehmen zu haben, über das man nicht genügend weiß, sei weitaus gefährlicher als ungenügend diversifiziert zu sein. Und Warren Buffett fügt hinzu, dass eine Konzentration im Portfolio das Risiko sinken lässt. Durch die Konzentration des Portfolios fokussiere man sich geistig stärker und man mache sich intensiver Gedanken darüber, bei welchen Investments man sich nach welchen Kriterien wohlfühlt. Liegen alle Eier des Investors in einem Korb, wird er viel weniger geneigt sein, impulsive und emotionale Investitionen zu tätigen. Er wird intensiver über sein Investment nachdenken und besser recherchieren.

Das heißt jedoch im Umkehrschluss nicht, sich lediglich auf eine einzige Aktie zu konzentrieren. Es bedeutet, dass der intelligente Investor es mit der Diversifikation nicht übertreibt. Sein Grad der richtigen Diversifikation bemisst sich danach, wie gut es ihm gelingen kann, die Unternehmen in seinem Portfolio im Auge zu behalten und ihre Entwicklung zu verfolgen. Als Richtwert dienen ihm 5–10 Unternehmen, möglichst aber nicht mehr als 20. Mehr Unternehmen dauerhaft im Blick zu behalten, ist schwierig, besonders wenn man nicht über einen Apparat an Mitarbeitern verfügt, der dies für einen erledigt. Studien, vor allem von US-Universitäten, haben ergeben, dass diese Anzahl zur Risikominimierung weitgehend ausreichend ist. In ihrem Buch „Investment Analysis and Portfolio Management" kommen Frank Reilly und Keith Brown zu dem Ergebnis, dass 90 Prozent des möglichen Nutzens einer Diversifikation bereits mit einem Portfolio von 12 bis 18 Aktien zu erzielen seien. Und auch Seth Klarman glaubt, dass die Anzahl der Aktien, die gehalten werden sollten, um das Risiko im Portfolio zu minimieren, bei 10 bis 15 liegt.

Daneben wird der intelligente Investor vermutlich eher Schwierigkeiten damit haben, eine ausreichende Anzahl an herausragenden Unternehmen zu attraktiven Preisen zu bekommen, als aus zu vielen Unternehmen auswählen zu müssen. Er muss also Geduld haben, um das richtige Unternehmen zum richtigen Preis zu finden.

Warren Buffett gibt deswegen den Ratschlag, beträchtlich zu investieren, wenn gute Anlageideen vorbeikommen, denn man wird keine unbegrenzte Anzahl an solchen bekommen. Und sein Partner Charlie Munger meint, wenn man glaube, jede Woche eine tolle Anlagemöglichkeit zu sehen, werde man Geld verlieren. Deswegen rät Philip Fisher, sich auf die wenigen guten, die einem über den Weg laufen, zu konzentrieren. Diese wenigen großartigen Ideen tragen die meiste Fracht des Erfolges beim Vermögensaufbau. Der intelligente Investor investiert deswegen lieber größere Summen in wenige Unternehmen. Er wählt die besten Unternehmen aus und kauft so viele Aktien, wie ihm möglich ist. Warum sollte er sein wertvolles Geld in viele und schlechtere Unternehmen investieren, wenn er auch wenige gute haben kann?

Diese Unternehmen sind in Bezug auf ihre Geschäftszahlen und ihr Entwicklungspotenzial herausragend. Ist der intelligente Investor von den starken Geschäftsaussichten eines Unternehmens überzeugt, ergänzt er lieber eine bereits vorhandene Position, als die fünfzehnte oder zwanzigste Alternativaktie zu kaufen. Wenn man sich sicher ist, führt eine Konzentration auf wenige Anlagen zu höheren Renditen als eine breite Streuung.

Und die Konzentration auf gute oder herausragende Unternehmen erhöht die Sicherheit. Wobei der intelligente Investor streng darauf achtet, Sicherheit nicht mit „Erwartungen" und „Hoffnungen" zu verwechseln. In jeder Entscheidung bleibt immer ein Stück Unsicherheit. Und Unsicherheit bedeutet Risiko. Ziel ist es deswegen, diese Unsicherheit so weit wie möglich zu reduzieren. Dies gelingt dem intelligenten Investor vor allem, wenn er drei Dinge beachtet, die uns bereits begegnet sind:

- starke Geschäftszahlen des Unternehmens mit hervorragenden Aussichten
- ein langer Anlagehorizont
- ein Preis unterhalb des inneren Wertes

Wie man den inneren Wert berechnen kann und worauf man bei den Geschäftszahlen eines Unternehmens achten sollte, erläutere ich näher im Kapitel „Das Geheimnis des Wertes". Der Erfolg des intelligenten Investors bei der Umsetzung der Konzentration hängt von seiner Fähigkeit ab, das Unternehmen zu bewerten. Das Verständnis, das er sich als Anleger über ein Unternehmen erarbeitet, und die Kenntnis vom Wert des Unternehmens ermöglichen ihm eine kalkulierbare Einschätzung des Risikos. Das wiederum gibt ihm Sicherheit und Vertrauen. Beides benötigt er, um seine Emotionen zu kontrollieren, die unweigerlich zutage treten. Denn er weiß, eine stärkere Konzentration im Gegensatz zu einer breiten Diversifikation des Portfolios ist volatiler, d. h. es unterliegt naturgemäß höheren Schwankungen. Der intelligente

Investor muss also in der Lage sein, diese Schwankungen zu akzeptieren und zu ertragen. Auf lange Sicht gesehen fallen die Schwankungen nicht ins Gewicht. Er begreift sie deswegen als Chance. Insbesondere wenn sie es ihm ermöglichen, Aktien von herausragenden Unternehmen zu einem wirklich guten Preis zu kaufen bzw. nachzukaufen. Und wie wir gesehen haben, fährt er bei fallenden Kursen so lange keinen Verlust ein, wie er seine Anteile nicht verkauft.

Der Markt ist ein launischer Genosse. Kurzfristig bestimmt er den Preis einer Aktie, langfristig wird dieser jedoch von der Wirtschaftlichkeit des Unternehmens getragen. Daran ist der intelligente Investor interessiert. Geld auf mehrere Anlagen zu verteilen, verwässert die Rendite des intelligenten Investors. Charlie Munger erklärt einen Großteil des Erfolges von Berkshire Hathaway gerade mit der Konzentration. Und er verweist darauf, dass „*in den USA eine Person oder Institution, deren gesamtes Vermögen langfristig in höchstens drei hervorragende inländische Unternehmen angelegt ist, sicher reich*“ ist.

4

Das Geheimnis der Sicherheit

Im letzten Abschnitt des vorangegangenen Kapitels habe ich dargelegt, inwiefern ein allgemein als Sicherheitsfaktor verstandener Aspekt die breite Diversifizierung bezüglich der Sicherheit des eigenen Portfolios und der eigenen Anlageentscheidung kontraproduktiv sein kann. Die breite Streuung führt zwangsweise zur Aufnahme mediokrer oder schlechter Unternehmen, die zu mangelnder Rendite oder gar zu Verlust führen.

Geldanlage ist für viele Menschen ein sehr heikles Thema und interessanterweise eines, bei dem sie häufig eine gänzlich andere Risikoeinschätzung haben als gegenüber anderen Themen. Die Angst, Geld zu verlieren, ist für viele Menschen ein unerträglicher Gedanke. Aufgrund dieser Angst schätzen sie das Verlustrisiko bei Geldanlagen höher ein, als es tatsächlich angemessen wäre. Auf der anderen Seite sind viele Menschen bereit, in unterschiedlichen Lebenssituationen hohe Risiken einzugehen.

Sie sind z. B. bereit, in einer Ortschaft mit 70 oder 80 Stundenkilometern zu fahren. Sie stürzen sich mit einem Seil am Fuß von einer Brücke, rasen mit einer unfassbaren Geschwindigkeit übers Land während einer Rallye, springen von Haus zu Haus und lassen sich Dutzende andere Herausforderungen einfallen. Es ist nicht so, dass sie sich des eingegangenen Risikos nicht bewusst wären, sie schätzen es nur anders ein. Ein möglicher Verlust wird zwar wahrgenommen, doch er wird als derart unwahrscheinlich angesehen, dass man ohne Weiteres bereit ist, das vermeintlich geringe Risiko einzugehen. Selbst wenn das Risiko eines Verlustes von Geld bei einer Anlagemöglichkeit geringer wäre als bei der Lieblingssportart, würden sie eher auf die Geldanlage verzichten, als mit ihrer Sportart aufzuhören und das, obwohl man bei der

Geldanlage nur Geld verlieren kann. Bei den oben genannten Beispielen: Gesundheit und Leben.

Wir versuchen, beim Autofahren unser Leben zu schützen, indem wir diverse Sicherheitsmaßnahmen verbaut haben, wie den Sicherheitsgurt, Airbags, ABS usw. Genauso ist es die Aufgabe des Anlegers, durch Sicherheitsmaßnahmen sein Geld vor Verlust zu schützen.

Die Frage nach dem Verlustrisiko ist für jeden Anleger hinsichtlich seiner Kapitalanlage von großer Bedeutung. Risikominimierung (denn ausschließen können wir das Risiko nicht) ist ein wesentlicher Bestandteil für den Vermögensaufbau des intelligenten Investors. Aus diesem Grund beschäftigt sich dieses Kapitel mit der Frage, wie man sein Risiko bei der Kapitalanlage reduzieren und die Sicherheit seines Investments erhöhen kann.

Viele Kleinanleger haben so große Angst davor, ihr hart erarbeitetes Geld zu verlieren, dass sie sich erst gar nicht an die Börse trauen. Sie glauben fälschlicherweise, an der Börse können sie nur Geld verlieren, da sie von gierigen Geldhaien abgezockt werden. Diese Angst ist natürlich in dieser Form nicht berechtigt. Doch es ist so, dass der Mensch einen kleinen Verlust stärker wahrnimmt als einen großen Gewinn. Dennoch bleibt die Frage des Risikos eine berechtigte und wichtige, die der intelligente Investor bei der Kapitalanlage und dem Vermögensaufbau unbedingt ins Auge fasst. Dabei lässt sich die Risikofrage auf zweierlei Weise betrachten.

Da wäre zum einen das Risiko, das man eingeht, wenn man sein Geld nicht sinnvoll verwaltet und rentabel anlegt. Das ist das Risiko verpasster Chancen; das Risiko der Herde zu folgen; das Risiko marginaler Renditen durch gering verzinste Anlagen wie Sparkonten, Tagesgeld etc. Hier kann es geschehen, dass genau das geschieht, wovor die privaten Kleinanleger im Eigentlichen Angst haben, nämlich, dass sie Geld verlieren. Und es kann sogar sein, dass sie es verlieren, ohne dass sie es tatsächlich wahrnehmen.

Nehmen wir ein ganz einfaches Beispiel. Sagen wir: Man legt 1.000 € ein Jahr zu 1 % an, bei einer jährlichen Inflation von 2 %. Am Jahresende bekommt der Anleger 10 € Zinsen ausgezahlt. Die Kaufkraft seiner 1.000 € hat aber wegen der Inflation um 20 € abgenommen. Obwohl er am Jahresende des Folgejahres auf seinem Konto 1.010 € stehen hat, ist sein tatsächliches Vermögen unter Berücksichtigung der Kaufkraft auf 990 € geschrumpft. Er hat faktisch Geld verloren, obwohl er sein Geld „sicher" auf einem Sparkonto oder in einem Bundesschutzbrief angelegt hat. Dieser reale Verlust bescherte die hohe Inflation der Jahre 2022 und 2023.

Die zweite Betrachtungsweise des Risikos ist der tatsächliche Verlust von eingesetztem Kapital, wenn eine Anlage sich schlecht entwickelt. Mit diesem Risiko wollen wir uns im Folgenden beschäftigen und sehen, wie der intelligente Investor mit ihm umgeht und wie er dieses Risiko so minimal hält, wie es geht.

Jede Anlageklasse weist ein Verlustrisiko auf. Es ist eine Illusion, anzunehmen, es gäbe risikolose Anlagen. Es ist lediglich eine Frage, ob ein Anleger das Risiko sehen will – was er oft nicht möchte – und wie hoch das Risiko, also wie wahrscheinlich der Eintritt des Verlustes, ist. Immobilien können deutlich an Wert verlieren; im Zuge einer allgemeinen Krise wie nach 2008, als kaum noch einer Immobilien kaufen wollte oder infolge von Renovierungsstau. Immobilien können zu einem viel zu hohen Preis erstanden worden sein, den man bei einem Verkauf nicht mehr erzielen kann. Ihre Instandhaltung kann teurer kommen, als vorhergesehen und gehofft.

Gold ist stark abhängig von der Konjunktureinschätzung der Menschen, also von einem psychologischen Faktor und von den Kosten und der Menge des Abbaus. Man kann in Boomphasen des Goldes gekauft haben und muss das Gold vielleicht wieder abstoßen, wenn der Boom vorbei ist. Das geht dann nur mit Verlust. Eine Bank, in der man sein Geld eingelagert hat, kann pleitegehen. Und auch die vermeintlich sichersten Staaten könnten in die Lage kommen, ihre Anleihen nicht mehr bedienen zu können. An Griechenland haben wir im Jahr 2010 gesehen, was das bedeuten kann.

Dies sind nur ein paar Beispiele, mit einem unterschiedlich hohen Verlustrisiko. Alle diese Fälle können eintreten, müssen aber nicht. Für Anleger geht es darum, die Wahrscheinlichkeit einzuschätzen, mit der ein möglicher Verlust eintreten könnte. Es geht darum, Vorkehrungen zu treffen, die das Risiko möglichst gering halten, die also einen Eintritt des Verlustes weitgehend reduzieren. Für das verbleibende Risiko erwartet der Anleger dann entweder einen Preisabschlag oder eine höhere Rendite. Da es in diesem Buch um die Anlage in Aktien geht, betrachten wir die Frage, was der intelligente Investor tun kann, um das Risiko eines Verlustes bei einem Kauf von Aktien zu minimieren.

Eines der wesentlichen Elemente, auf das ich im Kapitel „Das Geheimnis der Eigenständigkeit“ eingegangen bin, ist die avisierte Haltedauer. Wenn der intelligente Investor eine Aktie eines Unternehmens kauft, dann ist es sein Ziel, sie lange zu halten, also 5 oder 10, besser 20 Jahre, am allerbesten sogar ein Leben lang. Für die erfolgreichste Anlageklasse überhaupt ist das Risiko bei einem derartigen Anlagehorizont relativ gering, wie die beispielhaften Charts weiter oben zeigen. Dennoch ist das absolut nicht ausreichend, denn der Erfolg ist abhängig vom Unternehmen, in das investiert wird. Auch das habe ich bereits gezeigt. Der intelligente Investor berücksichtigt deswegen weitere Kriterien, bevor er eine Kaufentscheidung trifft. Diese helfen ihm, im Vorfeld das Risiko einzuschätzen und es zu minimieren.

Suche deinen Sweet-Spot

Die Anlage in Aktien ist eine ruhige, wohlüberlegte Art, sein Geld zu investieren. Bei der Aktienanlage, so wie sie der intelligente Investor versteht, geht es nicht darum, jeden Tag an der Börse Aktien zu erstehen und zu veräußern. Es geht nicht darum, aus kleinen täglichen Bewegungen einer Aktie Gewinn zu schöpfen, sondern langfristig mit guten oder gar herausragenden Unternehmen sein Vermögen aufzubauen. Bevor der intelligente Investor sein Geld in die Aktie eines Unternehmens investiert, schaut er sich das Unternehmen ganz genau an. Er recherchiert und betrachtet die Geschäftszahlen. Er überprüft das Unternehmen anhand eines Kriterienkatalogs, der erfüllt sein muss, ehe er sich zu einem Kauf entscheidet.

Noch bevor er sich jedoch genauer mit einem Unternehmen beschäftigen kann, steht er vor einem nicht unerheblichen Problem: Welches Unternehmen soll er sich überhaupt näher anschauen? Das ist deswegen ein Problem, da es weltweit tausende börsennotierte Unternehmen gibt, allein in Deutschland sind es rund 800. Im Forbes Global sind 2.000 Unternehmen der USA notiert.

Da der intelligente Investor weiß, dass er nicht über jedes Unternehmen Bescheid wissen kann und das auch gar nicht notwendig ist, stellt sich für ihn also die Frage, in welche er mehr Aufmerksamkeit stecken soll. Wie also geht er vor? Einen ersten Hinweis darauf finden wir im Kapitel „Das Geheimnis der Einfachheit“. Aber wir wollen noch ein wenig weiter gehen.

Nehmen wir Ted Williams, einst Spieler bei den Boston Red Sox, zu Hilfe. Der legendäre Schlagmann dieses Baseballteams hat in seinem Buch „The Science of Hitting“ beschrieben, wie er entschied, welchen Ball er schlagen sollte. Er erklärt, dass es, entgegen dem offensichtlichen Anschein, nicht notwendig ist, jeden Ball, der einem zugeworfen wird, zu schlagen. Williams unterteilte den Bereich, in dem die Bälle geflogen kamen, in viele kleine Teilbereiche. Nur wenn der Ball in seinem sogenannten „Sweet Spot“ flog, also in jenen Bereich, den er für einen erfolgreichen Schlag erachtete, schlug Williams zu. Bei allen anderen Bällen bemühte er sich nicht einmal. Er ließ sie einfach vorbeifliegen.

Im Gegensatz zu Baseball muss man am Aktienmarkt das Feld nicht verlassen, wenn man zu oft den Ball vorbeifliegen lässt.

An der Börse kann man so lange warten, bis der Ball den eigenen „Sweet Spot“ durchfliegt. Obwohl viele Anlageexperten meinen, dass man ständig Anlageentscheidungen treffen muss, weiß der intelligente Investor, dass das nicht stimmt. Wie er von Ted Williams lernen kann, hat er die Möglichkeit, mit seiner Entscheidung zu warten, bis die Kriterien so sind, wie er sie sich für einen Kauf wünscht. Nur dann schlägt er zu.

Warren Buffett sieht es übrigens genauso. Er glaubt, dass eine gute Entscheidung pro Jahr schon sehr viel ist und schwer, wenn sie gut genug sein soll, um mit ihr Erfolg zu haben.

Bezüglich der Sicherheit bei der Kapitalanlage bedeutet das, dass man das Risiko, mit einer Anlage Verlust zu erleiden, senkt, wenn man nicht jede Aktie kauft, die einem über den Weg läuft oder von irgendwem empfohlen wird. Man senkt das Risiko, wenn man nur dann kauft, wenn die Aktie alle Faktoren erfüllt, die mit großer Wahrscheinlichkeit zu einem Erfolg führen, wenn sie also im eigenen „Sweet Spot“ liegt.

Auch Ted Williams hat sicher nicht jeden Ball innerhalb des „Sweet Spots“ getroffen. Doch seine Trefferquote lag wesentlich höher als bei Bällen außerhalb dieses Bereichs, womit gleichzeitig sein Risiko nicht zu treffen sank. Und nicht nur seine Trefferquote erhöhte sich mit dieser Methode, auch der Erfolg seines Schlages wurde dadurch erhöht. Sei es, mit Sicherheit die nächste Base zu erreichen oder gar einen Home-Run zu schlagen. Wie herausragend Ted Williams war, zeigen folgende statistische Werte: Williams ist einer von nur zwei Spielern, die innerhalb einer Saison einen Schlagdurchschnitt von 40 % erzielten. Bis heute schaffte das niemand mehr nach ihm. Insgesamt schlug er 521 Home-Runs und gehört damit zu den 20 Spielern mit den meisten geschlagenen Home-Runs. Und mit 153 m (502 feet) erzielte er den längsten Schlag im Stadion in Boston.

Was kann der intelligente Investor daraus lernen? Er lernt, dass ein mittlerer Schlag es nicht einmal über die Mitte des Feldes hinaus schafft, ein guter Schlag aber sehr weit trägt. Angesichts dessen ist es sinnvoll, nicht auf jeden Ball einzuschlagen, also nicht jede empfohlene oder gehypte Aktie zu kaufen. Er kauft nur, wenn die Aktie im richtigen Bereich liegt. Wenn er dabei eine Chance verpasst, ärgert er sich nicht. Es ist besser, 10.000 € nicht zu verdienen, weil man nicht investiert hat, als 10.000 € zu verlieren, weil man falsch investiert hat. Verpasste Chancen durch Unterlassung spiegeln die eigene Disziplin im Handeln wider. Und nur mit dieser Disziplin baut der intelligente Investor sein Vermögen auf. Qualität, nicht Quantität, ist dabei sein Maßstab. Da kommt es schon vor, dass er oft Wochen und Monate lang keine einzige Aktie kauft. Es kann schon mal ein Jahr und mehr vergehen. Diese Zeit nutzt er und sucht nach Unternehmen in seinem „Sweet Spot". Wenn er eines gefunden hat, dann recherchiert er es genau und klopft es nach allen Kriterien ab, die für einen Kauf erfüllt sein müssen. Dazu zählt selbstverständlich auch der richtige Preis. Erst, wenn alle Kriterien erfüllt sind, investiert er. Das reduziert sein Risiko und bietet ihm damit Sicherheit bezüglich seiner Investition.

Ich habe bereits erwähnt, dass es für den intelligenten Investor notwendig ist, ein Unternehmen genauer zu betrachten, um herauszufinden, ob es eine Investition wert ist oder nicht. Neben den reinen Zahlen gibt es einige Kriterien, die er sich anschaut und berücksichtigt. Kriterien, die ihm einen Anhaltspunkt geben, wie sicher seine Anlage sein wird. Auf einige bin ich im Kapitel „Das Geheimnis der Einfachheit" eingegangen. Ein weiteres Kriterium folgt im nächsten Abschnitt.

Achte auf das Management

Dieser Punkt ist kein einfacher. Wie soll man sich das Management eines Unternehmens genau ansehen? Ganz besonders als privater Anleger. Man kann nicht einfach zum Hauptsitz des Unternehmens, an dem man Interesse hat, fahren und um ein Gespräch mit dem Spitzenmanagement bitten. Zwar spricht

Philip Fisher von der großen Bedeutung des Gesprächs mit dem Management, mit seinen Konkurrenten, mit Lieferanten, mit Kunden usw. Doch für einen Kleinanleger ist diese Art, etwas über ein Unternehmen herauszubekommen, wenig praktikabel. Nicht nur, dass es schwierig sein wird, überhaupt einen Gesprächstermin zu erhalten. Die meisten haben in der Regel gar nicht die Zeit, all die Gespräche zu führen und die Reisen zu unternehmen, die für solche Gespräche notwendig wären.

Ich denke, dass diese Schwierigkeiten, mit dem Management eines Unternehmens ein Gespräch zu führen, für den privaten Anleger eher von Vorteil sind, als nachteilig zu sein. Ich stimme in dieser Angelegenheit der Meinung von Guy Spier zu, der empfiehlt, nicht mit dem Management zu sprechen. Guy Spier ist Gründer und Manager des Aquamarine Fund, der sich als Vorbild die Partnerschaften Warren Buffetts genommen hat. 2007 ersteigerte Guy Spier zusammen mit Mohnish Pabrai, Gründer des Pabrai Investment Funds, ein Abendessen mit Warren Buffett. Hinter Guy Spiers Ansicht steckt das Motto, dass man nie den Friseur fragen solle, ob man einen neuen Haarschnitt brauche. Die Aufgabe des intelligenten Investors ist es, das Unternehmen möglichst neutral nach den Fakten, die ihm vorliegen, zu beurteilen. Ein Gespräch mit dem Vorstand könnte sein Urteil trügen und seine Entscheidung über ein Investment auf die falsche Grundlage stellen.

Der intelligente Investor weiß, dass es wohl weniger der Fall sein wird, dass der Chef eines Unternehmens ihm erzählt, in welchen Schwierigkeiten sein Unternehmen gerade steckt. Vielmehr wird der CEO versuchen, die Aussichten für sein Unternehmen in ein positives Licht zu rücken. Es ist geradezu seine Position und seine Aufgabe, Informationen über sein Unternehmen auf eine Art darzustellen, die das Positive betont. Probleme hingegen werden heruntergespielt, als vorübergehend oder als lösbar dargestellt. Es kann vorkommen, dass er Informationen über sein Unternehmen verzerrt, wenn auch unabsichtlich. Oder, wie im Falle Wirecard, absichtlich. Für die Investmententscheidung des intelligenten Investors ist dies eher wenig vorteilhaft. Seine Entscheidungsgrundlage sollte auf einer objektiven Basis stehen. Auch jene über die Qualität des Managements. Es ist besser, diese nicht in einem direkten Gespräch herauszubekommen. Jemanden persönlich kennenzulernen, heißt oft auch, ihn nicht mehr objektiv beurteilen zu können. In aller Regel entwickelt man entweder eine gewisse Sympathie für oder eine Abneigung gegen die Person. Die Ausprägung dieses Gefühls kann stark oder weniger stark sein. In beiden Fällen aber beeinflusst es das persönliche Urteil.

Sympathie kann dazu führen, dass der Anleger ungünstige Informationen über die Qualität des Managements in einem besseren Licht sieht, als er sollte. Antipathie hingegen kann ihn eine gute Qualität nicht ausreichend schätzen lassen. Aus diesem Grund ist es für den intelligenten Investor kein Nachteil, nicht direkt und einfach Zugang zu den Führungsetagen der Unternehmen zu bekommen. Er begreift es vielmehr als einen Vorteil, denn es verbessert seine Einschätzung über das Unternehmen und die Qualität seines Managements.

Wie aber beurteilt der intelligente Investor nun die Qualität des Managements? An welchen Kriterien orientiert er sich, um sich ein Bild davon zu machen?

Bei einem Investment in das Unternehmen wird der Anleger Eigentümer des Unternehmens und das Management wird zu seinen Angestellten. Da er jedoch nur einen kleinen Teil des Unternehmens besitzt, kann er ein schlechtes Management nicht einfach entlassen. Deswegen ist ein wesentliches Kriterium, dass er sich ansieht, ob das Management für die Aktionäre arbeitet oder sich selbst bereichert. Es ist natürlich klar, dass Manager zu jeder Zeit den Interessen der Eigentümer des Unternehmens dienen sollten. Und dieses Interesse besteht darin, möglichst viel aus ihrem investierten Kapital zu machen. Es ist nicht das Interesse der Eigentümer, die Manager reich zu machen.

Hinweise, ob Manager eher für ihre eigene Tasche arbeiten und weniger für die der Aktionäre, können z. B. Gehälter und Boni sein. Der intelligente Investor schaut, ob Manager extrem hohe Gehälter und Boni oder Aktienoptionen und teure Privilegien erhalten. Sicherlich ist nicht jeder Manager, der obiges erhält, egoistisch und nutzt das Unternehmen, um sich selbst zu bereichern. Doch gerade Boni beruhen häufig auf einer kurzfristigen Performance. Die Maßnahmen, die das Erreichen dieser Leistung ermöglichen, stehen oft im Gegensatz zu den Zielen eines langfristig orientierten Anlegers als Eigentümer des Unternehmens.

Charlie Munger meint dazu, dass „die Opulenz der Chefetage (...) sich oft umgekehrt proportional zur finanziellen Substanz der Firma“ verhalten würde. Insofern ist es fragwürdig, ob die genannte Art der Vergütung für die Ziele der Aktionäre hilfreich ist. Für Warren Buffett sollten „Manager (...) ihre Aufgabe lieben, wie Eigentümer denken und über Fähigkeiten und Integrität verfügen.“ Er selbst zahlt sich lediglich ein Jahresgehalt von $100.000 und verzichtet auf Boni etc. Sein Vermögen steckt in seiner Firma Berkshire Hathaway. Wenn Berkshire schlecht wirtschaftet, hat das Konsequenzen für die Aktionäre als auch für Buffett. Gehen seine Aktionäre unter, geht auch Buffett unter.

Insofern ist ein weiterer Aspekt, nach dem man bezüglich des Managements sehen sollte, ob es Aktienpakete am eigenen Unternehmen hält und wenn ja, wie viel? Das Halten von Aktien des eigenen Unternehmens durch die verantwortlichen Manager ist ein Ausdruck davon, wie sehr das Management dem eigenen Unternehmen traut und gleichzeitig auch ein Urteil über die eigenen Fähigkeiten, das Unternehmen in Zukunft weiter voranzubringen. Nur Manager, die weder eine Perspektive für das Unternehmen sehen, noch sich selbst in der Lage sehen, diese Perspektive zu verbessern, halten keine Aktien am Unternehmen, in dem sie tätig sind, oder verkaufen diese. Hingegen bedeutet, große Aktienpakete am eigenen Unternehmen zu halten, die gleichen Interessen bezüglich des Wertes und der Aussichten zu haben wie die anderen Aktionäre. Denn man verdient dann Geld, wenn auch die Aktionäre Geld verdienen.

Vor diesem Hintergrund fragt sich der intelligente Investor auch, ob das Management sparsam oder verschwenderisch wirtschaftet. Er ist daran interessiert, zu erfahren, ob es sich für einen besseren Shareholder-Value und einen vernünftigen Kapitaleinsatz engagiert. Er möchte wissen, ob es sich um das Wohl der Anleger mit vernünftigen Aktienrückkäufen sorgt oder neue Aktien, die das Kapital der Altaktionäre verwässern, emittiert. Der intelligente Investor achtet darauf, ob der Jahresbericht des Unternehmens offen und geradeheraus ist oder nur Schaumschlägerei enthält.

Hier sind wir nun bei einem wesentlichen Punkt angelangt, der dem Anleger etwas über das Handeln der Manager sagen kann: der Jahresbericht. Da der normale Anleger in aller Regel nicht mit den Managern reden kann und dies auch besser ist, ist der Jahresbericht seine beste Quelle. So erfährt er etwas über die Qualität des Managements und dessen Engagement für die Aktionäre. Der Jahresbericht gibt dem Investor einen Einblick in Form von Zahlen, die er aufführt, aber auch wie die Zahlen präsentiert werden und über das, was er nicht sagt oder nennt.

Der intelligente Investor schaut sich als Erstes an, ob das Management ausschließlich von guten Zahlen und Nachrichten für die Zukunft berichtet. Klingen also nur Gewinnaussichten und Wachstumschancen gut, die Zahlen der Vergangenheit, die man in den Berichten finden kann, jedoch nicht, dann ist er bereits vorsichtig. Warren Buffett sagt, man solle gegenüber solchen Unternehmen sehr skeptisch sein, denn die Zukunft lässt sich nur schwer prognostizieren. Die Zahlen der Vergangenheit aber kennt man; sie sind in den Bilanzen der letzten Jahre zu lesen – zumindest, wenn die Bilanzen nicht gefälscht oder geschönt werden.

Der intelligente Investor ist ebenfalls vorsichtig, wenn regelmäßig die vom Management in der Vergangenheit prognostizierten

Zahlen erreicht oder gar deutlich übertroffen werden. Das könnte, muss aber natürlich nicht, auf eine Manipulation der Zahlen hindeuten.

Ein aktuelles Beispiel hierfür ist natürlich Wirecard, bei dem viele Anleger lange die Realität nicht sehen wollten, selbst als die Financial Times darüber berichtete. Aber auch bei HealthSouth, einem US-amerikanischen Unternehmen der Gesundheitsbranche, hat vor 20 Jahren über 46 Quartale hinweg, dessen CEO stolz berichtet, die Gewinnerwartungen der Analysten übertroffen zu haben. Bis schließlich 2002 die Bilanzfälschung aufgedeckt wurde. Interessant dabei ist, dass wenige Tage vorher der CEO von HealthSouth Aktien des Unternehmens im Wert von $75 Millionen verkauft hatte.

In diesem Zusammenhang lohnt es sich, eine weitere Aussage Buffetts nicht zu vergessen:

„*Wenn du eine Fußnote oder eine Erklärung des Managements nicht verstehen kannst, ist es, weil der CEO dieses auch nicht möchte.*“

Auch aus konkreten Zahlen der Bilanz kann der intelligente Investor das Handeln des Managements beurteilen. So achtet er beispielsweise auf eine geringe Verschuldung des Unternehmens, denn Schulden sind eine schwierige Sache. Zum einen ermöglichen sie es, sich etwas zu kaufen, das man nicht bar bezahlen, aber über einen Ratenvertrag Stück für Stück begleichen kann. Außerdem machen sie es möglich, Anschaffungen schneller zu tätigen, weil sich die Zeit des Sparens erübrigt. Zum anderen aber bringen Schulden auch Probleme mit sich, denn sie sind immer eine Belastung für die eigenen Finanzen. Eine Belastung, die stets bedient werden muss. Solange die Zinsen und die Tilgung das eigene Einkommen nicht übersteigen, ist alles im grünen Bereich. Was aber, wenn das Einkommen unvorhergesehen sinkt? Was, wenn man die Schulden nicht mehr bedienen kann? Dann hat man Probleme. Wenn man den Schuldendienst für sein Haus nicht mehr leisten kann, verliert man das Haus. Wenn ein Unternehmen seine Schulden nicht bedienen kann, muss es Insolvenz anmelden. Deswegen achtet der intelligente Investor bei einem Unternehmen darauf, dass der Schuldenstand nicht allzu hoch ist. Hohe Schulden erhöhen das Risiko für ein Unternehmen, sollte die Nachfrage einmal sinken oder der Wettbewerb sich erhöhen. Man konnte das während des Lockdowns im Zuge des Coronavirus sehr gut beobachten.

Man kann sich Schulden wie eine Bootsfahrt vorstellen. Hohe Schulden sind wie die Fahrt mit einem Kreuzfahrtschiff. Niedrige Schulden wie die Fahrt mit einem kleinen Motorboot. Taucht plötzlich aus dem Nichts ein Eisberg auf, direkt auf der Fahrlinie der Boote, so wird das Kreuzfahrtschiff es schwer haben, dem plötzlich auftauchenden Eisberg auszuweichen, denn es ist träge und kann nur langsam manövriert werden. Vielleicht gelingt es ein wenig, doch selbst wenn der Eisberg nur gestreift wird, bleibt ein Schaden. Das kleine Motorboot hingegen ist wendig und leicht zu manövrieren. Es ist ein Leichtes, den Kurs zu ändern und dem Eisberg auszuweichen.

Genauso ist es bei Unternehmen. Jene mit einem niedrigen Schuldenstand können auf Schwierigkeiten flexibler und schneller reagieren. Sie haben die finanzielle Kapazität, Unwägbarkeiten angemessen zu begegnen. Sie kommen kaum in die Situation, dass der Schuldendienst sie erdrückt. Niedrige Schulden verringern also das Risiko unserer Anlage und erhöhen unsere Sicherheit. Der intelligente Investor vermeidet es, in Unternehmen zu investieren, die einen hohen Schuldenstand aufweisen. Unternehmen sollten über weniger Schulden verfügen, als sie an Eigenkapital besitzen. Denn sollte es doch einmal zu der Situation kommen, dass das Unternehmen sofort alle Schulden begleichen muss, kann es das nur, wenn das Eigenkapital die Schulden übersteigt. Besser ist es natürlich, wenn die Schulden deutlich niedriger als das Eigenkapital sind.

Die nächsten Zahlen, die sich der intelligente Investor in diesem Zusammenhang ansieht, sind die kurzfristigen Verbindlichkeiten und das kurzfristige Vermögen oder auch Umlaufvermögen. Was für die langfristige Verschuldung gilt, ist ebenso wichtig für die kurzfristige. Ein Unternehmen sollte innerhalb eines Jahres mehr einnehmen, als es ausgibt. Es sollte keine Schwierigkeit haben, mit dem Umlaufvermögen die kurzfristigen Verbindlichkeiten begleichen zu können. Dann kann das Unternehmen auch kurzfristig nicht in eine Schieflage geraten. Und es ist auch nicht notwendig, dass es dafür neue Schulden aufnimmt. Für jeden Menschen ist es besser, wenn er am Ende des Monats noch Geld übrig hat, wenn also alle Rechnungen beglichen sind. Dieser Überschuss steigert das Vermögen und versetzt ihn in die Lage, Unwägbarkeiten des Lebens finanziell zu meistern. Dies erhöht seine Sicherheit. Gleiches gilt für Unternehmen.

Eine weitere Zahl, die dem intelligenten Investor über die Qualität des Managements Auskunft gibt, ist die Eigenkapitalrendite (EKR). Die Eigenkapitalrendite ist das Verhältnis des Nettogewinns (den wir in der Gewinn- und Verlustrechnung ausgewiesen haben) zum Eigenkapital (welches wir in der Bilanz finden). Mathematisch berechnet es sich, indem man den Nettogewinn durch das Eigenkapital teilt. Die EKR (ROE = Return on Equity) sagt dem intelligenten Investor, wie effizient das Management mit seinem Geld umgeht, d. h. wie effektiv es den Gewinn im Unternehmen reinvestiert. Je höher die EKR, umso effektiver arbeitet das Management und umso mehr berücksichtigt es die Interessen der Aktionäre, also der Eigentümer des Unternehmens. Es ist sinnvoll, sich die Entwicklung der EKR über einen längeren Zeitraum, mindestens zehn Jahre, anzusehen. Für den intelligenten Investor sollten gute Unternehmen über diesen Zeitraum eine EKR von mindestens 8–10 % ausweisen, besser sind 15–20 %. Dabei sollte der Trend nicht übersehen werden. Das Unternehmen sollte über eine konstante, besser steigende EKR verfügen. Wenn das Unternehmen schlecht wirtschaftet, wenn also mit dem reinvestierten Eigenkapital kein höherer Nettogewinn erzielt wird, sinkt die EKR und am Ende auch das Vermögen des Anteilseigners.

Der intelligente Investor möchte in Unternehmen investieren, deren Management die Bedürfnisse der Anteilseigner über die eigenen stellt sowie das verfügbare Kapital gezielt und vernünftig zum Nutzen der Aktionäre einsetzt. Er sucht Unternehmen, deren wachsame Manager immer auf der Hut vor Gefahren sind. Manche Manager gehen leider zu große Risiken ein, um das Beste für die Aktionäre herauszuholen. Manche Manager versuchen auch, das Unternehmen in unnötiger und fahrlässiger Weise zu vergrößern, um eigentlich nur ihr eigenes Ansehen zu steigern. Am Ende bedeutet das aber weniger Wert für die Aktionäre.

Der intelligente Investor investiert niemals in Unternehmen, die bereits mit merkwürdigen Finanzkonstruktionen und Rechnungslegungstricks aufgefallen sind. Eine unzulängliche Buchhaltung versteckt lediglich eine unzulängliche Performance. Er investiert auch nicht in schlechte Unternehmen, selbst wenn sie von einem hervorragenden Management geführt werden. Denn er weiß, dass „auch ein guter Jockey einen klapprigen Gaul nicht zum Sieg führen" kann. Man kann mit guten Menschen schlechte Geschäfte machen, niemals aber mit schlechten Menschen gute Geschäfte. Auch wenn ein qualitativ hochwertiges Management für seine Anlageentscheidung bedeutend ist, ist ein qualitativ hochwertiges Unternehmen bedeutender.

Nichts geht ohne Sicherheitsspanne

Steigen wir mit einem kleinen Beispiel in diesem Abschnitt ein.

Stellen wir uns vor, wir werden beauftragt, für ein Hochhaus einen Aufzug zu bauen. Aufgrund der Größe des Schachtes können mit der Aufzugskabine maximal zehn Personen oder 750 kg befördert werden. Welche Traglast sollte das Stahlseil halten können, das wir einbauen? Sollten wir eines verwenden, das eine maximale Traglast von 751 kg hat? Sicherlich nicht! Der Sicherheitspuffer wäre viel zu gering. Das Risiko, dass das Seil reißen könnte, wäre zu hoch. Es könnten zehn Personen einsteigen, die, ohne es zu wissen, zusammen ein höheres Gewicht aufweisen als 750 kg. Gegen diese Wahrscheinlichkeit sollten wir uns absichern, also einen genügend großen Puffer einbauen. Wäre es also nicht sinnvoll, ein Stahlseil zu verwenden, das 1 t tragen kann oder besser 1,5 t? Dann könnten sogar zehn Menschen einsteigen, die im Schnitt 100 kg oder 150 kg wiegen.

Da allerdings keine zehn Personen dieses Gewichts in den Aufzug passen, wäre die Wahrscheinlichkeit für den Eintritt dieses Ereignis relativ gering, wenn auch möglich. Die Sicherheit unseres Aufzugs wäre entsprechend hoch und wir müssten uns wenig Sorgen über einen Unfall machen. Die Traglast der Stahlseile in Aufzügen übersteigt die zulässige Traglast der Kabinen um ein Vielfaches (im Schnitt gibt es einen Sicherheitsfaktor von 12, also das Zwölffache) und vermeidet so eine Katastrophe. Das Risiko wird also minimiert.

Der intelligente Investor verfährt genau so mit seiner Geldanlage. Wenn er Aktien kauft, versieht er diesen Kauf mit einer ausreichenden Sicherheitsspanne (Margin of Safety). Sie ist wesentlich beim Kauf von Wertpapieren, denn sie ist der Puffer, der ihm helfen soll, Verluste zu vermeiden oder möglichst gering zu halten. Die Sicherheitsspanne ist der zentrale Aspekt, der ihm beim Vermögensaufbau hilft und sie ist das Element, das seine Angst, Verluste zu erleiden, in Zaum hält. Sie ist sozusagen der Airbag, der ihn bei einem Aufprall schützen soll, oder der zweite Fallschirm, der sich öffnet, sollte der erste versagen.

Wie ist das konkret zu verstehen? Will der intelligente Investor sich ein Bild von der Attraktivität eines Unternehmens machen, ist er auf die Vergangenheit angewiesen. Für die Vergangenheit liegen ihm Zahlen und Erfahrungen vor, die ihm Auskunft über den Erfolg oder den Misserfolg eines Unternehmens geben.

Aus der Vergangenheit kennt er die Produkte, die das Unternehmen hergestellt hat, und er kann ersehen, wie erfolgreich es neue Produkte am Markt platzieren konnte. Wenn der intelligente Investor Aktien kauft, dann investiert er allerdings in die Zukunft des Unternehmens. Über diese Zukunft liegen ihm jedoch weder Zahlen noch Erfahrungen vor. Er hat auch keine Auskünfte über zukünftige Produkte und deren Entwicklung am Markt. Das Einzige, das er hat, ist eine Vermutung, eine Prognose, wie sich das Unternehmen entwickeln könnte. Diese Zukunft genau vorherzusagen, ist für den intelligenten Investor unmöglich. Er weiß nicht, ob es dem Unternehmen auch in Zukunft gelingen wird, ebenso erfolgreich wie in der Vergangenheit seine Produkte auf den Markt zu bringen und zu verkaufen. Mit dieser Unsicherheit muss er umgehen.

Die Sicherheitsspanne dient dazu, dass es unnötig wird, eine genaue Prognose über die Zukunft abzugeben. Sie hilft ihm, einen Mangel, den er zwangsläufig hat, auszugleichen. Da er die Zukunft nicht kennt, greift er auf die Vergangenheit des Unternehmens zurück und berechnet hieraus seine Erwartungen für die Zukunft. Dabei geht der intelligente Investor zwangsläufig davon aus, dass die Entwicklung des Unternehmens in der Zukunft jener in der Vergangenheit ähneln wird. Wenn er auf die wesentlichen Aspekte herausragender Unternehmen achtet und ein solches Unternehmen gefunden hat, hat er eine große Chance, mit dieser Annahme auch richtig zu liegen. Die Sicherheitsspanne sorgt also dafür, dass die Wahrscheinlichkeit eines Gewinns größer ist als die eines Verlustes. Unmöglich jedoch wird ein Verlust dadurch nicht, denn er könnte sich immer noch irren. Ebenso könnte der intelligente Investor sich bei der Berechnung des Wertes des Unternehmens irren oder einfach einmal Pech haben. Um die Auswirkungen fehlerhafter Berechnungen und Pech auszugleichen, ist die Sicherheitsmarge erforderlich.

Wie genau sieht diese nun aus? Die Sicherheitsspanne ist die Differenz zwischen dem inneren Wert des Unternehmens und dem Preis, den der Anleger für das Unternehmen bezahlt, also dem Marktpreis. Oder, wie es Charlie Munger ausdrückt, kommt die Sicherheit durch den Preis zustande, den man bezahlt, bezogen auf den Wert.

Nehmen wir an, jemand möchte einen Oldtimer kaufen in der Hoffnung, dass dieser in den nächsten 10 Jahren an Wert zulegt. Da auch dieser Markt stark von den Vorlieben der Menschen abhängig ist, kann er sich nicht sicher sein, dass diese Wertsteigerung auch erfolgen wird.

Obwohl die Wahrscheinlichkeit dafür sehr hoch ist. In dem Augenblick, in dem er über einen Kauf nachdenkt, ist der Wagen 20.000 € wert. Der Verkäufer des Wagens möchte ihn für eben diese 20.000 € verkaufen.

Ergibt es Sinn, das Angebot anzunehmen? Nicht vor dem Hintergrund einer Wertsteigerung verbunden mit einer Sicherheitsspanne, die vor Fehlern schützen soll.

Warum ist das so? Da der Käufer nur ungern Geld verlieren möchte und ein gewisses Risiko besteht, dass der Wertzuwachs nicht so erfolgt, wie er annimmt, wäre ein Kauf zum aktuell tatsächlichen Wert für ihn sehr risikoreich. Es könnte sein, dass der Wert des Wagens innerhalb der nächsten 5 bis 10 Jahre stagniert oder z. B. auf 18.000 € zurückgeht, da unvorhergesehen die Nachfrage nachlassen könnte. Er müsste das Geschäft also ablehnen, so gerne er dieses Auto auch haben möchte. Ein Kauf wäre unvernünftig.

Was aber, wenn der Verkäufer ihm den Wagen für 15.000 € anböte obwohl ähnliche Autos nicht unter 17.500 € verkauft werden? Sollte er das Geschäft dann eingehen? Warum nicht? Denn trotz bestehender Unsicherheit über die zukünftige Entwicklung hat sich das Risiko für ihn deutlich reduziert.

Wie kann das sein? Das Geschäft verfügt nun über einen Sicherheitspuffer von 5.000 € oder 25 % des aktuellen Wertes des Wagens. Selbst wenn der Markt im Augenblick nicht bereit sein sollte, den eigentlichen Wert des Wagens von 20.000 € zu zahlen, so kann der Käufer annehmen, dass er in wenigen Jahren dazu bereit sein wird. Denn auf lange Sicht passt sich der Preis immer an den Wert an. Gleichzeitig ist er gegen einen möglichen Verlust des Wertes abgesichert. Sollte der Wagen in 5 Jahren nur noch 18.000 € wert sein und er den Wagen dann wieder verkaufen wollen, hat er immer noch einen Gewinn von 3.000 € eingesteckt. Der Wert des Wagens könnte sogar auf 15.000 € sinken und er hätte immer noch keinen Verlust gemacht. Gleiches gilt, sollte der Käufer sich mit dem tatsächlichen Wert des Wagens verrechnet haben, der womöglich nicht bei 20.000 €, sondern bei 17.000 € liegt.

Die Sicherheitsmarge von 5.000 € reduziert also sein Verlustrisiko und das Risiko für den Fall eines Irrtums. Außerdem hilft sie dem Käufer, seine Angst bei einem kurzfristigen Preisverlust aufgrund der Launen des Marktes zu kontrollieren. Da der Käufer das Auto mit einem ordentlichen Abschlag gekauft hat, braucht er sich keine Gedanken über einen schnellen Verkauf machen, nur weil der Preis sinkt. Denn er kennt den tatsächlichen Wert und weiß, dass sich der Preis diesem wieder annähern wird.

Die Sicherheitsspanne hilft ihm also, negativen Entwicklungen emotional zu widerstehen.

Gleiches gilt selbstverständlich auch für den Kauf von Unternehmen. Auch hier baut der intelligente Investor sich eine ausreichende Sicherheitsmarge ein. Benjamin Graham rät dazu, dass dieser Puffer mindestens 30 % sein sollte. Dies ist gerade für unerfahrene Anleger ratsam. Sicher ist: Je größer die Sicherheitsspanne, umso besser für ihn, denn umso geringer wird das Risiko.

Der intelligente Investor vertraut nicht blind auf die Sicherheitsmarge, denn er weiß, dass bei schlechten Unternehmen die Differenz zwischen innerem Wert und Preis darauf hindeuten kann, dass nicht mehr viel zu holen ist. Deswegen ist es für ihn absolut wichtig, nicht nur auf diesen Unterschied zu achten, sondern sicherzustellen, dass alle Kriterien eines hervorragenden Unternehmens erfüllt sind.

Wie das Beispiel mit dem Oldtimer zeigt, ist es für den intelligenten Investor wichtig, ein Unternehmen zu einem Preis zu bekommen, der einen deutlichen Abschlag zum inneren Wert hat.

Er möchte also, wie Warren Buffett sagt, einen Dollar zu einem Preis von 50 Cent bekommen. Dabei darf allerdings ein Problem nicht übersehen werden: Das Konzept des inneren Wertes ist nicht präzise. Folglich ist auch die Berechnung der Sicherheitsmarge ungenau. Charlie Munger sagt allerdings, dass es auf die Exaktheit gar nicht ankomme, solange die Sicherheitsmarge groß genug sei. Außerdem ist sie, wie schon festgestellt wurde, gerade dafür da, Fehler in der Berechnung aufzufangen.

Um den inneren Wert zu erhalten, betrachtet der intelligente Investor den freien Kapitalfluss (Free Cashflow) über die nächsten 10 Jahre und setzt ihn in Beziehung zur Wachstumsrate, für die er die durchschnittliche Eigenkapitalrendite als Anhaltspunkt nimmt. Da er mit der Zukunft arbeitet, benötigt er noch einen Diskontierungssatz, den er aus Sicherheitsgründen auf 10 % oder 15 % setzt. Der Diskontierungssatz dient dazu, die zukünftige Wachstumsrate auf den heutigen Wert abzuzinsen (zu diskontieren), d. h. ihn ins Verhältnis zur Gegenwart zu setzen. Der intelligente Investor berechnet den inneren Wert also auf Basis des diskontierten freien Kapitalflusses (oder Discounted Free Cashflow). Wie diese Berechnung genau funktioniert, wird im Kapitel „Das Geheimnis des Wertes“ erklärt.

Aus der Berechnung heraus erhält der intelligente Investor einen inneren Wert, den er auf die am Markt erhältlichen Aktien verteilt und so dann den inneren Wert pro Aktie bekommt. Diesen kann er nun mit dem Kurs der Aktie vergleichen. Liegt der Wert bei eins, so entspricht der innere Wert genau dem Preis der Aktie. Ist der Wert kleiner, ist die Aktie zu teuer. Er würde also mehr für das Unternehmen zahlen, als es wert ist. Ist die Zahl hingegen größer als 1, liegt der Wert des Unternehmens höher als der Preis, den er aktuell dafür bezahlen muss.

Je nach festgelegter Sicherheitsspanne kann der Anleger nun entscheiden, ob der Preis, den er für das Unternehmen bezahlen muss, akzeptabel ist oder womöglich sogar einem Schnäppchen entspricht. Nach den Kriterien von Benjamin Graham sollte der innere Wert mindestens 30 % höher liegen als der Preis. Die Zahl sollte also größer oder gleich 1,3 sein.

Howard Marks sagt, Investmenterfolg erwachse nicht daraus, dass man gute Dinge kauft, sondern dass man Dinge gut kauft.

Um gut zu kaufen, was gleichzeitig bedeutet, das Risiko eines Verlustes zu senken und die Wahrscheinlichkeit eines Gewinns zu erhöhen, kauft der intelligente Investor seine Aktien immer mit einer ausreichenden Sicherheitsmarge. Da er mit unsicheren Zahlen operiert, weil er nur auf die Vergangenheit zurückgreifen kann, können ihm Fehler unterlaufen. Aber Benjamin Graham geht davon aus, dass bei einer ausreichend großen Spanne es ausreicht, anzunehmen, dass die künftigen Gewinne nicht weit hinter denen der Vergangenheit zurückblieben, damit sich der Investor vor den Widrigkeiten der Zukunft ausreichend geschützt fühlen könne.

Der Kauf mit Sicherheitsspanne gilt auch für hochwertige Unternehmen. Es ist ein Trugschluss, anzunehmen, ihre Qualität garantiere automatisch Sicherheit. Wenn man hochwertige Unternehmen zu einem zu hohen Preis kauft, ist auch dieses Geschäft riskant. Howard Marks sagt dazu:

„*Hohes Ansehen in der Öffentlichkeit ist nicht nur Ursache für ein geringes Renditepotenzial, sondern auch für ein hohes Risiko.*“

Der Kauf einer Aktie ist auch nicht deshalb sicherer, weil der Preis der Aktie von einem hohen Niveau herunter gesunken ist. Umgekehrt können aber durchaus Investitionen in Unternehmen geringerer Qualität sicherer sein, wenn der Preis stimmt.

Der intelligente Investor weiß, dass kein Asset so gut ist, dass es nicht auch zu einem schlechten Investment werden kann, wenn man dafür einen zu hohen Preis bezahlt. Und es gibt nur wenige Assets, die so schlecht sind, dass sie nicht zu einem guten Investment werden können, wenn man sie billig genug kauft.

Zitieren wir zum Abschluss noch einmal Howard Marks: „*Eine gute Idee, die vom Preis völlig unabhängig ist, gibt es nicht.*“

Der Sicherheitsgraben hilft dir

Aus dem Geschichtsunterricht kennen wir Festungen in Form von Burgen und Militärposten, die für einen Angreifer schwer einzunehmen waren. Burgen standen oft auf einer Anhöhe, schwer zu erreichen und wenn, dann ausschließlich über einen einzigen Weg. Dieser Weg war gut gesichert und für den Verteidiger leichter zu verteidigen, als für den Angreifer einzunehmen. Andere Burgen waren von Wasser umgeben, um es dem Angreifer möglichst schwer zu machen, sie einzunehmen. Militärposten wurden durch dicke Mauern und schwer zu überwindende Zäune gesichert. Das machte die Burg oder den Militärposten zwar nicht uneinnehmbar, doch der Angreifer musste sich eine Menge einfallen lassen, um die Einrichtung zu erobern. Das war meistens mit sehr hohen Kosten und Verlusten verbunden. Trotz des Aufwands war nicht gesichert, dass das Unternehmen am Ende auch mit Erfolg gekrönt sein würde.

Solch eine scheinbar uneinnehmbare Position wünscht sich der intelligente Investor auch von einem Unternehmen, in das er investiert. Eine Art Burggraben, der es konkurrierenden Unternehmen, seien sie bereits präsent oder zukünftig erst auf dem Markt, schwer macht, die Stellung des Unternehmens zu gefährden. Solch einen Burggraben weisen häufig Unternehmen mit nachhaltigen Wettbewerbsvorteilen auf. Unternehmen also, die den Markt beherrschen und eine privilegierte Marktstellung haben.

Woran erkennt man solche Unternehmen? Woran sieht der Investor, dass ein Unternehmen einen Wettbewerbsvorteil hat oder es nur schwer für potenzielle Konkurrenten ist, die Marktmacht dieses Unternehmens zu brechen?

Charlie Munger sagt:

„*Wenn du ein Unternehmen mit hervorragenden Resultaten hast, stelle dir folgende Frage: ‚Wie lange kann das so weitergehen?' Um diese Frage zu beantworten, musst du darüber nachdenken, wie diese Resultate zustande gekommen sind und anschließend jene Kräfte finden, die das Ende dieser Resultate bedeuten können.*"

Was bedeutet das konkret? Unternehmen mit einem Wettbewerbsvorteil zeichnen sich oft dadurch aus, dass sie Produkte oder Dienstleistungen liefern, die

- benötigt oder gewünscht werden.
- nicht übermäßig kapitalintensiv sind.
- in den Augen der Verbraucher konkurrenz- und alternativlos sind.
- nicht staatlich beaufsichtigt sind.

Unternehmen, die derartige Produkte oder Dienstleistungen anbieten, sind in der Regel bereits länger am Markt tätig. Das entbehrt nicht einer gewissen Logik, denn es braucht einfach eine geraume Zeit, um einen Wettbewerbsvorteil zu erarbeiten und sich eine entsprechende Stellung zu sichern. Neu gegründete Unternehmen mögen gut sein und große Chancen bieten, doch sie müssen ihren Wettbewerbsvorteil erst noch erarbeiten.

Unternehmen mit einem Wettbewerbsvorteil bieten außerdem Produkte an, die wegen des guten Rufs und der Qualität gekauft werden. Bei diesen Unternehmen sind die Kunden bereit, auch einen höheren Preis zu bezahlen. Das Unternehmen ist also in der Lage, den Preis in einem gewissen Maße festzusetzen und zu erhöhen, ohne befürchten zu müssen, dass es Kunden verliert. Die Kunden der Produkte dieser Unternehmen meiden eher Alternativen und entscheiden sich lieber für das Original.

Coca-Cola beispielsweise ist ein solches Unternehmen. Gegründet 1892, verkauft es seit bald 125 Jahren weitgehend das gleiche Produkt. Die Menschen damals kauften und tranken Coca-Cola aus den gleichen Gründen, wie es die Menschen heute tun. Und es ist anzunehmen, dass sich auch in den nächsten Jahrzehnten daran nicht allzu viel ändern wird. Zudem ist Coca-Cola ohne Weiteres in der Lage, auch auf kleine Veränderungen auf seinem Markt angemessen zu reagieren. So wie es das Unternehmen auch in den vorangegangenen Jahrzehnten getan hat. Wenn Coca-Cola nicht träge und zu selbstsicher wird, besteht eine sehr große Wahrscheinlichkeit, dass sich an der herausragenden Stellung von Coca-Cola nichts ändern wird. Investoren in Coca-Cola bietet diese festungsähnliche Position des Unternehmens eine große Sicherheit. Selbst PepsiCo., der größte Konkurrent, konnte Coca-Cola die Marktmacht nicht streitig machen.

Der intelligente Investor schaut gut hin, wenn er ein Unternehmen auf seinen Wettbewerbsvorteil hin untersucht. Reine Größe bietet keine Sicherheit und ist mit einer Festung nicht zu verwechseln. Auch große Unternehmen mit einem Wettbewerbsvorteil, die den Markt beherrschen, müssen weiter daran arbeiten, die Position zu halten. Marktführerschaft allein reicht nicht aus. Beispiele dafür gibt es genug. Nehmen wir General Motors, IBM, Motorola oder Kodak. Wie wir bereits erfahren haben, verlor Motorola seine Position, weil es den Trend zum Smartphone verschlafen hat. Und Kodak, weil es dem Bereich der digitalen Fotografie zu wenig Aufmerksamkeit widmete.

Größe und Marktführerschaft reichen also nicht aus, um dauerhaft einen Wettbewerbsvorteil zu halten. Dieser kann allein durch die Produkte und Dienstleistungen kommen, die man den Kunden offeriert. Produkte und Dienstleistungen, die so besonders und qualitativ hochwertig sind, dass die Kunden bereit sind, auf Alternativen zu verzichten und den höheren Preis zu bezahlen.

Sicherlich ist es nicht einfach, Unternehmen, die eine Festung bilden, zu finden. In unserer globalisierten Welt wird es vermutlich zunehmend schwerer, sich als Unternehmen eine solche Position zu erarbeiten und zu erhalten. Insofern könnte dieses Kriterium immer weniger eine ausschlaggebende Rolle bei der Frage nach einer Investition in ein Unternehmen sein. Es gibt gute Unternehmen, die eine Investition wert sind, die keine Festung bilden. Aber ein außerordentlicher Wettbewerbsvorteil erhöht die Sicherheit der Geldanlage. Und genau darum geht es dem intelligenten Investor. Findet er ein Unternehmen, das einer Festung gleicht und bekommt es mit einer angemessenen Sicherheitsmarge zum inneren Wert angeboten, dann steigt die Sicherheit für seine Investition und die Gefahr, dauerhaft Verluste zu erleiden, sinkt. Beides hilft ihm, über die Jahre hinweg ein Vermögen aufzubauen.

5 Das Geheimnis des Wissens

Ich habe die Geheimnisse des intelligenten Investierens eingeleitet, indem ich aufgezeigt habe, warum es für den intelligenten Investor von Vorteil ist, nicht alles zu wissen und auch einmal bewusst etwas zu ignorieren. Wie man gleichzeitig sehen konnte, bedeutet das jedoch nicht, dass er auf Wissen verzichtet. Vielmehr kommt es darauf an, über ein ausgewähltes Wissen zu verfügen, damit er langfristig erfolgreich ein Vermögen aufbauen kann. Einiges, über das der intelligente Investor Bescheid wissen möchte, habe ich in den vorherigen Kapiteln dargelegt. Dabei ist deutlich geworden, dass der Erfolg beim Investieren von drei Aspekten abhängt:

- der Auswahl des richtigen Unternehmens
- des Kaufs zum richtigen Preis
- dem eigenen persönlichen Verhalten

Wie ich schon an anderer Stelle zitiert habe, ist Benjamin Graham der Ansicht, dass das größte Problem beim Investieren der Investor selbst sei. Ein gutes Unternehmen kann man anhand guter Zahlen, guter Produkte, guter Zukunftsaussichten etc. erkennen. Den inneren Wert kann man, wenn auch mit einiger Unschärfe, mathematisch berechnen und der Preis für das Unternehmen wird dem Anleger jeden Tag an der Börse genannt. Bei diesen Elementen handelt es sich allesamt um externe, auf die der Anleger keinen Einfluss nehmen kann, auf die er jedoch entsprechend reagieren kann. An dieser Stelle nun kommen seine eigene Persönlichkeit, seine psychische Ausstattung und seine emotionale Reaktion zum Tragen.

Da gerade der persönliche Aspekt für den Erfolg beim Aufbau eines Vermögens eine entscheidende Komponente darstellt und der Anleger diesen auch selbst beeinflussen und verändern kann, ist der Persönlichkeit des intelligenten Investors ein eigenes Kapitel gewidmet. Es trägt den Titel „Das Geheimnis des Wissens“, denn es geht dabei um das Wissen über sich selbst, über eigene Unzulänglichkeiten hinsichtlich des Investierens und wie man diese ausgleichen kann, wie man also jeden Tag ein bisschen besser beim Investieren wird. Dabei spielen Anlegertugenden, über die der intelligente Investor verfügt, eine wesentliche Rolle, ebenso wie die Antwort auf die Frage, was es auf der persönlichen Ebene heißt, vernünftig zu investieren. Ferner ist die Entstehung von Fehlern, die immer persönlicher Art sind, und deren Vermeidung von Bedeutung. Unerlässlich dafür ist auf jeden Fall, sein Wissen stets zu erweitern, nicht aufzuhören, an der eigenen Entwicklung zu arbeiten und sich als Investor jeden Tag zu verfeinern.

Bilde Anlegertugenden

Der moderne Wohlstand in unserer westlichen Welt bringt so manche Annehmlichkeit mit sich und, oft damit verbunden, merkwürdige Phänomene. So verfügen im Grunde alle Staaten der westlichen Welt über ein gut ausgebautes, asphaltiertes Straßennetz. Und obwohl es für diese komfortablen Straßen vollkommen unnötig ist, kaufen immer mehr Menschen sogenannte SUV, also Sport Utility Vehicles, eine Art Mischung zwischen einem Geländewagen und einer Limousine. Sie sind groß, schwer und verbrauchen viel Benzin. Für ihr Anwendungsgebiet sind sie absolut überdimensioniert. Benzinverbrauch und CO2-Ausstoß sind aufgrund der meist kurzen Fahrstrecken und des hohen Gewichts überdurchschnittlich hoch und die Geländewagenfunktion benötigt man weder in der Stadt noch auf dem Weg zum Einkaufszentrum oder auf den Autobahnen. Die Fähigkeiten dieser Autos werden also nicht einmal annähernd ausgeschöpft.

Stellen wir uns vor, wir besäßen einen Ferrari mit 600 PS. Da wir keine Rennstrecke zur Verfügung haben und auch nur kurze Strecke fahren, können wir von den vorhandenen 600 PS nur 60 PS ausschöpfen. 90 % der Leistung des Wagens verpufft ungenutzt. Und das jedes Mal, wenn wir den Wagen bewegen. Da ist es effizienter, einen Kleinwagen zu kaufen, der lediglich über 60 PS verfügt. Bei jeder Fahrt würden wir mit diesem Fahrzeug 100 % Leistung ausschöpfen.

Ähnliches gilt in Fragen der Geldanlage. Mit unserem Verhalten sorgen wir oft dafür, dass wir nicht effizient genug arbeiten. Die meisten Menschen lassen sich hin und wieder von ihren Aufgaben ablenken und handeln manchmal irrational. Während wir das Problem unseres Verhaltens hinsichtlich des Autos einfach lösen können, indem wir schlicht einen Wagen mit weniger PS und angepasst an die Verhältnisse der Stadt kaufen, ist es in der Frage des Verhaltens bezüglich der Geldanlage weniger einfach.

Dennoch wollen wir das Problem lösen. Wir wollen mehr Effizienz in unsere Entscheidungen bezüglich des Investierens bringen.

Wie schaffen wir das? Im Grunde ist es ganz einfach. Es macht jedoch einen erheblichen Unterschied, die Lösung zu wissen und diese auch umzusetzen. Jedes Jahr scheitern Millionen Menschen daran, weil sie einfach nicht die notwendige Disziplin aufbringen. Denken wir an den Silvesterabend, an dem viele sich für das neue Jahr ein besseres Verhalten bezüglich einer Sache vorgenommen haben. Einige wollen mit dem Rauchen aufhören, andere weniger Alkohol trinken oder sich mehr sportlich betätigen. Die meisten dieser guten Vorsätze landen auf der Müllhalde der gescheiterten Versuche, weil es den Menschen unheimlich schwer fällt, auf Gewohnheiten zu verzichten. Lieber verzichten sie auf eine positive Veränderung, als gewohnte Verhaltensweisen zu ändern.

Warum ist das so? Veränderungen sind mühsam. Sie erfordern sehr viel Disziplin und Durchhaltevermögen. Gewohnheiten kann man nicht bequem aus dem Sessel ändern. Man muss sich jeden Tag anstrengen, um durchzuhalten. Aber in den eigenen guten

Gewohnheiten liegt der Schlüssel zum effizienten Verhalten. Gewohnheiten konditionieren das Verhalten äußerst effizient. Und gute Gewohnheiten führen zu guten Verhaltensweisen. Um es in den Zahlen von Pferdestärken auszudrücken: Gute Gewohnheiten sorgen dafür, dass du aus deinem 200-PS-Motor auch 200 PS Leistung herausholst. Das ist, was der intelligente Investor benötigt, wenn er erfolgreich ein Vermögen aufbauen möchte. Er braucht die guten Gewohnheiten und Verhaltensweisen, die es ihm ermöglichen, sich am Markt zu bewähren.

Eine Möglichkeit, sich solche anzueignen, wäre, damit anzufangen, alle guten Eigenschaften, die man gerne hätte, oder Eigenschaften von Menschen, die man bewundert, aufzuschreiben. Es fällt vielen Menschen leichter, Eigenschaften, die man bislang nicht zu den eigenen zählt, dazu zu machen, wenn es Eigenschaften von Menschen sind, die man bewundert. Natürlich erfordert das eine Phase des regelmäßigen Übens, verbunden mit Rückschlägen, also dem Verfallen in alte Muster. Doch wenn man weiter übt, wenn man weiter versucht, diese Eigenschaften zu übernehmen, werden diese einmal zu den eigenen.

Fachleute gehen davon aus, dass Verhaltensweisen nach bereits 21 Tagen kontinuierlicher Praxis zu Gewohnheiten werden. Drei Wochen – länger braucht es angeblich nicht. Was verliert man schon, wenn man in diese drei Wochen investiert? Nichts – außer die schlechten Verhaltensweisen. Gewinnen kann man jedoch alles. Denn wenn man positive Eigenschaften entwickelt und negative versucht aufzugeben, hat das Konsequenzen für die eigenen Ergebnisse. Die Korrelation zwischen dem eigenen Potenzial und den erzielten Ergebnissen wird besser. Und der finanzielle Erfolg des intelligenten Investors basiert auf den richtigen Gewohnheiten, auf der Entwicklung von Anlegertugenden.

Über welche Anlegertugenden verfügt der intelligente Investor?

Geduld

Charlie Munger hat einmal gesagt:
„Erfolg bedeutet, sehr geduldig zu sein, aber aggressiv, wenn die richtige Zeit dafür gekommen ist.“

Warum? Im Grunde ist die Antwort ganz einfach. Hervorragende Anlagemöglichkeiten gibt es nicht wie Sand am Meer. Sie kommen nur sehr selten. Man muss gut nach ihnen suchen oder bereit sein, zu warten, bis sie kommen. Das bedeutet natürlich gleichzeitig, dass man nicht immer in der Lage sein wird, sein Geld sinnvoll zu investieren.

Der intelligente Investor versucht nicht zwanghaft, sein Geld in einer Anlage unterzubringen. Er sieht keine Gelegenheit, wo es keine gibt, nur um anzulegen. Er drischt nicht auf jeden Ball ein, der geflogen kommt, und er bezahlt nicht jeden Preis. Er wartet geduldig, bis die Bedingungen stimmen. Wann dies sein wird, ist unmöglich vorherzusagen. Deswegen hat der intelligente Investor die Geduld, zu warten.

Warren Buffett sagt, der Aktienmarkt verteile das Geld von den Aktiven zu den Geduldigen. Deswegen schlägt Charlie Munger vor, die meisten Tage entspannt zu verbringen und sich auf gelegentliche schnelle Spurts vorzubereiten.

Dieses Verhalten kommt insbesondere privaten Kleinanlegern, die die meiste Zeit mit Arbeit verbringen und die sich in ihrer Freizeit um Familie und Hobby kümmern wollen, entgegen. Er ist nämlich nicht gezwungen, dauerhaft in Aktion zu sein.

Disziplin

Der intelligente Investor muss sich vielfach diszipliniert verhalten. Er braucht die Disziplin, sich an die eigenen Regeln zu halten, auch wenn andere anders agieren. Er braucht die Disziplin, sich in den hektischen Phasen nicht von seinem Plan zu verabschieden, auch wenn das Verhalten der anderen Marktteilnehmer anderes suggeriert. Der intelligente Investor hat sich in ruhigen Zeiten einen Anlagenplan erarbeitet und hält in stürmischen Zeiten daran fest. Als ihn keine Emotionen negativ beeinflussten, hat er seinen Plan gut durchdacht. Deswegen hat er die Disziplin, wie Howard Marks sagt, „*den Mut aufzubringen, in einer Krise an einer Position festzuhalten und den Einstandkurs mit Nachkäufen zu senken, wenn die Kurse jeden Tag weiter fallen.*"

Und er hat die Disziplin, wie Charlie Munger meint, „*nicht irgendeinen verdammten Blödsinn zu machen, weil man keine Untätigkeit ertragen kann.*"

Sparsamkeit

Sparsamkeit ist eine Tugend, ohne die der Aufbau eines Vermögens schlichtweg nicht funktioniert. Dabei sollte man sie auf keinen Fall mit Geiz verwechseln. Der Sparsame ist bereit, sein Geld unter den richtigen Bedingungen auszugeben, der Geizige nicht. Der intelligente Investor kann nur Geld anlegen, das er nicht ausgibt, also spart. Und Anlegen ist nichts anderes als Sparen. Nur dass das Geld nicht auf einem marginal verzinsten Sparkonto liegt, sondern lukrativ in Aktien angelegt ist.

Charlie Munger gibt den Rat: „*Lebe innerhalb deines Einkommens und spare, damit du investieren kannst.*" und „*Lebe unterhalb deiner finanziellen Notwendigkeiten, damit du das gesparte Geld investieren kannst.*"

Dabei bedeutet Sparen nicht, bis zum Schluss zu verzichten. Es bedeutet, Geld, das man am Ende des Monats übrig hat, anzulegen. Es bedeutet, auf Dinge zu verzichten, auf die man gut verzichten kann, also wahrlich nicht benötigt. Wieso sollte sich der intelligente Investor einen Kaffee für einige Euro bei Starbucks kaufen, wenn er sich zuhause einen viel günstigeren machen und ihn einfach mitnehmen kann?

Viele bekannte und wohlhabende Menschen zeichnen sich durch ihre Sparsamkeit aus. Benjamin Franklin zum Beispiel, einst amerikanischer Präsident und Erfinder des Blitzableiters, gehörte zu ihnen. Er hat einmal gesagt: „*Ein gesparter Pfennig ist zwei Pfennige wert.*"

Trotz ihrer Sparsamkeit fehlt es diesen Menschen an nichts. Deswegen überprüft der intelligente Investor, was er in seinem täglichen Leben wirklich braucht und worauf er, ohne es am Ende zu vermissen, verzichten kann.

Ehrlichkeit

Ehrlichkeit ist eine sehr hilfreiche Eigenschaft. Ehrlichkeit sich selbst und anderen gegenüber. Charlie Munger behauptet, dass das Benehmen in einer bestimmten Gelegenheit später auf überraschende Weise hilfreich sein kann. Er ist überzeugt, dass man mit Ehrlichkeit die höchsten Finanzrenditen erzielen kann. Denn Ehrlichkeit geht mit Vertrauen einher und Vertrauen erhöht die Effizienz und damit die Rendite. Das bedeutet, man sollte von unehrlichen Geschäften die Finger lassen, auch wenn sie das schnelle Geld zu versprechen scheinen. Am Ende kann man alles verlieren. Wie der Fall Wirecard zeigt.

Aber es gibt weitere Fälle an der Börse. Insidergeschäfte, die einen unfairen Vorteil verschaffen. Betrug von Anlegern, bei denen man versucht, ihnen lediglich das Geld aus der Tasche zu ziehen. Nehmen wir den berühmten Fall von Bernard L. Madoff, einst Chef der Technologiebörse Nasdaq. Madoff hatte jahrelang Investoren mit einem Schneeballsystem betrogen, indem er versprochene hohe Zinsen einfach mit dem Geld neuer Kunden bezahlte, während es keine tatsächlichen Gewinne gab. Am Ende landete er im Gefängnis. Man kann auch auf ehrliche Weise an der Börse sein Geld verdienen.

Leidenschaft

Leidenschaft für den Aktienmarkt und Unternehmen ist eine Eigenschaft, über die die meisten verfügen, wenn sie am Kapitalmarkt aktiv werden. Leidenschaft führt dazu, dass man auf einem Gebiet besser werden will. Sie hilft dem intelligenten Investor, erfolgreich zu sein, denn leidenschaftliche Menschen arbeiten härter an ihrem Erfolg und investieren mehr, um ihre Ziele zu erreichen. Sie lesen und denken mehr und haben oft einen Informationsvorsprung. Leidenschaft entwickelt man meist für Themen, die man versteht. Je mehr man versteht, umso leidenschaftlicher kann man werden.

Deswegen ist Wissen einer der Schlüssel zum Erfolg. Jedoch sollte man nicht erwarten, dass sich Leidenschaft einfach so einstellt. Oft braucht es eine ganze Weile, bis sie sich entwickelt. Man muss also auf eine andere Tugend zurückgreifen und geduldig sein. Manchmal entwickelt man eine Leidenschaft für etwas, von dem man es vorher nicht erwartet hätte.

Kollegialität

Diese Tugend ist ein Geben und Nehmen. Der Vorteil von ihr liegt darin, sich mit jemandem Gleichgesinnten auszutauschen. Der Austausch sorgt in ganz besonderer Weise dafür, seine Gedanken zu sortieren. Im Gespräch mit anderen, in der eigenen Reflexion und über den Input des Gegenübers kann es gelingen, den Betrachtungsgegenstand in einer Breite und Tiefe zu durchdenken, die ohne den Partner nicht möglich gewesen wäre. Neue Aspekte treten zu Tage, alte werden in ein neues Licht gerückt. Dies kann helfen, Fehler zu vermeiden und klarere Entscheidungen zu treffen. Beides erhöht die Erfolgschancen des intelligenten Investors.

Die genannten Tugenden sind nur ein Auszug möglicher Anlegertugenden, wenn auch ein wichtiger. Der intelligente Investor reduziert sich jedoch nicht auf diese Tugenden. Er sucht nach weiteren, um sich weiter zu verbessern.

Investiere intelligent

Intelligent investieren, wie Benjamin Graham es nennt, ist der zentrale Aspekt von Value Investoren und diesem Buch, das impliziert bereits der Titel. Warum also ein eigenes Unterkapitel für diesen Punkt? Weil es unter dem Aspekt des Wissens, bei dem stärker auf den persönlichen Bereich des Investors eingegangen wird, Sinn ergibt. Es steht an dieser Stelle nicht das Unternehmen im Zentrum, sondern die psychische und intellektuelle Ausstattung des Anlegers. Dabei handelt es sich nicht um Brillanz oder Glück. Es geht vielmehr darum, mit der Zeit, also mit Geduld, ein Vermögen aufzubauen. Investieren mit Geduld braucht zwar länger, doch es ist oft sicherer und erfolgreicher. Dabei ist ein hoher Intelligenzquotient (IQ) keine Voraussetzung für den Anlageerfolg. Warren Buffett sagt, man brauche keine überragende Intelligenz, um als Anleger erfolgreich zu sein. Eine übermäßige Intelligenz kann vielmehr hinderlich sein. Warum?

Menschen, die über eine überdurchschnittliche Intelligenz verfügen, wissen das in der Regel auch. Dieses Wissen kann dazu führen, dass sie unnötige Fehler machen. So könnten sie aufgrund der Einschätzung der eigenen Intelligenz versuchen, Dinge vorherzusagen, die nicht vorhersehbar sind. Übermäßige Intelligenz führt hier zu übermäßigem Selbstvertrauen, was in letzter Konsequenz zu Überheblichkeit führt.

Besonders intelligent zu sein, garantiert nicht für rationales Handeln. Beim vernünftigen, erfolgreichen Investieren geht es jedoch um Rationalität. Denn kommen Emotionen beim Anlegen ins Spiel, führen diese oft zu erheblichen Verlusten. Deswegen ist es für den intelligenten Investor wichtig, die Emotionen weitgehend auszublenden oder mit ihnen vernünftig umzugehen, sodass rationales Handeln bei der Geldanlage möglich ist.

Ein wesentlicher allgemeiner Bereich des vernünftigen Investierens ist die langfristige Orientierung. Dies bedeutet nicht, sein Geld für viele Jahre ohne Zugriffsmöglichkeiten wegzusperren. Es bedeutet, eine Anlage auszusuchen und für viele Jahre zu halten, ja, sie gerade viele Jahre halten zu wollen. Selbst wenn man die Möglichkeit hat, sie verkaufen zu können. Die Emotionen, die viele Menschen auch beim Anlegen von Geld umtreiben und sie jeden Tag zum Agieren zwingen, sind für langfristig orientierte Anleger (den intelligenten Investor) von geringer Relevanz. Anlegen mit einem langen Anlagehorizont ist einfach erfolgreicher und hilfreicher beim Aufbau eines Vermögens, denn der lange Zeithorizont glättet so manches kurzfristige Risiko. Auch darf man die gewaltige Bedeutung des Zinseszins nicht unterschätzen, der erst über lange Zeiträume seine ganze Macht entfaltet.

Legt man 1.000 € zu 5 % Zinsen pro Jahr an, so bekommt man am Ende des ersten Jahres 50 € an Zinsertrag gutgeschrieben. Es stehen folglich 1.050 € auf dem Konto. Rührt man das Geld nicht an, sondern belässt es auf dem Konto, erhält man am Ende des zweiten Jahres nicht nur Zinsen auf die anfänglichen 1.000 €, sondern auch auf die 50 € Zinsen des ersten Jahres. Insgesamt also 5 % von 1.000 € und 5 % von 50 €, was 52,50 € entspricht. Der Kontostand ist im zweiten Jahr um 2,50 € mehr gewachsen als im vorherigen Jahr. Ohne etwas zu tun, steigt das Vermögen jedes Jahr in größeren Schritten an.

Fachmännisch ausgedrückt handelt es sich um den Zins, den man auf die kapitalisierten Zinsen vergangener Berechnungsperioden erhält. Die Berechnungsgrundlage der Folgejahre geht also stets vom Kapital und den kapitalisierten Zinsen aus. Wie stark der Effekt ist, zeigt folgende Rechnung:

Ein Anleger legt einmalig 10.000 € bei einem Zinssatz von 5 % an und belässt das Geld 20 Jahre auf dem Konto. Entnimmt er jedes Jahr die Zinsen und legt sie unter das Kopfkissen, so hat er nach 20 Jahren 20.000 €; 10.000 € auf seinem Konto und weitere 10.000 € unter dem Kopfkissen. Entnimmt er die Zinsen hingegen nicht, nutzt also den Zinseszinseffekt, hat er nach 20 Jahren 26.533 € auf dem Konto, also über 6.500 € oder 32,5 % mehr.

Der intelligente Investor ist langfristig orientiert und macht sich den Zinseszinseffekt zunutze. Gleichzeitig spart er enorme Kosten, die durch ständiges Handeln entstehen.

Eng verbunden mit der langfristigen Orientierung ist eine Abneigung gegen Risiko, denn je länger man in eine Kapitalanlage investiert ist, umso geringer wird in der Regel das vorhandene Risiko. Das Problem mit dem Risiko ist, dass es sich nicht gänzlich ausschalten lässt, es sei denn, man investiert in langjährige Staatsanleihen wirtschaftsstarker Staaten, was aber gleichzeitig eine eher geringe Rendite erwarten lässt. Risiko lässt sich auch nicht eindeutig quantifizieren. Charlie Munger beschreibt Risiko als Risiko eines dauerhaften Kapitalverlustes und als Risiko unzureichender Rendite. Dabei liegt die Betonung auf dem Wort „dauerhaft". Sicherlich muss jeder Anleger mit kurzfristigen Kapitalverlusten rechnen. Munger ist der Ansicht – ich habe es bereits vorher erwähnt – dass man als Investor nicht taugt, wenn man einen gelegentlichen Kursverlust von 50 % emotional nicht aushalten kann.

Was steckt hinter dieser Ansicht?

Viele Anlageprofis bemessen das Risiko einer Aktie am Grad ihrer Volatilität, also anhand ihrer Schwankungsbreite. Je volatiler eine Aktie, desto risikoreicher sei sie, so die verbreitete Meinung. Für intelligente Investoren haben diese kurzfristigen Schwankungen jedoch kaum eine Bedeutung. Weswegen Munger auch sagt:

„Die Volatilität als Maß für das Risiko einer Aktie zu verwenden, ist Blödsinn."

Warum? Auch wenn eine Aktie kurzfristig zu heftigen Schwankungen neigt, orientiert sich ihr Wert und auch die Steigerung dessen am fundamentalen Wert des dahinterstehenden Unternehmens. Der langfristige Wert wird trotz starker Volatilität erreicht. Fehlt dieser Wert, so ist ein Anleger auch bei kaum vorhandener Schwankung nicht vor einem Kapitalverlust sicher. Volatilität ist also nur kurzfristig ein Maß für Risiko, langfristig jedoch nicht. Das ist auch der Grund, warum Volatilität für viele professionelle Anleger ein hohes Risiko darstellt. Ihre Kunden erwarten kurzfristige Erfolge und haben große Angst vor kurzfristigen Verlusten. Hohe Schwankungen des Aktienkurses aber erschweren das Erste und erleichtern das Zweite. In Konsequenz bedeutet das für die professionellen Anleger, dass sie Kunden verlieren, wenn sie ihnen nicht bieten, was diese suchen. Aber die Quantifizierung des Risikos erleichtert ihnen, ihre hohen Gebühren gegenüber den Kunden zu rechtfertigen.

Für den intelligenten Investor bedeutet Risiko vor allem, wie Warren Buffett sagt, nicht zu wissen, was man tut. Deswegen bedeutet intelligentes Investieren, zu wissen, was man tut. Aufgrund dieses Wissens wird versucht, das Risiko so gering wie möglich zu halten. Gleichzeitig wird darauf geachtet, Verhalten zu vermeiden, dass das Risiko in unnötiger Weise erhöht.

Die folgenden Fragen können dem Anleger helfen, zu entscheiden, ob er vernünftig investiert oder nicht:

- Aufgrund welcher Information handelt er?
- Wer hat die Arbeit zur Beschaffung der Information geleistet?
- Wer außer ihm handelt im selben Bereich?
- Wie oft kontrolliert er sämtliche Kurse?
- In welche Anlageklassen investiert er und warum?
- Wie breit streut er sein Vermögen und warum?
- Zu welchem Preis kauft er seine Kapitalanlage?
- Wie viel Sicherheit steckt in seinem Investment?

Von der Antwort auf diese Fragen ist es abhängig, ob er die Grundlagen für seinen Anlageerfolg schafft oder ihn sabotiert.

Teil des vernünftigen Investierens und eine nicht zu unterschätzende Anlegertugend ist der nächste Aspekt des Geheimnisses des Wissens. Da er für beides von Bedeutung ist und für den intelligenten Investor äußerst hilfreich, lohnt es sich, ihm einen eigenen Abschnitt zu widmen.

Vermeide Fehler

Auch der intelligente Investor ist ein Mensch und als solcher unterlaufen ihm Fehler, egal wie perfekt er versucht zu sein. Das ist auch gar nicht schlimm. Fehler gehören zum Leben dazu und werden benötigt, um aus ihnen zu lernen. Wenn wir aus jenen Fehlern lernen, die anderen unterlaufen sind, so ist der Lernprozess für uns selbst weit weniger schmerzhaft und wir können gleichzeitig mehr lernen. Charlie Munger sagt, „von den Fehlern anderer zu lernen, ist deutlich angenehmer“ und „sorgfältig von den Fehlern anderer zu lernen, ist eine Möglichkeit, den eigenen Lernprozess zu beschleunigen“.

Auch ohne die Fehler anderer machen wir selbst noch genug Fehler. Warren Buffett sind im Laufe seines Investment-Lebens reichlich Fehler unterlaufen. So hält er den Kauf von American Airlines für einen solchen und vielleicht sogar den Kauf der Textilfabrik Berkshire Hathaway. Trotz dieser Fehler hat er ein riesiges Vermögen aufgebaut und aus der Textilfabrik ein enormes Konglomerat geschaffen. Er hat seine Fehler korrigiert und aus ihnen gelernt.

Der intelligente Investor lernt aus den Fehlern von Buffett und studiert auch die Fehler anderer, um sie nicht selbst zu begehen. Dadurch kann er in der Zukunft in ähnlichen Situationen angemessener reagieren.

Tagtäglich sind die Wirtschaftsnachrichten voll von Informationen und Meldungen über Fehler, die andere begangen haben. Wer sich ausreichend informierte und vermied, der Masse zu folgen, der war in der Lage, die Dotcom-Blase um die Jahrtausendwende zu erahnen. Er konnte sehen, wie immer mehr

Menschen Tag für Tag ihr Geld in Unternehmen investierten, die nicht einmal annähernd den Preis wert waren, zu dem man sie kaufen konnte. Dennoch ist bei allen Bemühungen niemand davor sicher, bereits begangene Fehler zu wiederholen, seien es die eigenen oder jene von Fremden.

Die Gier kommt manchmal schnell und auf leisen Pfoten. Sie lässt einen so schnell nicht mehr los. Trotz der Erfahrungen der Dotcom-Blase war es während der Finanzkrise 2008 nicht anders, die mit einer Hypothekenkrise in den USA begann. Heute haben wir ausreichend Informationen darüber, was wie geschehen ist. Und auch wenn es im Nachhinein immer leichter ist, zu wissen, was die Grundlagen und Auslöser einer Krise waren, entbindet es uns nicht von der Pflicht, aus diesen Krisen zu lernen und zu versuchen, das Gelernte umzusetzen. Schauen wir uns zwei Fehler an, aus denen der private Kleinanleger lernen kann:

Am Ende des letzten Jahrtausends erhielten angehende Pensionäre ein Angebot ihres Arbeitgebers, dessen Pensionsfonds aufzulösen und die Verantwortung über das dort verwaltete Geld in die eigenen Hände zu nehmen. Während eines Vorbereitungsseminars auf ihren Ruhestand riet ihnen ein Broker, sie sollten das Angebot ihres Arbeitgebers annehmen. Wie zu erwarten, bot der Broker sich gleichzeitig an, das Geld für die Mitarbeiter zu verwalten und ein Portfolio anzulegen, das direkt auf sie zugeschnitten war. Selbstverständlich versprach er ihnen auch, dass er ihr Geld vermehren würde. Da es die Rentner nicht besser wussten, vertrauten sie dem Broker, der ja offensichtlich etwas von der Materie verstand. Leider investierte der Broker das Vermögen der Rentner in die falschen Branchen. Er rannte der Herde hinterher, die ihr ganzes Vermögen in einen Markt steckte, der sich zu einer großen Blase entwickelte. Am Ende blieb den Rentnern nur noch ein Viertel ihres Vermögens übrig und die Aussicht, dass der Lebensabend doch nicht so sicher und ruhig werden würde, wie sie gehofft hatten.

Ähnlich erging es einer Frau, die ihr gesamtes erspartes Geld – etwa eine halbe Million Dollar – einem Makler anvertraute. Dieser steckte das Vermögen in Internetaktien, Technologiewerte und verschiedene Fonds. Der Makler schaffte es, aus dem Vermögen und einer monatlichen Rente von 3.000 Dollar ein Vermögen von mickrigen 38.000 Dollar zu machen. Ein wahrlich satter Verlust.

Es gibt viele solcher Fälle. Die meisten beruhen darauf, dass man glaubt, zu wenig von der Materie zu wissen und sich auch nicht aneignen zu können. Man ist der Meinung, diese Entscheidungen vermeintlichen Profis überlassen zu müssen, die ihre Kunden mit verlockenden Beispielrechnungen und leeren Versprechungen ködern. Weil man zu wenig weiß, kann man auch nicht einschätzen, ob diese Berater wirklich so gut sind und ob das Produkt, das sie anbieten, gut ist. Man muss einfach vertrauen. Doch wie heißt es so schön: „Vertrauen ist gut, Kontrolle ist besser."

Wenn man sich durch die Presse liest, stößt man auf viele Fehler, große und kleine. Jedes Mal, wenn wir sie lesen und darüber nachdenken, werden wir ein klein wenig weiser. Um Fehler zukünftig vermeiden zu können, ist es hilfreich, die Natur dieser Fehler zu verstehen. Denn man kann nicht nur durch Vermeidung dieser Fehler profitieren, sondern auch davon, dass man sich die Fehler der anderen bei der Anlage zunutze macht.

Betrachten wir, worauf Fehler beruhen können und worin die Psychologie menschlicher Fehlurteile liegt. Ich beschränke mich dabei auf ein paar wesentliche Aspekte, mit denen man am meisten umgehen muss, die einen Tag für Tag begleiten.

Sympathie

Allgemein lässt man sich von Menschen, die man mag, leichter beeinflussen und noch stärker von jenen, die einen ebenfalls mögen. Man neigt dazu, die Fehler dieser Menschen zu ignorieren oder gar zu verleugnen und man verzerrt die Fakten bezüglich dieser Personen. In Fragen der Geldanlage bedeutet das, dass man Entscheidungen nicht auf Grundlage einer fundamental richtigen Basis trifft, sondern aufgrund von Sympathie, was zu Fehlentscheidungen führen kann.

Das Gleiche gilt natürlich auch gegenüber Unternehmen. Unternehmen, die einem sympathisch sind, analysiert man eher auf der Grundlage dieser Sympathie, als auf ihren fundamentalen Daten. Ich konnte z. B. über mehrere Monate hinweg in Social Media beobachten, wie junge, unerfahrene Anleger die Vorwürfe gegen Wirecard schlichtweg ignorierten, weil ihnen dieses Unternehmen unglaublich gefiel. Am Ende mussten sie diesen Fehler teuer bezahlen.

Antipathie

Was für den Faktor Sympathie gilt, gilt selbstverständlich auch für ihren Gegenpart. Antipathie lässt einen genauso Entscheidungen treffen, die nicht rational begründet sind und deswegen falsch sein können. Nur weil man jemanden oder etwas nicht mag, muss es oder er rational betrachtet nicht schlecht sein. Man kann aufgrund ethischer oder moralischer Urteile Dinge, Menschen und Unternehmen ablehnen. Aber man sollte im Falle von Antipathie genau prüfen, ob man rational entscheidet oder emotional. Sollte Letzteres der Fall sein, sollte man sich ermahnen, seine Entscheidung rational zu überprüfen.

Zweifel ignorieren

Die Tendenz des Menschen, angebrachte Zweifel zu ignorieren, ist eine weitere Quelle von Fehlentscheidungen. Insbesondere, wenn es in Bezug auf Ansichten ist, die man bis dahin für richtig hielt. Menschen, die an der Richtigkeit ihrer eigenen Ansichten oder Entscheidungen zweifeln, fällt es schwer, sich durchzusetzen.

Es ist auch nicht einfach, an der Entscheidung vieler vermeintlich intelligenter Menschen zu zweifeln. Wenn viele einer gewissen Ansicht sind, dann hat das, so glaubt man, einen rational verständlichen Grund, den man fürchtet, anzufechten. Die Vertreter der angezweifelten Meinung werden ihr Urteil überprüft haben, was eine Anfechtung erschwert. So verlässt man sich auf das Urteil der Masse, auch wenn man sich auf dieses nicht blind verlassen sollte und sein eigenes Urteil fällen muss. Diese Tendenz des Menschen ist eng mit der Tendenz zur Vermeidung von Veränderungen verbunden. Zweifel an dem, was man bisher geglaubt hat, bedeutet in weiterer Konsequenz, Veränderungen zulassen zu müssen. Davor aber scheuen viele einfach zurück. Sie haben Angst vor Veränderungen, da dadurch die Zukunft ungewisser wird. Diese Scheu kann zu einer Fehlentscheidung führen, weil man etwas unterlässt, was man besser getan hätte.

Neid und Eifersucht

Beide sind in Bezug auf eine erfolgreiche Geldanlage wirklich gefährliche Emotionen. Charlie Munger sagt dazu: „*Sich dafür zu interessieren, ob jemand anderes schneller Geld verdient, ist eine der Todsünden.*" und „*Was soll falsch daran sein, wenn jemand anderes etwas reicher wird als man selbst?*"

Sich in der Entscheidung über eine Kapitalanlage davon leiten zu lassen, dass jemand anderes schneller und mehr Geld verdient, führt wohl mit zu den größten Fehlern, die Menschen in diesem Bereich machen können. Genau diese Eigenschaft sorgt regelmäßig für Blasenbildungen am Kapitalmarkt. Auch wenn Neid und Eifersucht durchaus produktive Emotionen sein können, indem sie etwa Innovationen vorantreiben, können sie, falsch eingesetzt, katastrophal enden. Denn Neid lässt Menschen höhere Risiken eingehen, als angebracht wäre. Und ein höheres Risiko bedeutet eine höhere Wahrscheinlichkeit, sein Geld zu verlieren.

Neid und Eifersucht sind negative Emotionen. Sie lassen es den Menschen schlecht gehen. Zitieren wir Charlie Munger noch einmal: „*Neid ist absolut nichts Gutes und nichts als emotionale Verschwendung.*"

Es wird immer jemanden geben, der besser ist, als man selbst. Der intelligente Investor weiß, dass das nicht schlimm ist. Andere

Menschen sind selten sein Maßstab. Vielmehr nimmt er sich selbst als solchen und weiß, wie gut es ihm selbst geht. Insofern ist seine Intention, jeden Tag ein wenig besser zu werden.

Selbstüberschätzung

Menschen neigen dazu, ihre eigenen Fähigkeiten stark zu überschätzen. Gerade beim Autofahren lässt sich das recht gut beobachten, denn jeder hält sich für den besten Autofahrer. Doch wenn das tatsächlich so wäre, dürften eigentlich keine Unfälle mehr passieren.

Auch bei Anlageberatern ist es nicht anders. Beinahe jeder Anlageexperte stellt sich öffentlich als überdurchschnittlich dar, ganz unabhängig davon, wie viele Fakten das Gegenteil beweisen.

Selbstsicherheit und Selbstvertrauen sind gut. Selbstüberschätzung hingegen überhaupt nicht, denn auch sie lässt die Menschen höhere Risiken als angebracht eingehen. Um ein echter Experte zu sein, muss man die Grenzen seiner Kompetenz kennen. Innerhalb dieses Kompetenzkreises kann man dann mit Selbstvertrauen Entscheidungen treffen.

Soziale Bewährtheit

Hierbei handelt es sich um eine interessante Quelle menschlicher Fehlurteile. Sie ist deswegen so bemerkenswert, weil sie versucht, ein Problem zu lösen und durch diese Art der Problemlösung das Problem erst erzeugt. Worum geht es?

Die Menschen haben die natürliche Tendenz, zu tun, was alle tun. Das liegt daran, dass jeder einzelne Mensch weder über unbegrenzte Zeit noch über vollständige Informationen verfügt. Deswegen imitieren wir das Verhalten anderer. Robert Cialdini, ehemaliger Professor für Marketing, Wirtschaft und Psychologie an der Stanford Universität, sagt, dass eine Methode, mit der Menschen herausfinden, was richtig sei, darin bestehe, herauszufinden, was andere Menschen für richtig halten. Der Mensch sehe ein bestimmtes Verhalten umso eher als richtig an, je öfter er sehe, dass andere es zeigen.

Soziale Bewährtheit ist eine wesentliche Ursache von Blasen an den Finanzmärkten. Blasen entstehen, wenn alle das Gleiche falsch machen. Manches, was anfangs gut aussieht und funktioniert, entpuppt sich später als Fehler. Daher auch die Aussage: „Was der Weise zu Beginn macht, macht der Narr am Ende." Und Narren gibt es eine Menge auf dem Börsenparkett. Aber selbst wenn man kein Narr ist, unterlaufen einem Fehler. Ebenso wie den anderen – auch den Börsenprofis und jenen, die wirklich erfolgreich sind. Deswegen ist der intelligente Investor sich seiner eigenen Fehlbarkeit stets bewusst sowie aus welchen Emotionen und Eigenschaften Fehler resultieren können. Wenn er sich dessen bewusst ist, gelingt es ihm leichter, Fehler zu vermeiden und aus den bereits gemachten Fehlern zu lernen. Er lernt aber nicht nur aus seinen eigenen, sondern auch und vor allem aus denen, die andere gemacht haben. Entgegen Kindern, die gerne auf die Ratschläge ihrer Eltern verzichten und jeden Fehler selbst begehen, ignoriert der intelligente Investor die Erfahrungen der anderen nicht. Er beschäftigt sich mit ihnen und zieht seine eigenen Rückschlüsse. Er lernt, indem er sich so viel Wissen aneignet, wie er nur kann. Deswegen informiert er sich über alles Relevante, wann immer er Zeit hat. Er hört nicht auf zu lernen, auch wenn er schon eine Menge weiß oder zu wissen glaubt.

Lies, so viel du kannst

Wir leben im 21. Jahrhundert und die Technik hat unseren Alltag durchdrungen. Wir haben Computer und Smartphones. Wir schreiben uns elektronische Nachrichten, führen Ferngespräche von Angesicht zu Angesicht und sind im Internet allgegenwärtig. Das Internet lässt uns an der Welt teilhaben und wir lassen die Welt an uns teilhaben. Noch nie war es so einfach, an

Informationen zu kommen, wie es heute der Fall ist. Man gibt einen Suchbegriff in den Browser ein und wenige Momente später hat man Zugriff auf Millionen von Informationen dazu. Kaum ein Wissen bleibt verborgen.

Als ich anfing, mich mit Aktien zu beschäftigen, sah das noch ganz anders aus. Alles, was ich wissen wollte, musste ich mühsam recherchieren. Dabei hatte ich nicht einmal die Möglichkeit, alle Informationen zu bekommen, die ich wollte. An fremdsprachige Literatur zu kommen, war viel schwieriger als heute. Damals gab es ja noch kein Amazon. Die Büchereien und Universitätsbibliotheken führten auch nicht alle Werke. Sich Wissen anzueignen, war wirklich eine Menge Arbeit und es brauchte unheimlich viel Zeit.

Heute sind alle Bücher der Welt einfach über das Internet zu erstehen. Ständig wird man auf neue Literatur aus der gewählten Kategorie aufmerksam gemacht, sodass man sein Wissen um den interessierten Lerngegenstand immer weiter verfeinern kann.

Darüber hinaus verfügt jede Tageszeitung und Wochenzeitung über eine Internetpräsenz. War es früher mühselig, sich umfangreich zu informieren, wird man heute eher von Informationen überflutet. Informationen werden uns nicht nur in schriftlicher Form, sondern auch visuell und auditiv dargeboten, sodass die Kunst mittlerweile darin besteht, aus der Fülle des Ganzen das Relevante herauszufiltern.

Große Investoren verbringen sehr viel Zeit damit, relevante Informationen aufzunehmen. Sie möchten die Fehler der anderen kennenlernen, von ihnen lernen und sie vermeiden. Ein Unternehmen kann man umso besser bewerten und die Risiken abschätzen, je mehr man über es weiß. Und je mehr man weiß, umso sicherer fühlt man sich bei seiner Entscheidung, Anteile an dem Unternehmen zu kaufen oder nicht. Warren Buffett sagt:

„*Beinahe alles lernen wir aus öffentlichen Dokumenten. Es gibt genug angemessene Informationen, um ein Unternehmen zu evaluieren.*“

Er hat in seinem Leben, wie er sagt, Myriaden von Jahresberichten und Unternehmensabschlüssen gelesen. Er kokettiert sogar mit seiner Leidenschaft zum Lesen dieser Berichte, wenn er sagt: „*Manche Männer lesen den Playboy, ich lese Jahresberichte.*"

Sicher kann man als Kleinanleger nicht das Pensum eines Profianlegers schaffen. Doch über ein Unternehmen, das einen interessiert, liest der intelligente Investor so viel er kann und findet. Auch und vor allem den Geschäftsbericht. Aber er liest selektiv, denn nicht jede einzelne Information ist für ihn von Relevanz. Das heißt, er nimmt nicht nur die Fakten bezüglich des interessierten Unternehmens auf, sondern lässt gleichzeitig bewusst bestimmte Informationen weg und blendet sie aus. Hierzu habe ich bereits im Kapitel „Das Geheimnis des Ignorierens" etwas geschrieben.

Am Ende hat auch der intelligente Investor nur begrenzte Zeit zur Verfügung. Deswegen verbraucht er seine Energie nicht für Unnötiges. Er liest viel, aber nichts Ablenkendes, Verzerrendes oder Irrelevantes. Er läuft nicht der neuesten Mode beim Investieren hinterher oder denjenigen, die schnelles Geld versprechen. Darüber hinaus liest er Literatur, die seine Fertigkeiten hinsichtlich des Investierens erweitern und verfeinern. Alles ist einfach erhältlich, sei es im Buchhandel oder auf entsprechenden Internetseiten. So z. B. Buffetts Briefe an die Aktionäre oder die regelmäßigen Memos von Howard Marks.

6 Das Geheimnis des Wertes

Es gibt unzählige Arten, viel Geld zu verdienen. Die Kunst dabei ist nicht, es zu bekommen, sondern es zu behalten. Das gilt insbesondere für das schnelle Geld, denn um schnell viel Geld zu verdienen, muss man äußerst hohe Risiken eingehen. Und hohe Risiken bedeuten in der Regel hohe Wahrscheinlichkeiten für Vermögensverluste. Intelligent zu investieren hingegen heißt, hohe Erträge über lange Zeiträume zu generieren und gleichzeitig das Risiko eines Verlustes zu reduzieren. Oder wie Mohnish Pabrai in seinem Buch „The Dhandho Investor" es ausdrückt:

„*Kopf, ich gewinne, Zahl, ich verliere nicht viel.*"

Wie aber schafft man es, mit reduziertem Risiko hohe Erträge zu erzielen? Das Geheimnis des intelligenten Investierens gibt auf diese Frage eine ausführliche und dennoch komprimierte Antwort. Dabei ist diese Antwort so einfach wie logisch. Zwei Dinge braucht es, um erfolgreich intelligent zu investieren: Erstens das richtige Verhalten vor, während und nach der Kapitalanlage sowie zweitens die Kenntnis darüber, was ein Unternehmen wert und wie es mit dessen Qualität bestellt ist. Der erste Teil der Geheimnisse des intelligenten Investierens beschäftigt sich vor allem mit dem Verhalten des intelligenten Investors. Zu diesem Verhalten gehört es auch, ein Unternehmen nur dann zu kaufen, wenn das Verhältnis zwischen Wert und Preis stimmt. Für den intelligenten Investor bedeutet dieses Verhältnis, dass man mehr Wert erhalten muss, als man dafür bezahlt. Er möchte sozusagen einen Euro für 50 Cent kaufen. Nicht nur, dass dieses Konzept die Rendite deutlich erhöht, es reduziert gleichzeitig auch das eingegangene Risiko. Die große Frage, die hinter diesem Konzept steht, ist nun, wie viel denn das Unternehmen überhaupt wert ist, das den intelligenten Investor interessiert. Ohne die Beantwortung dieser fundamentalen Frage ist eine intelligente Kapitalanlage nicht möglich.

Um sie zu beantworten, kann man Folgendes machen: Man liest Benjamin Grahams umfangreiche Werke sowie die viele Literatur großartiger und erfolgreicher Investoren, die sich an seinen Erkenntnissen und den eigenen Erfahrungen orientieren – dazu rate ich ausdrücklich, denn nur ein wissender Investor ist ein intelligenter Investor. Allerdings erklären einem nicht alle, wie man den Wert eines Unternehmens herausbekommt. Das aber ist ja genau das, was den privaten Anleger interessiert. Deswegen sollte man dieses komprimierte Buch studieren, in dem das Geheimnis des Wertes sortiert und verständlich dargelegt wird.

Um den Wert und die Qualität eines Unternehmens beurteilen zu können, muss man sich mit den fundamentalen Daten dieses Unternehmens beschäftigen, also mit dem Finanzbericht, und hier vor allem (aber nicht nur) mit der Gewinn-und-Verlustrechnung, mit der Bilanz und der Kapitalflussrechnung. Erst wenn der intelligente Investor sich mit dem Finanzbericht auseinandergesetzt hat, kann er eine Aussage über die Qualität des Unternehmens treffen. Auf der Basis der dort vorgefundenen Daten berechnet er den inneren Wert und entscheidet letztlich, ob eine Investition in ein Unternehmen lohnend und risikoarm ist. Beides trennt er nicht voneinander. Denn nur qualitativ hochwertige Unternehmen bieten eine hohe Wahrscheinlichkeit sowohl für eine hohe Rentabilität als auch gleichzeitig für ein geringeres Risiko. Doch selbst ein herausragendes Unternehmen kann eine schlechte Investition sein, wenn der Preis nicht stimmt. Howard Marks sagt, dass selbst großartige Fundamentaldaten überteuert sein können und so die Basis für massive Verluste bieten. Deswegen gibt es für ihn auch keine guten Ideen unabhängig vom Preis.

Qualität, Wert und Preis hängen also eng miteinander zusammen und sind eine Grundvoraussetzung für den Erfolg des intelligenten

Investors. Den Preis, den der Markt bereit ist, für ein Unternehmen zu bezahlen, kann man einfach an der Börse erfahren. Dieser Preis schwankt täglich, selten aber massiv in kurzer Zeit. Größere Preisbewegungen benötigen in aller Regel Zeit, was dem intelligenten Investor entgegenkommt. Die Qualität und den Wert eines Unternehmens muss man aus dem Finanzbericht erschließen. Das ist weniger schwierig, als es zunächst erscheint, aber mit ein wenig Zeitaufwand verbunden. Jedoch eine Investition, die sich am Ende auszahlt. Man muss kein Buchhalter sein, um ein qualitativ hochwertiges Unternehmen anhand der Zahlen zu erkennen und zu beurteilen, ob das Unternehmen bei Krisen in finanzielle Schwierigkeiten geraten kann. Man muss nur seinen gesunden Menschenverstand benutzen und ein bisschen Mathematik können, vor allem die Grundrechenarten, um wichtige Zahlen zu berechnen sowie um den Wert herauszufinden. Die Rechenaufgaben kann man im Übrigen einfach einem Kalkulationsprogramm überlassen.

Was die Gewinn-und-Verlustrechnung, die Bilanz und die Kapitalflussrechnung dem intelligenten Investor an Informationen bieten, erfährt man in diesem Kapitel. Dabei wurde darauf geachtet, es möglichst einfach und verständlich zu halten. Wer dieses Kapitel liest, möchte sich nicht in ein Buchhaltungsseminar setzen, sondern möchte die Grundstrukturen kennenlernen und erfahren, was er für eine intelligente Anlageentscheidung zu Hilfe nehmen kann. Wer darüber hinaus mehr wissen möchte, dem empfehle ich die umfangreiche Literatur zum Thema Buchhaltung zu lesen oder sich doch in ein Seminar zu setzen.

Ich versuche verständlich darzulegen, was die Gewinn-und-Verlustrechnung dem intelligenten Investor über das Unternehmen verrät, auf welche Zahlen er genau achtet und welche Kennzahlen ein herausragendes Unternehmen für ihn aufweisen sollte. Es wird auf die wesentlichen Zahlen der Bilanz eingegangen und darauf, in welchem Verhältnis sie zueinander stehen sollten, um auf ein wirklich gutes Unternehmen hinzuweisen.

Darüber hinaus wird die Bedeutung der Kapitalflussrechnung erklärt, ebenso wie der intelligente Investor erkennt, ob das Unternehmen mehr Geld verdient, als es ausgibt und worauf er in der Kapitalflussrechnung unbedingt achtet. Außerdem wird gezeigt, wie der innere Wert eines Unternehmens berechnet wird, der für die Entscheidung über einen möglichen Kauf des Unternehmens von absoluter Bedeutung ist. Er gibt letztlich einen Anhaltspunkt dafür, ob das herausragende Unternehmen, das der intelligente Investor eventuell gefunden hat, zum jetzigen Zeitpunkt auch einen Kauf wert ist oder ob er noch geduldig warten sollte, bis der Preis dort angelangt, wo er ihn haben möchte.

Manchmal muss der intelligente Investor sehr geduldig sein, um ein Unternehmen kaufen zu können. Herausragende Unternehmen sind oft lange sehr teuer. Diese Zeit nutzt er, um sich mit dem Unternehmen vertraut zu machen und eine Anlageentscheidung zu treffen. Diese Entscheidung kann weit vor der Ausführung liegen. Ein Umstand, der vorteilhaft ist, denn in der Regel trifft man diese Entscheidung dann eher emotionslos und kann dann ebenso im rechten Moment agieren. Emotionen sind für den intelligenten Investor nicht nur hinderlich, sondern sein eigentlicher Feind. Deswegen versucht er, da man sie nur schwer abschalten kann, sie zu umgehen oder im Zaum zu halten. Dazu ist es wichtig, den Zeitpunkt der Kaufentscheidung von dem des eigentlichen Kaufs zu trennen. In dieser Zwischenzeit kann man herausfinden, wie gut ein Unternehmen ist, denn nur gute oder herausragende Unternehmen mehren das Vermögen des intelligenten Investors. Mittelmäßige oder gar schlechte Unternehmen liefern ihm nur eine mittelmäßige bis schlechte Performance, was am Ende bedeutet, dass sich sein Vermögen nicht mehrt – im schlimmsten Fall sogar reduziert.

Um herauszufinden, ob ein Unternehmen herausragend oder nur mittelmäßig ist, schaut er sich, wie gesagt, den Geschäftsbericht des Unternehmens genauer an. Dieser wird vierteljährlich für die vergangenen drei Monate und einmal im Jahr für das gesamte abgelaufene Geschäftsjahr veröffentlicht. Man findet die Geschäftsberichte für jeden zugänglich auf den Webseiten aller an den Börsen handelbaren Unternehmen unter der Rubrik „Investors Relations".

Für US-amerikanische und auch manche internationale Unternehmen kann man auf die Seite der Securities and Exchange Commission, kurz SEC, gehen und dort nach dem entsprechenden Unternehmen suchen. Es ist eine sehr komfortable Seite, die einem schnell Zugriff auf etliche wichtige Informationen gibt. Die Quartalsberichte tragen in der Regel die Bezeichnung 10-Q, die Jahresberichte die Bezeichnung 10-K. Die Geschäftsberichte geben Aufschluss über die Erfolge und Misserfolge der Unternehmen und sie zeigen an, mit welchen Ergebnissen man in der Zukunft mit einer gewissen Wahrscheinlichkeit rechnen kann. Niemand kann die Zukunft vorhersagen und niemand weiß, in welche Richtung sich ein Unternehmen entwickeln wird. Deswegen muss der intelligente Investor mit Wahrscheinlichkeiten arbeiten. Da dies so ist, versucht er, die Wahrscheinlichkeiten für seinen Erfolg möglichst hoch und die für das Risiko eines Verlustes möglichst gering zu halten. Dafür hat er Instrumente zur Hand, die ihn dabei unterstützen, allen voran der Kauf unterhalb des Wertes mit einer ausreichenden Sicherheitsspanne.

Zu diesen Instrumenten zählt, herauszufinden, wie hoch die Qualität eines Unternehmens ist, wie es seinen Gewinn erzielt und was es augenblicklich wert ist.

Man kann das Gleiche bei sich selbst machen und für sich selbst einen „Geschäftsbericht" erstellen. Dazu muss man sich einfach ein Blatt Papier nehmen und es in drei Spalten teilen. In die erste Spalte schreibt man, wie viel Geld man verdient und wie viel man ausgibt. In die nächste Spalte trägt man seine Ersparnisse und seine Schulden ein. In die letzte Spalte wiederum schreibt man alle Bewegungen seines Geldes im Monat oder Jahr, also was wofür abfloss und was man wofür bekommen hat. Mit dieser kleinen Übersicht bekommt man dann einen Eindruck davon, wie viel man finanziell selbst wert ist, welche Einnahmen man grundsätzlich hat und wie gut die eigene finanzielle Qualität ist.

Unternehmen machen das genauso mit ihren Finanzen. Dabei dienen dem intelligenten Investor einige wichtige Zahlen als Indikatoren dafür, ob es sich bei dem Unternehmen um ein herausragendes handelt, in das er sein Vermögen investieren möchte. Dazu zählen z. B. die Ertragsmargen, die Eigenkapitalrendite, die Bargeldmenge, die langfristigen Schulden sowie weitere Zahlen. Außerdem die Beständigkeit und Entwicklungsrichtung dieser. Dazu aber später mehr und genauer.

Da ein Anleger vermutlich nicht nur deutsche Unternehmen analysieren möchte, sondern auch internationale, habe ich zusätzlich zu den deutschen Bezeichnungen immer die englischen hinzugesetzt, sodass man sich auch in englischsprachigen Geschäftsberichten schneller zurechtfinden kann. Der Geschäftsbericht heißt im Englischen übrigens Financial Statement.

Die Gewinn-und-Verlust-Rechnung

Die Gewinn-und-Verlustrechnung (GuV), im Englischen „Income Statement", ist im Wesentlichen in drei Hauptbestandteile eingeteilt:

- den Erlös oder Umsatz des Unternehmens
- die Ausgaben, um diesen Umsatz zu erzielen
- den Gewinn oder den Verlust des Unternehmens

In der GuV-Rechnung wird folglich am Ende festgestellt, wie profitabel das Unternehmen gewirtschaftet hat, wie viel Geld es im vergangenen Jahr eingenommen hat und wie viel es für diese Einnahmen ausgegeben hat. Die Differenz aus den Einnahmen und Ausgaben ist der Gewinn oder der Verlust des Unternehmens.

In englischsprachigen Geschäftsberichten finden sich für den Gewinn mehrere Bezeichnungen: „Profit“, „Earnings“ oder „Net Income“.

Der Gewinn wird am Ende auch auf Basis der sich in Umlauf befindlichen Aktien ausgewiesen, also als Gewinn je Aktie oder „Earnings per Share“, kurz EPS. Der Gewinn wird dafür durch die Anzahl der vorhandenen Aktien (Shares Outstanding) geteilt. Diese Zahl ist insofern von Bedeutung, als dass wir den Gewinn so besser mit dem am Markt gehandelten Preis für das Unternehmen vergleichen können.

GuV Beispiel-AG			**in Mio. €**	
primäre Aktivitäten	Umsatz	*Erlös*	14.000	*Revenue*
	Materialaufwand	*Umsatzkosten*	6.000	*Cost of Revenue*
	Personalaufwand			
	Bruttogewinn		8.000	*Gross Margin*
sekundäre Aktivitäten	Verwaltung- & Vertriebskosten	*operative Kosten*	2.500	*Sales & Marketing; General & Administrative*
	Kosten für Forschung & Entwicklung		750	*Research & Development*
	sonstige operative Kosten		0	*other Operative Expenses*
	Abschreibungen		250	*Depreciation / Amortisation*
	operativer Gewinn		4.500	*Income from Operations*
außer-ordentliche Aktivitäten	Zinsaufwendungen / -einnahmen	*sonstige Kosten / Erträge*	500	*Net Interest Income / Expenses*
	sonstige betriebliche Erträge			*Extraordinary Income*
	sonstige betriebliche Ausgaben			*Extraordinary Expenses*
Gewinn	**Gewinn vor Steuern**		4.000	*Income before Taxes*
	Ertragssteuer		1.000	*Income Taxes*
	Reingewinn		3.000	*Net Income*

Die beispielhafte GuV zeigt den grundsätzlichen Aufbau. Sie soll helfen, Schritt für Schritt durch sie hindurch zu wandern. Der besseren Übersichtlichkeit halber rechne ich im weiteren Verlauf mit den tausender Beträgen, auch wenn es sich im eigentlichen um Milliarden handelt. Aber die haben auch nur sechs Nullen mehr. Es ist noch festzuhalten, dass sich die GuV von Konzern zu Konzern in ihrer Ausführlichkeit und ihrem Aufbau leicht unterscheidet. Vor allem jene von Finanzinstituten und Versicherungen unterscheiden sich beträchtlich, da sie andere Positionen auszuweisen haben als klassische Produktionsunternehmen.

Unabhängig von kleinen Unterschiedlichkeiten beginnt die GuV immer mit dem Umsatz (Revenue). Diese erste und die Zeile mit dem Reingewinn (Net Income), also dem Gewinn nach Steuern, sind grundsätzlich die beiden wichtigsten Zahlen. Der Umsatz zeigt alle Verkäufe des Unternehmens an, der Reingewinn den tatsächlichen Gewinn, den dieser Umsatz erzeugt hat. Ein hoher Umsatz allerdings bedeutet nicht gleichzeitig einen hohen Gewinn oder dass überhaupt Gewinn gemacht wird. Selbst mit einem hohen Umsatz kann man Verluste schreiben, nämlich dann, wenn die Kosten für diesen Umsatz sehr hoch sind. Unternehmen, die sich auf Wachstum konzentrieren, nehmen einen geringen Gewinn oder auch einen Verlust gerne in Kauf, bis sie ihre Ziele erreicht haben. Da Kosten den Gewinn schmälern, an dem der Aktionär des Unternehmens einen Anteil hat, ist es aber grundsätzlich wünschenswert, dass diese möglichst niedrig sind.

Wenn man sich die Einnahmen ansieht, kann man sagen, dass es drei Arten von Einkommen gibt: Einkommen aus den primären Aktivitäten, also aus den Produkten oder Dienstleistungen, die das Unternehmen anbietet. Einkommen aus sekundären Aktivitäten, wie Zinseinnahmen auf Guthaben bei der Bank. Außerordentliche Gewinne, z. B. durch den Verkauf von Grundstücken, Häusern oder Maschinen. Bei den Ausgaben, hierzu zählen auch Verluste, können wir 4 Arten unterscheiden:

1. **Primäre Aktivitäten**
   Zum Beispiel Materialkosten für Produkte.

2. **Sekundäre Aktivitäten**
   Diese Ausgaben hängen nicht direkt mit Material oder Arbeit für das Produkt zusammen. Hierzu zählen z. B. Kosten für

das Marketing, für Forschung und Entwicklung oder für die Verwaltung.

3. **Kosten für Anlageaktivitäten**
   Solche Aktivitäten sind aller Regel nach nicht Teil des täglichen Geschäfts.

4. **Verluste**
   Zum Beispiel durch den Verkauf von Grundstücken oder durch außerordentliche Ausgaben.

Die GuV ist grundsätzlich sehr logisch aufgebaut. Gehen wir nun jeden Posten einmal durch und schauen uns an, was es mit ihm auf sich hat und inwieweit er für den intelligenten Investor von Interesse ist. Worauf achtet er bei diesen Zahlen?

Primäre Aktivitäten – Umsatz und Umsatzkosten

Zeile 1 bis 3 der GuV-Rechnung sagen dem Anleger, wie bereits erwähnt, etwas über die primären Aktivitäten des Unternehmens.

GuV Beispiel-AG			in Mio. €	
primäre Aktivitäten	Umsatz	*Erlös*	14.000	*Revenue*
	Materialaufwand Personalaufwand	*Umsatzkosten*	6.000	*Cost of Revenue*
	Bruttogewinn		8.000	*Gross Margin*

In Zeile 1 steht immer der erzielte Umsatz (Revenue) des vergangenen Geschäftsjahres oder des abgelaufenen Quartals.

Dabei ist der Umsatz eines einzelnen Jahres allein wenig aussagekräftig. Seine tatsächliche Höhe spielt für den intelligenten Investor nur eine geringe Rolle. Wichtig ist, wie sich der Umsatz über die Jahre hinweg, z. B. über die letzten 10 Jahre, verändert und entwickelt hat. Auf diese Weise zeigt der Umsatz dem intelligenten Investor, ob das Unternehmen in der Lage ist, konstante oder wachsende Einnahmen aus seinen Operationen zu generieren, also ob der Umsatz einen stetigen Anstieg aufweist oder konstant bleibt. Weist er gar einen oder mehrere Rückgänge auf, lässt der intelligente Investor Vorsicht bezüglich des Unternehmens walten. Er möchte Umsätze sehen, die stetig steigen. Nur so ist das Unternehmen auf Dauer in der Lage, seine Investition mit Gewinn zurückzuzahlen. Eventuelle Rückgänge bedürfen eines guten und nachvollziehbaren Grundes, wie einer allgemeinen Rezession, in der Umsätze bei vielen Unternehmen zwangsweise rückläufig sind. Bei guten Unternehmen steigen sie jedoch wieder, wenn die Wirtschaft anfängt, sich zu erholen.

In der 2. Zeile stehen stets die Umsatzkosten (Cost of Revenue). Dieser Posten ist oft der größte Kostenfaktor, der in der GuV ausgewiesen ist. Hierin finden sich alle Kosten, die direkt mit dem Produkt oder der Dienstleistung verbunden sind. Hierzu zählen vor allem die Materialkosten, die durch die benötigten Rohstoffe zur Erzeugung des Produkts anfallen, und Personalkosten für die Arbeiter, die das Produkt herstellen. Manche Unternehmen weisen diese Posten einzeln aus, andere fassen sie unter der Bezeichnung Umsatzkosten zusammen. Die Höhe der Umsatzkosten ist für den Anleger von großer Bedeutung, denn sie zeigt ihm schon zu Beginn der Analyse, ob das Unternehmen überhaupt in der Lage ist, Gewinn zu erzielen. Diesen kann es nämlich nur aus der Differenz des Umsatzes und der Umsatzkosten generieren, dem sogenannten Bruttogewinn (Gross Profit). Sind die Umsatzkosten fast genauso hoch wie der Umsatz, sieht der intelligente Investor sofort, dass das Unternehmen Schwierigkeiten haben wird, jemals einen ordentlichen Gewinn für seine Produkte zu erzielen. Dieser Gewinn aber steigert am Ende sein Vermögen, wenn er Anteile an einem Unternehmen hat. Daher sollten die Umsatzkosten so niedrig wie möglich sein, damit die Bruttogewinnspanne möglichst hoch ausfällt.

Bruttogewinnspanne

Warren Buffett ist der Ansicht, dass herausragende Unternehmen über eine beständig hohe Bruttogewinnspanne verfügen. Ihr

Wettbewerbsvorteil ermöglicht es diesen Unternehmen, die Preise und Dienstleistungen weit über ihren Umsatzkosten anzusetzen, ohne dabei Kunden zu verlieren. Ohne diesen Wettbewerbsvorteil müsste das Unternehmen hingegen seine Konkurrenzfähigkeit über niedrigere Preise bewahren.

Auch die Bruttogewinnspanne betrachtet der intelligente Investor über einen längeren Zeitraum, z. B. 10 Jahre hinweg. Er sucht nach Kontinuität und Trends und deren Erklärung, insbesondere wenn er unterschiedliche Unternehmen miteinander vergleichen möchte. Einzelne Bruttogewinne von Unternehmen verschiedener Branchen lassen sich nicht vergleichen. Mit der Bruttogewinnspanne hingegen kann man einen Vergleich dieser Unternehmen anstellen.

Die Bruttogewinnspanne (Gross Profit Margin) berechnet sich wie folgt:

$$\text{Bruttogewinnspanne} = \frac{\text{Bruttogewinn}}{\text{Umsatz}}$$

Nehmen wir die Zahlen aus der vorliegenden GuV. Die Beispiel-AG hat einen Umsatz von 14.000 € erzielt, mit einem Bruttogewinn nach Abzug der Umsatzkosten von 8.000 €. Die Rechnung sieht wie folgt aus:

$$\text{Bruttogewinnspanne} = \frac{8.000\ €}{14.000\ €} = 0{,}57 \text{ bzw. } 57\,\%$$

Was sagt diese Zahl dem intelligenten Investor?

Die Bruttogewinnspanne zeigt, dass jedes Mal, wenn das Unternehmen Produkte im Wert von 100 € verkauft, 57 % davon als Bruttogewinn übrig bleiben. Oder anders ausgedrückt: Von 100 € bleiben 57 € als Bruttogewinn im Unternehmen. Diese 57 % zeigen dem intelligenten Investor, wie effizient das Unternehmen dabei ist, seine direkten Kosten, die zur Herstellung des Produkts aufgewandt werden müssen, zu kontrollieren. Mit dieser Zahl kann er das Unternehmen auch mit seinen Konkurrenten vergleichen. Hat ein Konkurrent eine Bruttogewinnspanne von 65 %, arbeitet er profitabler als das vorliegende Unternehmen. Weist er hingegen eine Bruttogewinnspanne von nur 45 % auf, ist sein Unternehmen weniger profitabel.

Wie hoch sollte die Bruttogewinnspanne sein?

Als allgemeine Regel kann man sagen, dass herausragende Unternehmen über eine Bruttogewinnspanne von 40 % und mehr verfügen. Dabei sollte die Bruttogewinnspanne beständig sein. Deswegen ist es sinnvoll, sich einen Zeitraum von 10 Jahren anzuschauen, um dies festzustellen. Da der intelligente Investor auf der Suche nach einem dauerhaft herausragenden Unternehmen ist und nicht nur nach einem, das kurzfristig gut dasteht, spielt die Beständigkeit eine äußerst wichtige Rolle. Eine einmalig hohe Bruttogewinnspanne könnte seinen Eindruck von dem Unternehmen verfälschen, das vielleicht dauerhaft eine Bruttogewinnspanne von unter 20 % aufweist. Eine solch niedrige Bruttogewinnspanne ist ein Indikator dafür, dass das Unternehmen in einer Branche mit scharfer Konkurrenz tätig ist. Ein solches Unternehmen macht es dem intelligenten Investor schwerer, sein Vermögen aufzubauen.

Warum aber ist eine hohe Bruttogewinnspanne überhaupt wichtig? Das Unternehmen muss von seinem Bruttogewinn alle weiteren anfallenden Kosten bezahlen. Diese wiederum haben Auswirkungen auf den Gewinn des Unternehmens, der wiederum den Aufbau des Vermögens des intelligenten Investors beeinflusst. Je höher die Bruttogewinnspanne, umso höher kann auch der Gewinn nach Abzug aller Kosten ausfallen.

Da die weiteren Kosten bei manchen Unternehmen jedoch sehr hoch sein können, gibt die Bruttogewinnspanne dem intelligenten Investor nur einen ersten Hinweis auf die Qualität des Unternehmens. Er muss sich das Unternehmen also weiter anschauen, wenn er auf eine gute Bruttogewinnspanne gestoßen ist. Ist diese bereits zu schwach, ist zu überlegen, ob er weiter seine wertvolle Zeit in die Analyse dieses Unternehmens investiert.

Sekundäre Aktivitäten – operative Kosten

Kosten, die den Bruttogewinn schmälern, sind unter anderem die sekundären Kosten, die in den folgenden Zeilen der GuV-Rechnung aufgeführt sind.

GuV Beispiel-AG			in Mio. €	
sekundäre Aktivitäten	Verwaltung- & Vertriebskosten	operative Kosten	2.500	*Sales & Marketing; General & Administrative*
	Kosten für Forschung & Entwicklung		750	*Research & Development*
	sonstige operative Kosten		0	*other Operative Expenses*
	Abschreibungen		250	*Depreciation / Amortisation*
	operativer Gewinn		4.500	*Income from Operations*

Hierbei handelt es sich um unterschiedliche Aufwendungen, die aufgrund der Geschäftstätigkeit des Unternehmens entstehen. Aus diesem Grund bezeichnet man diese Ausgaben auch als Betriebskosten oder operative Kosten. Nach Abzug dieser steht der sogenannte operative Gewinn oder Verlust des Unternehmens. Da sich all diese Posten auf die langfristige Wirtschaftlichkeit des Unternehmens auswirken, betrachtet der intelligente Investor diese ein wenig genauer.

Verwaltungs- und Vertriebskosten

Die Reihenfolge der Kosten kann unterschiedlich sein, je nach Unternehmen und Nationalität. Auch kann es vorkommen, dass die Posten „Verwaltung und Vertrieb“ einzeln aufgeführt werden. Das sollte aber niemanden verwirren. Die Kosten sind nicht versteckt und können leicht aus dem Bericht herausgelesen werden.

Zu den Verwaltungs- und Vertriebskosten (General and Administrative sowie Sales and Marketing) zählen z. B. Managergehälter, Werbe- und Reisekosten, Anwaltskosten, Kommission und Lohn- und Lohnnebenkosten. Diese Ausgaben machen oft einen hohen prozentualen Anteil der operativen Kosten aus und sind von Unternehmen zu Unternehmen sehr unterschiedlich. Deswegen ist es sinnvoll, sich die Zahlen genau anzusehen und nach Auffälligkeiten und ungewöhnlichen Entwicklungen zu suchen. Außerdem sollte man diese Zahlen mit anderen Unternehmen der gleichen Branche vergleichen. Interessant ist, dass bei manchen Unternehmen diese Kosten regelmäßig bei 60 % liegen, bei anderen hingegen nur bei 25 %. Je niedriger diese Kosten sind, umso besser natürlich. Doch wichtiger als die tatsächliche Höhe ist auch hier ihre Regelmäßigkeit. Die Kosten sollten von Jahr zu Jahr nicht allzu stark schwanken. Sicherlich steigt dieser Posten bei wachsenden Unternehmen, steht dann aber in der Regel auch einem höheren Umsatz gegenüber. Dennoch mahnt ein starker Anstieg über die letzten Jahre hinweg den intelligenten Investor zur Vorsicht. Das größte Problem dieser Kosten ist nämlich, dass sie auch dann in gleicher Weise bestehen bleiben, wenn der Erlös sinkt, und dadurch für zum Teil hohe Verluste sorgen können, wenn ihr Anteil sehr hoch ist.

Die Höhe der Verwaltungs- und Vertriebskosten setzt der intelligente Investor in Beziehung zum Bruttogewinn und erhält so eine aufschlussreiche Zahl. Herausragende Unternehmen verfügen oft über einen Kostenanteil der Verwaltungs- und Vertriebskosten von unter 30 %. 80 % des Bruttogewinns sollten die Ausgaben grundsätzlich nicht überschreiten. Dieser Wert ist definitiv nicht wünschenswert. Ein Anteil von 30 % bis 80 % gilt allgemein als akzeptabel. Aber auch hier gilt: Je niedriger, desto besser. Wenn wir den Anteil für die obige Beispiel-AG berechnen, so teilen wir die ausgewiesenen 2.500 € durch den Bruttogewinn in Höhe von 8.000 € und erhalten einen Wert von 0,31 oder 31 %. Die Beispiel-AG liegt also bei den Verwaltungs- und Vertriebskosten am unteren Rand. Ein wirklich guter Wert.

Kosten für Forschung und Entwicklung

Selbst ein niedriger Anteil an Verwaltungs- und Vertriebskosten am Bruttogewinn kann von hohen Forschungs- und Entwicklungsausgaben (research and development) zunichtegemacht werden. Ebenso wie durch hohe Investitionsaufwendungen und/ oder hohe Schulden. Hierunter leiden dann auch die langfristigen Aussichten des Unternehmens. Insofern ist es absolut zwingend, sich die weiteren Kosten ebenfalls anzusehen. Forschungs- und Entwicklungskosten können stark variieren, je nachdem, welche Produkte ein Unternehmen produziert und verkauft. Hightech-Unternehmen wie Apple oder Samsung unterliegen dem Zwang, ständig neue Innovationen auf den Markt bringen zu müssen, um konkurrenzfähig zu bleiben. Dieser Zwang zur Innovation treibt diese Unternehmen, enorme Summen an Geld in die Forschung zu investieren. Dabei muss man bedenken, dass nur ein Teil dieser Kosten auch wirklich gut angelegt ist. Viele Projekte schaffen es nicht über frühe Entwicklungsstadien hinaus.

Andere Unternehmen hingegen, wie Süßwarenhersteller, unterliegen diesem starken Innovationsdruck nicht, weswegen sie relativ niedrige Kosten für Forschung und Entwicklung aufweisen. Es gibt einige Unternehmen, die allein wegen ihres Produktes konkurrenzfähig sind und bleiben, auch wenn sich dieses über die Jahre hinweg kaum oder gar nicht verändert. Getränke wie Coca-Cola und Pepsi oder Schokolade von Milka und Ritter-Sport sowie der bei Kindern so beliebte Brotaufstrich Nutella haben sich kaum oder gar nicht verändert.

Es ist sicherlich nicht so, dass Unternehmen, die enorme Ausgaben für Forschung und Entwicklung haben, nicht konkurrenzfähig sind. Das Problem dieser hohen Kosten liegt allerdings darin begründet, dass ihre langfristige Wirtschaftlichkeit und damit ihre Konkurrenzfähigkeit unsicher und stark gefährdet sind. Eine falsche Entscheidung, einmal auf das falsche Pferd gesetzt oder eine Innovationsstufe verpasst und schon gehört man nicht mehr zu den Big Playern am Markt, wie die Firma Kodak zeigt, die den Trend zur Digitalfotografie einfach verschlafen hat.

Der Wettbewerbsvorteil mancher Unternehmen liegt in ihren Patenten oder einem technischen Fortschritt begründet, wie es meist bei Pharmaunternehmen oder Unternehmen aus der IT-Branche der Fall ist. Was passiert aber, wenn ein solches Patent abläuft oder ein Konkurrent eine technische Neuerung entwickelt? Genau in diesem Moment verschwindet der Wettbewerbsvorteil. Wenn das Unternehmen nicht in der Lage ist, mit einem weiteren oder neuen Patent oder mit einer eigenen Innovation die Konkurrenzfähigkeit aufrechtzuerhalten, dann hat es ein Problem und der Investor, der in dieses Unternehmen investiert ist, hat es ebenfalls. Aus diesem Grund sind solche Unternehmen auf Neuentwicklungen im eigenen Haus angewiesen und geben deswegen viel Geld dafür aus.

Trotz der hohen Investitionsbereitschaft solcher Unternehmen ist das Vorhaben immer auch mit einem hohen Risiko verbunden. Märkte wandeln sich schnell und Innovationen kommen spät auf den Markt oder erweisen sich als Flop, trotz ihres Potenzials. Die MiniDisc z. B., eine geniale kleine Erfindung, die die Vorteile der CD mit jenen einer Musikkassette verband, schaffte es einfach nicht, sich auf dem Markt durchzusetzen. Manchmal taucht auch plötzlich eine Konkurrenz auf, mit der man anfänglich gar nicht rechnete. Wer hätte gedacht, dass das Handy einmal ein Konkurrent für Fotokameras werden würde?

Eine weitere Schwierigkeit der Erfindung neuer Produkte, die zu weiteren Kosten für das Unternehmen führt, ist die notwendige Anpassung der Vertriebsprogramme an das neue Produkt. Diese gestiegenen Kosten müssen über den Umsatz erst einmal wieder hereingeholt werden.

Was bedeutet das nun konkret für den intelligenten Investor? Zunächst einmal, dass er sich um Unternehmen, die geringere Kosten für Forschung und Entwicklung haben, weniger Sorgen hinsichtlich der Wettbewerbsfähigkeit machen muss, sofern sie in einem Markt agieren, der keiner schnellen Wandlung unterliegt. Er bevorzugt daher eher Unternehmen, deren Ausgaben in diesem Bereich gering sind. Einen genauen Richtwert allerdings gibt es nicht. Doch bevorzugt der intelligente Investor, wenn die Kosten für Forschungs- und Entwicklung 20 % des Bruttogewinns nicht überschreiten. Er sieht allerdings lieber einen Wert von 10 %, wie ihn beispielsweise Apple oder BASF lange Zeit ausgewiesen haben. Was er nicht so gerne sieht, sind Kosten von 30 % oder 40 % des Bruttogewinns, wie es z. B. bei Dialog Semiconductor der Fall ist.

Um den Anteil der Forschungs- und Entwicklungskosten für die Beispiel-AG zu ermitteln, teilen wir diese Kosten einfach durch den Bruttogewinn, wie wir es schon mit den Verwaltungs- und Vertriebskosten gemacht haben. Wir erhalten dann einen Wert von 0,09 oder 9 %. Die Beispiel-AG liegt also im gewünschten Bereich.

Man muss allerdings sagen, dass die Höhe dieser Zahl nicht das ausschlaggebende Element bei der Investitionsentscheidung des intelligenten Investors ist. Andere Zahlen spielen eine wesentlich wichtigere Rolle für ihn.

Abschreibungen

Die Abschreibungen (Depreciation/Amortisation) werden von einigen ignoriert, denn es handelt sich um Aufwendungen, die meist Jahre zurückliegen. Warum aber schaut sich der intelligente Investor die Abschreibungen genauer an?

Klären wir zunächst, was Abschreibungen genau sind. Alle angeschafften Maschinen, Gebäude etc. nutzen sich mit der Zeit ab und müssen irgendwann in der Zukunft ersetzt werden. Das ist nichts Ungewöhnliches. Man kennt das von seinem Auto, bei dem die Bremsen erneuert werden müssen oder von der eigenen Wohnung, die in regelmäßigen Abständen renoviert werden muss. In der GuV-Rechnung wird die Abnutzung der Maschinen, Gebäude usw. als Abschreibung berücksichtigt. Dabei muss bedacht werden, dass die Aufwendungen, die das Unternehmen für seine Maschinen getätigt hat, nicht in dem Jahr komplett verbucht werden dürfen, in dem sie angefallen sind. Das heißt, die vollen Kosten für die Anschaffung finden sich nicht in der

GuV-Rechnung, obwohl sie vom Unternehmen geleistet worden sind. Vielmehr sind die Unternehmen gezwungen, die Aufwendungen über die Lebensdauer dieser Maschinen abzuschreiben. Lediglich ein Teil der Ausgaben findet sich deswegen im Anschaffungsjahr als Abschreibung in der GuV-Rechnung. In den folgenden Jahren findet dann kein realer Abgang von Geld mehr statt, sondern nur noch ein Buchungsvorgang; die Abschreibung. Für die Anschaffung der Maschine sind Kosten entstanden, die nicht ignoriert werden dürfen, egal ob sie sofort gebucht werden oder über einen Zeitraum hinweg. Abschreibungen sind deswegen höchst reale Ausgaben, die es zu berücksichtigen gilt, wenn der intelligente Investor den wahren Wert und die korrekten Zahlen eines Unternehmens bekommen möchte. Sie sind Aufwendungen, die er gegen die Einnahmen verrechnet, denn die Abnutzung mindert den Wert seines Vermögensgegenstandes und ist damit als Kostenfaktor zu berücksichtigen, der seine Einnahmen mindert.

Wie funktioniert die Buchung bei der Anschaffung einer Maschine? Sagen wir, ein Unternehmen kauft eine Maschine mit einer Lebensdauer von 10 Jahren für 1.000.000 €. Diese 1.000.000 €, die das Unternehmen bezahlt, dürfen, wie gesagt, nicht sofort in der GuV-Rechnung verbucht werden. Vielmehr ist das Unternehmen gezwungen, über 10 Jahre davon jährlich 100.000 € dort als Abnutzung abzuschreiben.

Wo aber finden sich die 1.000.000 €, die das Unternehmen bezahlt hat? Diese werden in der Bilanz und in der Kapitalflussrechnung verbucht, auf die später genauer eingegangen wird. Hier nur soviel: Bei Anschaffung der Maschine sinkt der Barbestand in der Bilanz des Unternehmens um 1.000.000 €, die Sachanlagen steigen um den entsprechenden Wert an. In den nächsten 10 Jahren werden jedes Jahr 100.000 € von diesem Aktivposten „Sachanlagen“ abgezogen und dem Passivposten „Abschreibungen“ zugeschlagen. Der tatsächliche Kostenaufwand von 1.000.000 € im ersten Jahr findet sich in voller Höhe in der

Kapitalflussrechnung unter Investitionsaufwendungen wieder.

Unabhängig von der Verbuchung sind Abschreibung reale Kosten, die dem Unternehmen entstehen und die bei der Gewinnermittlung berücksichtigt werden müssen. Aus diesem Grund ignoriert der intelligente Investor die für manche Börsenexperten so wichtige Zahl EBITDA (also Earnings Before Interest, Taxes, Depreciation and Amortization), die diese realen Kosten einfach ausblendet. Wenn er die Abschreibungen ebenso wie die Steuern als Kosten ignorieren würde, würde er sich nur selbst über den tatsächlichen Gewinn des Unternehmens täuschen und damit über die Qualität und Leistungsfähigkeit. Und mit Selbsttäuschung hat sich noch nie ein Vermögen aufbauen lassen.

Warren Buffett ist der Ansicht, dass herausragende Unternehmen tendenziell geringere Abschreibungskosten im Verhältnis zum Bruttogewinn haben als mittelmäßige oder schlechte Unternehmen. Insofern achtet der intelligente Investor auch hier weniger auf den absoluten Wert. Er stellt vielmehr einen Vergleich zwischen Unternehmen her.

Coca-Cola beispielsweise weist Abschreibungen von unter 10 % auf, während General Motors in der Regel über Abschreibungen verfügt, die zwischen 20 % und 60 % liegen.

Sonstige operative Kosten

Nach oder vor den Abschreibungen folgt manchmal noch ein Posten, der als sonstige operative Kosten bezeichnet wird. Hierunter finden sich all jene Kosten, die zwar operativer Natur sind, jedoch keiner größeren Kategorie zugeordnet werden können. Diese Kosten finden für den intelligenten Investor insofern Berücksichtigung, als er sie für die Ermittlung des operativen Gewinns und letztlich für den Reingewinn benötigt. Für eine Entscheidung über die Qualität eines Unternehmens spielen sie eher eine zu vernachlässigende Rolle, da sie in aller Regel niedrige Posten sind.

Operativer Gewinn und operatives Gewinnverhältnis

Zieht man die aufgeführten Kosten von unserem Bruttogewinn ab, erhält man den operativen Gewinn (Income From Operations), auch bekannt als EBIT (Earnings Before Interest And Taxes). Der operative Gewinn gibt dem intelligenten Investor einen Ausblick darauf, inwieweit das Unternehmen in der Lage ist, Schulden und deren Zinsen zu begleichen, denn die Aufwendungen für Zinszahlungen sind vom operativen Gewinn noch nicht abgezogen. Die Zinsaufwendungen, die in der GuV-Rechnung im Anschluss an den operativen Gewinn aufgeführt werden, sollten folglich nicht dauerhaft höher sein als dieser. Ansonsten wäre das Unternehmen, selbst bei bisher guten Zahlen, nicht in der Lage, langfristig einen Reingewinn auszuweisen.

Für ein Unternehmen ist es wichtig, seine operativen Kosten unter Kontrolle zu halten bei gleichzeitiger Ausweitung des Umsatzes. Sicherlich ist es in aller Regel so, dass mit steigendem Umsatz auch die operativen Kosten zunehmen. Die Frage allerdings ist, in welchem Verhältnis dies geschieht. Verläuft ihr Anstieg parallel zum Anstieg des Umsatzes? Steigt der Umsatz stärker als die Gemeinkosten oder bleiben diese sogar weitgehend auf gleichem Niveau? Ein Szenario, das der intelligente Investor natürlich bevorzugt. Absolut nicht wünschenswert wäre es, wenn die operativen Kosten stärker zunehmen als der Umsatz. Insofern ist es sinnvoll, sich den Anteil der operativen Kosten am Bruttogewinn anzusehen und die prozentuale Veränderung mit jener der Bruttogewinnspanne zu vergleichen. Hierzu teilt man die Summe der operativen Kosten durch den Bruttogewinn und erhält den prozentualen Anteil. Steigt etwa der prozentuale Anteil der Gemeinkosten am Bruttogewinn, während die Bruttogewinnspanne abnimmt, so ist dies ein Zeichen dafür, dass die Effizienz des Unternehmens nachlässt. Wichtig bei diesem Vergleich ist selbstverständlich wieder die Dauerhaftigkeit. Einmalige Diskrepanzen sagen nichts aus. Trends hingegen sind durchaus aussagekräftig.

Der operative Gewinn hilft dem intelligenten Investor, etwas über die Profitabilität des Unternehmens herauszufinden. Er ist die Basis, auf der das Unternehmen seine Profitabilität steigern kann, indem es seine operativen Kosten unter Kontrolle hält. Auf diese Kosten hat das Unternehmen wesentlich mehr Einfluss als auf die Umsatzkosten. Der operative Gewinn ist folglich ein Indikator für die Effizienz des Unternehmens. Mithilfe des operativen Gewinnverhältnisses können wir ersehen, inwieweit das Unternehmen in der Lage ist, von einem bestimmten Verkaufsniveau aus einen Gewinn zu erzielen. Dies wiederum sagt dem Investor etwas über die Qualität eines Unternehmens aus.

Um das operative Gewinnverhältnis oder Operating Margin Ratio zu berechnen, teilt man den operativen Gewinn durch den Umsatz.

Die entsprechende Formel lautet:

$$\text{Operatives Gewinnverhältnis} = \frac{\text{operativer Gewinn}}{\text{Umsatz}}$$

Setzen wir die Zahlen aus der GuV der Beispiel-AG ein, lautet der Quotient:

$$\text{Operatives Gewinnverhältnis} = \frac{4.500\text{ €}}{14.000\text{ €}} = 0{,}32 \text{ bzw. } 32\,\%$$

Was genau sagt diese Zahl dem intelligenten Investor?

Zunächst einmal, dass ein Unternehmen mit diesem operativen Gewinnverhältnis jedes Mal, wenn es Produkte für 100 € verkauft, 32 € an operativem Gewinn einfährt. Das ist der Gewinn, der übrig bleibt, wenn alle primären und sekundären Kosten abgezogen sind. Im Vergleich mit einem Wettbewerber kann ihm diese Zahl etwas über die Effizienz des Unternehmens aussagen.

Holen wir uns zu einem Vergleich noch die Bruttogewinnspanne heran. Die Beispiel-AG weist folgende Zahlen auf: eine Bruttogewinnspanne von 57 % und ein operatives Gewinnverhältnis von 32 %. Ein Konkurrent des Unternehmens könnte beispielsweise eine Bruttogewinnspanne von 65 % aufweisen, aber ein operatives Gewinnverhältnis von 23 %. Was bedeutet das?

Im Vergleich der Zahlen zueinander lässt sich feststellen, dass der Konkurrent die Kosten, die direkt mit der Herstellung des Produktes zusammenhängen und zum Bruttogewinn führen, effizienter kontrollieren kann als die Beispiel-AG. Diese hingegen zeigt sich effizienter, wenn es darum geht, die Kosten des täglichen Geschäfts unter Kontrolle zu halten. Es bleibt an dieser Stelle die Frage, warum der Konkurrent höhere Kosten im alltäglichen Geschäft aufweist als die Beispiel-AG. Das allerdings erfordert eine tiefere Analyse, die sich zwar grundsätzlich lohnt, aber an dieser Stelle zu weit führt. Grundsätzlich wäre eine höhere Effizienz bei den operativen Kosten für den intelligenten Investor wünschenswerter, denn diese bleiben in aller Regel auch dann bestehen, wenn der Umsatz rückläufig ist. Sie müssen also dann aus einem geringeren Bruttogewinn beglichen werden, während die Umsatzkosten mit sinkendem Umsatz ebenfalls sinken.

Außerordentliche Aktivitäten

Im weiteren Verlauf der GuV-Rechnung folgen jetzt noch Kosten und Erträge, die nichts mit dem operativen Geschäft zu tun haben. Hierzu zählen die Zinsaufwendungen bzw. -erträge (Net Interest/Expenses), aber auch sonstige betriebliche Erträge und Aufwendungen (Extraordinary Income/Expenses).

<table>
<tr><th colspan="3">GuV Beispiel-AG</th><th>in Mio. €</th><th></th></tr>
<tr><td rowspan="3">außer-ordentliche Aktivitäten</td><td>Zinsaufwendungen / -einnahmen</td><td rowspan="3">sonstige Kosten / Erträge</td><td>500</td><td>Net Interest Income / Expenses</td></tr>
<tr><td>sonstige betriebliche Erträge</td><td></td><td>Extraordinary Income</td></tr>
<tr><td>sonstige betriebliche Ausgaben</td><td></td><td>Extraordinary Expenses</td></tr>
<tr><td rowspan="3">Gewinn</td><td colspan="2">Gewinn vor Steuern</td><td>4.000</td><td>Income before Taxes</td></tr>
<tr><td colspan="2">Ertragssteuer</td><td>1.000</td><td>Income Taxes</td></tr>
<tr><td colspan="2">Reingewinn</td><td>3.000</td><td>Net Income</td></tr>
</table>

Zinserträge, Zinsaufwendungen und Zinsdeckungsverhältnis

Geld, das auf einem Konto liegt, bringt meist Zinsen. Für geliehenes Geld müssen Zinsen gezahlt werden. Der intelligente Investor ist daran interessiert, dass die zu zahlenden Zinsen nur einen relativ geringen Anteil am operativen Gewinn des Unternehmens haben, denn er will möglichst viel dieses Gewinns für sich selbst als Anteilseigner verbuchen. Um sich einen Eindruck von den Zinsaufwendungen zu verschaffen, berechnet er wiederum ein Verhältnis zwischen operativem Gewinn und den Zinsaufwendungen: das Zinsdeckungsverhältnis (Interest Coverage Ratio). Es ist wichtig, dieses Verhältnis zu berechnen, denn es hilft, das Risiko einer Anlage zu minimieren. Mit dem Zinsdeckungsverhältnis lassen sich die sofortigen Auswirkungen der Zinszahlungen auf unser Unternehmen feststellen.

$$\text{Zinsdeckungsverhältnis} = \frac{\text{operativer Gewinn}}{\text{Zinsaufwendungen}}$$

Nehmen wir an, eine Person verfügt am Ende jeden Monats über 2.000 €, was ihr sogenannter operativer Gewinn ist. Nehmen wir auch an, dass sie am Ende des Monats 1.500 € für Zinszahlungen aufzuwenden. Es folgt:

$$\text{Zinsdeckungsverhältnis} = \frac{2.000\ €}{1.500\ €} = 1{,}3$$

Wir können diese Formel auch umdrehen und so das prozentuale Verhältnis erhalten, dann lautet sie:

$$\begin{aligned} \text{Zinsdeckungsverhältnis} &= \frac{\text{Zinsaufwendungen}}{\text{operativer Gewinn}} \\ &= \frac{1.500\ €}{2.000\ €} = 0{,}75 \text{ bzw. } 75\,\% \end{aligned}$$

Was sagen das Zinsdeckungsverhältnis aus?

Sie sagen der Person, inwieweit sie in der Lage ist, ihre Zinsen zu bezahlen und sich über Wasser zu halten. Wenn es ihr nämlich auf Dauer nicht gelingt, für die Zinsen aufzukommen, hat sie ein Problem. Der Wert von 1,3 bedeutet, dass die Person mit ihrem Geld, das am Monatsende übrig ist, 1,3 mal ihre Zinsen begleichen könnte. Sie muss 75 % davon dafür aufwenden. 25 % stehen der Person für Weiteres, z. B. für Investments zur Verfügung.

Zur Einschätzung dieser Größe sollte man sich überlegen, wie es aussehen könnte, sollten im Monat außergewöhnliche Kosten anfallen, die 500 € überschreiten, und wie wahrscheinlich eine Wiederholung eines solchen Szenarios ist. Auch die Lebenshaltungskosten könnten unvorhergesehen steigen, wobei sich Kredite, für die Zinsen bezahlt werden müssen, nicht so einfach tilgen lassen, da das notwendige Geld fehlt. Passiert dies, gerät man schnell wegen der Zinszahlungen in Bedrängnis.

Für Unternehmen gilt das Gleiche. Manche Investoren bevorzugen bei Unternehmen ein Zinsdeckungsverhältnis, das nicht höher als 20 % ist, was der Zahl 5 in der Berechnung entspricht. Vorsichtigere Investoren sehen lieber einen Wert, der 15 % nicht übersteigt. Dies entspricht einem Zinsdeckungsverhältnis von 6,7.

Berechnen wir das Zinsdeckungsverhältnis für die Beispiel-AG. Das sieht dann wie folgt aus:

$$\begin{aligned}
\text{Zinsdeckungsverhältnis} &= \frac{\text{Zinsaufwendungen}}{\text{operativer Gewinn}} \\
&= \frac{500\ €}{4.500\ €} = 0{,}11 \text{ bzw. } 11\,\% \\
\text{bzw.} &= \frac{\text{operativer Gewinn}}{\text{Zinsaufwendungen}} \\
&= \frac{4.500\ €}{500\ €} = 9
\end{aligned}$$

Das Unternehmen weist eine Zinsdeckung von 11 % auf, d. h. 11 % seines operativen Gewinns muss es für die Begleichung von Zinsen aufwenden. Anders ausgedrückt: Das Unternehmen ist in der Lage, mit seinem operativen Gewinn neunmal die anfallenden Zinsen zu begleichen.

11 % liegen unter dem konservativen Wert von 15 %. Das Unternehmen erfüllt folglich die Kriterien in diesem Bereich.

Herausragende Unternehmen müssen in aller Regel nur einen geringen Anteil ihres operativen Gewinns für Zinsaufwendungen aufbringen. Auch hier ist für den intelligenten Investor wichtig, dass der Wert eine gewisse Beständigkeit aufweist und nicht jedes Jahr stark fluktuiert. Außerdem vergleicht er die Zinsaufwendungen mit jenen der Konkurrenz, denn es gibt branchenabhängige Unterschiede in der Höhe der akzeptablen Zinsen.

Manche Investoren behaupten, dass innerhalb einer Branche der Wettbewerbsvorteil bei jenem Unternehmen mit dem geringsten Verhältnis der Zinszahlungen zum operativen Gewinn liegt.

Hohe Zinsaufwendungen können im Verhältnis zum operativen Gewinn im Übrigen daher rühren, dass das Unternehmen in einer extrem wettbewerbsintensiven Branche tätig ist und hohe Investitionen, die fremdfinanziert werden, nötig sind, um konkurrenzfähig zu bleiben. Es könnte aber auch daher kommen, dass die Schulden im Rahmen einer fremdfinanzierten Übernahme des Unternehmens entstanden sind. Wo auch immer sie herrühren: Die Bezahlung hoher Zinsaufwendungen belastet den Gewinn und damit den Aufbau des Vermögens des intelligenten Investors, weswegen er möglichst geringe Aufwendungen sehen will.

Darüber hinaus gilt für Zinszahlungen das Gleiche, das auch für die operativen Kosten gilt. Selbst bei einem rückläufigen Umsatz und damit einer rückläufigen Bruttogewinnspanne bleiben die Zinszahlungen in gleicher Höhe bestehen und müssen beglichen werden. Das kann ein Unternehmen in Schwierigkeiten bringen.

Sonstige betriebliche Erträge und Ausgaben

Bevor wir uns dem Ende der GuV-Rechnung, dem Reingewinn, zuwenden, gehen wir noch kurz auf die sonstigen betrieblichen Erträge und Ausgaben ein. Diese sind ebenfalls nicht Teil des täglichen Geschäfts und fallen nur einmalig an. Hierbei kann es sich um Aufwendungen für Rechtsstreitigkeiten oder Umstrukturierungsmaßnahmen handeln. Es können auch Erlöse aus dem Verkauf von Grundstücken hier ausgewiesen werden oder

Kursgewinne aus Fremdwährungsumrechnungen. Da es sich um einmalige Beträge handelt, ist Warren Buffett der Meinung, dass man sie zur Berechnung des Reingewinns weglassen sollte, wenn man herausfinden will, ob das Unternehmen ein herausragendes ist. Sehr hohe einmalige Kosten oder Erträge verfälschen den Reingewinn für das entsprechende Jahr. Geringe Kosten und Erträge wirken sich hingegen kaum aus.

Reingewinn

Subtrahiert man die genannten Positionen vom operativen Gewinn und zieht auch noch die Steuer ab, erhält man den Reingewinn (Net Income). Am Reingewinn interessieren den intelligenten Investor verschiedene Punkte. Da wäre zum einen die Frage, ob der Reingewinn einen historischen Aufwärtstrend aufweist, d. h. ob die Gewinne beständig sind und einen langfristigen Trend nach oben zeigen. Dabei muss der Trend nicht absolut glatt sein, sollte jedoch keine allzu deutlichen Schwankungen ausweisen. Warum?

Die Beständigkeit der Gewinnzunahme ist ein Zeichen dafür, dass das Unternehmen ein oder mehrere Produkte herstellt, die keine kostspieligen Veränderungsprozesse durchlaufen. Außerdem weist ein nach oben strebender Gewinn darauf hin, dass das Unternehmen wirtschaftlich stark genug ist, um entweder die Marktanteile durch Investitionen in Werbung oder durch Expansion auszubauen oder auch Aktien zurückzukaufen. Schwankungen hingegen deuten auf einen starken Wettbewerb hin, was bedeutet, dass das Unternehmen anfällig für die Auf- und Abschwünge des Marktes ist.

Der intelligente Investor schaut sich den tatsächlichen Reingewinn an und nicht die Steigerung des Gewinns je Aktie. Wenn das Unternehmen Aktienrückkäufe tätigt, erhöhen diese den Gewinn je Aktie und verfälschen diese Zahl. Warum ist das so?

Bei Aktienrückkäufen reduziert sich die Anzahl der gehandelten Aktien. Diese Zahl jedoch ist die Grundlage für die Berechnung des Gewinns je Aktie. Je geringer folglich die Anzahl der Aktien am Markt ist, umso höher ist der Gewinn je Aktie.

In der Finanzwelt ist der Gewinn je Aktie von erheblicher Bedeutung. Man sagt allgemein: Je mehr ein Unternehmen pro Aktie verdient, umso höher ist sein Aktienkurs. Im Grunde aber sagt der Gewinn je Aktie nichts anderes aus als der tatsächliche Reingewinn, lediglich bezogen auf eine einzelne Aktie, weswegen es für den intelligenten Investor wenig bedeutsam ist, auf diesen einen genaueren Blick zu werfen.

Kurs-Gewinn-Verhältnis

Der Gewinn je Aktie spielt eine Rolle bei der Berechnung des bekannten Kurs-Gewinn-Verhältnisses, kurz KGV (Price-to-Earnings Ratio, kurz P/E Ratio). Das KGV ist eine der Basiszahlen bei der Bewertung von Unternehmen. Es sagt auf einfache Weise, wie schnell ein Investor ein Investment in ein Unternehmen zurückbekommen würde. Das KGV berechnet sich wie folgt:

$$\text{KGV} = \frac{\text{aktueller Preis je Aktie}}{\text{Gewinn je Aktie}}$$

Nehmen wir ein Beispiel. Sagen wir, der Preis je Aktie eines Unternehmens beträgt 80 € und der Gewinn je Aktie 4 €. Das KGV lautet dann:

$$\text{KGV} = \frac{80\text{ €}}{4\text{ €}} = 20$$

Was bedeutet das KGV?

Die Zahl sagt dem Investor, dass es bei einem Investment von 80 € in das Unternehmen 20 Jahre braucht, um dieses Investment über den Gewinn wieder hereinzuholen. Man kann auch die Prozentzahl ausrechnen, indem man die Gleichung umdreht, also das Gewinn-Kurs-Verhältnis berechnet. Für unser Beispiel sähe das dann so aus:

$$\text{GKV} = \frac{4\,€}{80\,€} = 0{,}05 \text{ bzw. } 5\,\%$$

Dies bedeutet, dass bei einem Preis von 80 € und einem Gewinn je Aktie von 4 € der Investor einen jährlichen Rückfluss von 5 % hat.

Es ist verständlich, dass der intelligente Investor gerne ein möglichst kleines KGV sehen möchte. Warren Buffett, der eher konservativ investiert, schlägt einen Wert von unter 15 vor, was 6,67 % Rückfluss entspricht. Aktien, die mit einem KGV unter 15 gehandelt werden, gelten allgemein als günstig.

Reingewinnspanne

Ein Aspekt ist für den intelligenten Investor allerdings interessanter: Die sogenannte Reingewinnspanne (Net Income Margin Ratio). Dieses Verhältnis berechnet sich wie folgt:

$$\text{Reingewinnspanne} = \frac{\text{Reingewinn}}{\text{Umsatz}}$$

In der GuV-Rechnung der Beispiel-AG finden wir einen Reingewinn von 3.000 €, bei einem Umsatz von 14.000 €. Tragen wir die Werte in die Formel ein, erhalten wir:

$$\text{Reingewinnspanne} = \frac{3.000\,€}{14.000\,€} = 0{,}21 \text{ bzw. } 21\,\%$$

Was bedeutet die Reingewinnspanne?

Diese Zahl erzählt dem intelligenten Investor etwas über die Wirtschaftlichkeit des Unternehmens. Sie sagt ihm, dass von 100 €, die das Unternehmen an Produkten verkauft, 21 € als reiner Gewinn übrig bleiben, und zwar nachdem alle Aufwendungen, auch Zinsen und Steuern, beglichen sind. Diese 21 € mehren das Vermögen des Unternehmens und damit das des intelligenten Investors, wenn er Anteilseigner des Unternehmens ist. Die Reingewinnspanne sollte bei ordentlichen Unternehmen 10 % überschreiten. Bei wirklich herausragenden Unternehmen sollte der Reingewinn 20 % und mehr des Umsatzes betragen.

Es ergibt Sinn, die Reingewinnspanne verschiedener Unternehmen miteinander zu vergleichen. Nehmen wir einmal die Vergleichszahlen von weiter oben. Für unsere Beispiel-AG hatten wir eine Bruttogewinnspanne von 57 % ausgerechnet, bei einem operativen Gewinnverhältnis von 32 % und einer Reingewinnspanne von 21 %. Der Konkurrent hat eine Bruttogewinnspanne von 65 %, ein operatives Gewinnverhältnis von 23 % und eine Reingewinnspanne von 16 %. Was würde der Vergleich dem intelligenten Investor sagen?

Er kann sehen, dass die Beispiel-AG, obwohl sie höhere Umsatzkosten aufweist (57 % zu 65 % Bruttogewinnspanne), über geringere operative Kosten verfügt, da das operative Gewinnverhältnis mit 32 % zu 23 % höher ausfällt. Darüber hinaus hat die Beispiel-AG geringere nicht operative Ausgaben, denn ihre Reingewinnspanne fällt mit 21 % zu 16 % ebenfalls höher aus als die des Konkurrenten. Letzteres könnte daran liegen, dass das konkurrierende Unternehmen höhere Zinszahlungen begleichen muss oder es außergewöhnliche Belastungen hat. Die geringere Spanne kann auch bedeuten, dass es dem Konkurrenzunternehmen an Flexibilität fehlt, um auf Veränderungen des Marktes zu reagieren. Deswegen weisen hervorragende Unternehmen oft einen höheren Reingewinn im Verhältnis zum Erlös aus als ihre Konkurrenten. Es besteht eine recht hohe Wahrscheinlichkeit, dass ein Unternehmen mit einer dauerhaft hohen Reingewinnspanne einen Wettbewerbsvorteil besitzt und auch in Zukunft ein solches Verhältnis ausweisen wird. Diese Unternehmen helfen dem intelligenten Investor, sein Vermögen aufzubauen.

Ich möchte an dieser Stelle darauf hinweisen, dass Banken und Finanzunternehmen hier eine Ausnahme bilden. Bei ihnen bedeutet ein hohes Verhältnis des Reingewinns zum Erlös gewöhnlich, dass das Risikomanagement lasch ist und das wiederum bedeutet, dass größere Risiken in Kauf genommen werden.

Der Ansatz des intelligenten Investors ist es, das Risiko sinnvoll zu kalkulieren und weitgehend niedrig zu halten. Weil er sein

Risiko möglichst niedrig halten möchte, vergisst er nicht, sich die Entwicklung der Zahlen anzusehen. Nur diese Entwicklung erzählt ihm, welches Unternehmen am Ende auch wirklich das bessere zu sein scheint. Sich die Verhältnisse und Entwicklungen von Jahr zu Jahr anzusehen, ist von essenzieller Bedeutung, um die Aussichten eines Unternehmens zu verstehen. Der intelligente Investor sucht auch hier nach Stabilität und Kontinuität. Er möchte Spannen sehen, die weitgehend gleich bleiben oder sich verbessern. Was er nicht sehen möchte, sind Spannen, die sich verschlechtern. Dies ist von großer Bedeutung, wenn es darum geht, das Risiko seiner Anlage einzuschätzen.

Zusammenfassung

Betrachten wir das analysierte Unternehmen noch einmal im Ganzen. Zuerst haben wir mithilfe des Umsatzes und des Bruttogewinns die Bruttogewinnspanne ausgerechnet. Diese beträgt bei der Beispiel-AG 57 %. Anschließend haben wir uns die Verwaltungs- und Vertriebskosten angesehen und berechnet, dass sie 31 % des Bruttogewinns aufzehren. 31 % liegen am unteren Ende des akzeptablen Bereichs, so dass wir sagen können: Die Beispiel-AG hält diese Kosten deutlich in Grenzen.

Im weiteren Verlauf betrachteten wir die Kosten für Forschung und Entwicklung und stellten fest, dass diese bei dem Unternehmen bei 9 % des Bruttogewinns liegen. Ein akzeptabler Wert läge unter 20 %, unter 10 % wären für den intelligenten Investor besser. Hier müssen wir feststellen, dass das Unternehmen mit 9 % einen sehr guten Wert aufweist.

Nachdem wir uns angesehen haben, warum der intelligente Investor die Abschreibungen unbedingt in die Kosten mit aufnimmt, berechneten wir das operative Gewinnverhältnis, das bei der Beispiel-AG bei 32 % liegt. Der Betrachtung des operativen Gewinnverhältnisses folgte die Analyse der Zinsaufwendungen. Wir berechneten das Zinsdeckungsverhältnis und stellten fest, dass 11 % unter dem vom intelligenten Investor gesetzten Wert von

15 % liegen. Zuletzt schauten wir uns noch die Reingewinnspanne an, die für das Unternehmen bei 21 % liegt. Die folgende Abbildung zeigt das übersichtlich:

GuV Beispiel-AG			**in Mio. €**		
primäre Aktivitäten	Umsatz	*Erlös*	14.000		
	Materialaufwand	*Umsatzkosten*	6.000		
	Personalaufwand				
	Bruttogewinn		8.000	Bruttogewinnspanne	57 %
sekundäre Aktivitäten	Verwaltung- & Vertriebskosten	*operative Kosten*	2.500		31 %
	Kosten für Forschung & Entwicklung		750		9 %
	sonstige operative Kosten		0		
	Abschreibungen		250		
	operativer Gewinn		4.500	operatives Gewinnverhältnis	32 %
außer-ordentliche Aktivitäten	Zinsaufwendungen/ -einnahmen	*sonstige Kosten/ Erträge*	500	Zinsdeckungsverhältnis	11 %
	sonstige betriebliche Erträge				
	sonstige betriebliche Ausgaben				
Gewinn	**Gewinn vor Steuern**		4.000		
	Ertragssteuer		1.000		
	Reingewinn		3.000	Reingewinnspanne	21%

Welche Schlussfolgerung zieht der intelligente Investor nun daraus? Er stellt fest, dass das Unternehmen die von ihm für ein interessantes Unternehmen aufgestellten Kriterien erfüllt. Es wäre also möglich, dass er auf ein Unternehmen gestoßen ist, in das er gerne investieren möchte. Würde er bereits jetzt feststellen, dass wesentliche Kriterien nicht erfüllt sind, würde er sich die weitere Analyse und damit Zeit sparen und stattdessen auf die Suche nach einem anderen Unternehmen gehen. Da seine Kriterien jedoch erfüllt sind, begibt er sich in die Analyse der Bilanz und der Kapitalflussrechnung, um seinen gewonnenen Eindruck von dem Unternehmen zu untermauern.

Die Bilanz

Die Aufgabe der Bilanz (Balance Sheet) ist es, dem intelligenten Investor zu sagen, wie viel ein Unternehmen wert ist. Das ist grundsätzlich das, was er herausfinden möchte, um eine Kaufentscheidung über ein gutes oder herausragendes Unternehmen zu treffen. Die Bilanz offenbart den Wert des Unternehmens – und noch einiges mehr – indem sie Auskunft darüber gibt, wie viel Geld in unterschiedlicher Form das Unternehmen besitzt und wie viele Schulden es hat. Aus der Differenz dieser beiden Positionen erfährt man, über welches Vermögen das Unternehmen verfügt. Dabei muss beachtet werden, dass die Bilanz lediglich eine Momentaufnahme zu einem bestimmten Zeitpunkt ist. Die Bilanz besteht aus zwei Teilen, die sich zusammen in drei Hauptkategorien einteilen lassen.

Auf der linken Seite finden sich die sogenannten Aktiva, die die Vermögenswerte aufweisen, weswegen diese Seite im Englischen auch „Assets" heißt. Auf der rechten Seite befinden sich die sogenannten Passiva, die sich unterteilen lassen in Verbindlichkeiten und Eigenkapital. Im Englischen heißen Verbindlichkeiten „Liabilities" und das Eigenkapital „Equity".

Interessant ist, dass auf der Seite der Verbindlichkeiten das Eigenkapital steht, also als Passiva gilt, obwohl es im Grunde auch ein Vermögenswert ist. Man kann sich das folgendermaßen erklären: Die Aktiva, also die ausgewiesenen Vermögenswerte, sind all das, was das Unternehmen im Augenblick besitzt. Die Passiva hingegen sind all jene, die nicht dem Unternehmen, sondern jemand anderem gehören. Hierzu zählt auch das Eigenkapital, denn es gehört technisch überhaupt nicht dem Unternehmen, sondern den Eigentümern des Unternehmens, also den Aktionären. Man könnte es auch so ausdrücken: Die Vermögenswerte, die in einem Unternehmen ausgewiesen sind, werden von zwei Seiten finanziert. Zum einen durch Schulden, also durch das Geld anderer Leute, zum anderen durch eigenes Geld, sogenanntes Eigenkapital, also das Geld der Aktionäre. Das Eigenkapital ergibt sich dabei aus der Differenz dessen, was das Unternehmen an Vermögenswerten aufweist, abzüglich der Schulden.

Bilanz Beispiel-AG					
Aktiva		**in Mio. €**	**Passiva**		**in Mio. €**
Bargeldbestand und kurzfristige Finanzanlagen	*Cash an Cash Equivalents*	5.800	Verbindlichkeiten aus Lieferungen und Leistungen	*Accounts Payable*	1.000
Forderungen	*Accounts Receivable*	1.600	Kostenrückstellungen	*Tax Payable*	
Vorräte	*Inventory*	1.800	kurzfristige Schulden		1.300
sonstiges kurzfristiges Umlaufvermögen	*other Current Assets*	1.300			
aktive Rechnungs-abgrenzungsposten	*Prepaid Expenses*	9.200			
Summe Umlaufvermögen	***Total Current Assets***	**10.500**	**Summe kurzfristige Verbindlichkeiten**	***Current Liabilities***	**2.300**
langfristige Anlagen	*Non-Current Investments*	2.300	Langfristigen Schulden	*Long-term Debt*	3.200
Sachanlagen	*Property, Plant, and Equipment*	15.800	latente Ertragssteuern	*Deferred Tax*	
Immaterielle Vermögenswerte	*Patents, Trademarks and other Intangibles*	700	zweifelhafte Forderungen	*Provision*	600
Goodwill		1.100	andere langfristige Schulden		2.300
Summe Anlagevermögen	***Non-Current Assets***	**19.900**	**Summe langfristige Verbindlichkeiten**	***Non-Current Liabilities***	**6.100**
			Gesamtverbind-lichkeiten	***Total Liabilities***	**8.400**
			Aktienkapital	*Share Capital*	2.200
			Zusätzlich eingezahltes Kapital	*Additional Paid-In Capital*	13.500
			einbehaltener Gewinn	*Retained-Earnings*	13.000
			eigene Anteile	*Treasury Stock*	-6.700
			Summe Eigenkapital	***Total Equity***	**22.000**
Bilanzsumme	***Total assets***	**30.400**	**Bilanzsumme**	***Total Liabilities and Equity***	**30.400**

Veranschaulichen wir das an einem einfachen Beispiel. Nehmen wir an, jemand möchte sich ein neues Auto kaufen. Dieses Auto soll 20.000 € kosten. 5.000 € besitzt er als Bargeld und verwendet dieses Geld als Anzahlung. Den Rest finanziert er über eine Bank. Seine Bilanz, bezogen auf das Auto, sähe dann so aus:

Aktiva		Passiva	
Anlagevermögen (Auto)	20.000 €	Schulden	15.000 €
		Eigenkapital	5.000 €
Bilanzsumme	**20.000 €**		**20.000 €**

Auf der Seite der Aktiva stünde das Anlagevermögen, also das Auto, mit einem Wert von 20.000 €. Auf der Seite der Passiva stünden zum einen die Schulden bei der Bank in Höhe von 15.000 € sowie die geleistete Anzahlung für das Auto als Eigenkapital in Höhe von 5.000 €.

An diesem einfachen Beispiel kann man eine Menge erkennen. Zum einen, dass das Auto durch zwei Quellen finanziert ist. Erstens durch die Anzahlung, also das eigene Geld, und zweitens durch den Kredit der Bank. Zum anderen kann man erkennen, dass das investierte Eigenkapital nicht verschwunden ist. Man hat es also nicht verloren. Es befindet sich nur im Auto gebunden. Aus den 5.000 € Bargeld sind jetzt 5.000 € Blech und Technik geworden. Darüber hinaus sieht man, wieso die Bilanz ihren Namen trägt, denn beide Seiten der Bilanz gleichen oder balancieren sich aus.

Das Eigenkapital ist im Übrigen das Gleiche wie der Buchwert des Unternehmens. Auf ihn kommen wir zum Schluss noch einmal zu sprechen.

Betrachten wir nun die einzelnen Posten der Bilanz und sehen, welche Bedeutung sie für den intelligenten Investor haben und wofür er sie verwenden kann. Allerdings ist es sinnvoll, auf einzelne wesentliche Positionen näher einzugehen. Dies reicht, um ein grundsätzliches Verständnis davon zu erhalten, woraus sich das Vermögen und die Verbindlichkeiten zusammensetzen. Die meisten einzelnen Positionen sind für die Einschätzung des intelligenten Investors über die Qualität eines Unternehmens oft weniger relevant als deren Zusammenfassung.

Je weiter fortgeschritten man im Umgang und mit der Analyse des Geschäftsberichts ist und je öfter man auch außerhalb der drei wesentlichen Aufstellungen GuV, Bilanz und Kapitalflussrechnung im Geschäftsbericht liest, umso genauer kann man sich die einzelnen Positionen ansehen und überlegen, inwieweit sie eine Rolle für die eigene Anlageentscheidung spielen.

Noch eine kleine Anmerkung, die mir wichtig erscheint. Auch wenn die Bilanzen in ihrem Grundaufbau gleich sind, so unterscheiden sie sich doch im Detail. Dies ist abhängig davon, in welchem Land das Unternehmen ansässig ist. Während in Deutschland die Aktiva mit dem langfristigen Anlagevermögen beginnen und dann erst das Kurzfristige folgt, ist der Aufbau in den USA und der Schweiz beispielsweise genau umgekehrt. Auch die Reihenfolge innerhalb der einzelnen Kategorien kann variieren.

Dennoch sind alle Positionen leicht auffindbar. Der amerikanische Aufbau folgt in seiner Logik dem Grad der Liquidität, von sehr liquide bis kaum liquide. Wenn man jedoch kein Buchhalter ist, kommt es weniger auf eine bestimmte Reihenfolge an, als vielmehr auf die einzelnen Positionen und ihr Verständnis.

Kommen wir nun aber zu den einzelnen Bilanzposten. Die Bilanz der Beispiel-AG konzentriert sich auf einige wesentliche Positionen. In einer ausführlichen Bilanz findet man Posten, die hier bewusst weggelassen wurden. Und weil es einfach schöner ist, mit den Dingen zu beginnen, über die man verfügt, betrachten wir uns als Erstes die Aktiva, also die Vermögenswerte des Unternehmens.

Aktiva

Bilanz Beispiel-AG		
Aktiva		**in Mio. €**
Bargeldbestand und kurzfristige Finanzanlagen	*Cash an Cash Equivalents*	5.800
Forderungen	*Accounts Receivable*	1.600
Vorräte	*Inventory*	1.800
sonstiges kurzfristiges Umlaufvermögen	*other Current Assets*	1.300
aktive Rechnungsabgrenzungsposten	*Prepaid Expenses*	9.200
Summe Umlaufvermögen	***Total Current Assets***	**10.500**
langfristige Anlagen	*Non-Current Investments*	2.300
Sachanlagen	*Property, Plant, and Equipment*	15.800
Immaterielle Vermögenswerte	*Patents, Trademarks, and other Intangibles*	700
Goodwill		1.100
Summe Anlagevermögen	***Non-Current Assets***	**19.900**
Bilanzsumme	***Total assets***	**30.400**

Die Vermögenswerte des Unternehmens sind, wie schon angedeutet, diejenigen Elemente, die dem Unternehmen gehören und mit denen es Einkommen erzielen will oder muss. Im Besitz eines Unternehmens befinden sich in der Regel Werte wie Immobilien, Maschinen, Grundstücke oder Waren, die bereits produziert, aber noch nicht verkauft worden sind. Es zählen aber auch weniger fassbare Werte dazu wie Bargeldbestände auf einem Bankkonto oder diverse Finanzanlagen. Diese Aktiva bilden das Gesamtvermögen des Unternehmens und sie verraten dem intelligenten Investor einiges über den wirtschaftlichen Charakter des Unternehmens und darüber, ob es sich bei ihm um ein herausragendes Unternehmen handelt.

Die Aktiva eines Unternehmens werden in zwei Kategorien eingeteilt:

1. (kurzfristiges) Umlaufvermögen

2. (langfristiges) Anlagevermögen

Im Englischen: Current and Non-Current Assets. Orientiert man sich am amerikanischen Aufbau, werden die Vermögenswerte nach dem Grad ihrer Liquidität aufgeführt, d. h. es beginnt mit jenen Werten, die sich besonders schnell zu Geld machen lassen und endet mit jenen, die Zeit benötigen, um zu Bargeld zu werden. Auf dieser Basis unterscheiden sich auch das Umlauf- und das Anlagevermögen. Kurzfristig sind alle Vermögensgegenstände, die sich innerhalb eines Jahres in Bargeld umtauschen lassen. Langfristige Vermögensgegenstände hingegen brauchen in der Regel länger als ein Jahr, um Bargeld zu werden, weil ihr Verkauf grundsätzlich länger dauert.

Warum macht man eine solche Unterscheidung überhaupt? Die Grundidee dabei ist, dem Leser der Bilanzen einen möglichst wahrheitsgetreuen und fairen Überblick über die finanzielle Situation des Unternehmens zu verschaffen. Ob dies immer gelingt, wollen wir hier nicht bewerten, stattdessen schauen wir uns nun das Umlaufvermögen genauer an.

Umlaufvermögen

Bilanz Beispiel-AG		
Aktiva		**in Mio. €**
Bargeldbestand und kurzfristige Finanzanlagen	*Cash an Cash Equivalents*	5.800
Forderungen	*Accounts Receivable*	1.600
Vorräte	*Inventory*	1.800
sonstiges kurzfristiges Umlaufvermögen	*other Current Assets*	1.300
aktive Rechnungs-abgrenzungsposten	*Prepaid Expenses*	9.200
Summe Umlaufvermögen	***Total Current Assets***	**10.500**

Das Umlaufvermögen (Current Assets) wird auch Betriebskapital genannt, denn die hier ausgewiesenen Posten gehören zu dem Kreislauf des Geldes, der zunächst in den Kauf von Vorräten bzw. Beständen fließt. Werden die Vorräte verkauft, werden sie zu Kundenforderungen und anschließend, nach Bezahlung, wieder zu Bargeld/Cash. Es ist also im Grunde ein steter Kreislauf:

Cash → Vorräte → Forderungen → Cash

Dem Grad ihrer Liquidität folgend, findet sich an erster Stelle des Umlaufvermögens jener Posten, der sich am schnellsten zu Bargeld machen lässt, also das Bargeld selbst, oder kurzfristige Finanzanlagen (Cash and Cash Equivalents). Dass ein Unternehmen Bargeldbestände aufweist, ist verständlich, denn es muss ständig Rechnungen begleichen und erhält Geld von Kunden, die ihrerseits Rechnungen begleichen. In der Regel ist es wenig sinnvoll, hohe Bargeldbestände über einen längeren Zeitraum auf dem Girokonto zu horten, da das Geld dort brach liegt, also keine oder nur geringe Zinsen einbringt. Um das gerade nicht benötigte Bargeld für sich arbeiten zu lassen und damit Zinsen zu verdienen, wird das Geld von den Unternehmen angelegt. Da sie jedoch in der Lage sein müssen, schnell auf dieses Geld zuzugreifen, investieren sie es in Anlagen, die sich schnell liquidieren lassen. Hierzu zählen z. B. Geldmarktfonds, Spareinlagen und Einlagezertifikate.

Im Grunde lassen sich diese Anlageprodukte sofort verkaufen und in Geld umwandeln. Über Bargeld zu verfügen, ist schön. Das weiß jeder, der schon einmal an Geldknappheit gelitten hat. Was aber sagen dem intelligenten Investor nun die Bargeldbestände bzw. die Bargeldäquivalente, insbesondere, wenn es sich um große Mengen davon handelt? Um diese Frage zu beantworten, wenden wir uns zunächst einer weiteren Frage zu, nämlich jener nach der Herkunft des vielen Bargelds. Nicht alle hohen Bargeldbestände sind für den intelligenten Investor ein gutes Zeichen. Der einfachste Weg, die zweite Frage zu beantworten, ist zunächst einmal, darauf zu sehen, wie sich die Bargeldbestände in den vergangenen 10 Jahren entwickelt haben. Handelt es sich bei dem hohen Bargeldbestand um eine einmalige Erscheinung, spricht die Existenz eher für ein einmaliges Ereignis. Das könnte der Verkauf eines Geschäftsbereichs sein oder auch die Platzierung einer großen Menge an Unternehmensanleihen auf dem Kapitalmarkt. Möchte der Investor dies genauer wissen, muss er die Kapitalflussrechnung sehen oder die Erläuterungen zu diesem Posten im Geschäftsbericht lesen.

Liegt hingegen eine gewisse Kontinuität vor, d. h. dauerhaft hohe Bargeldbestände, so ist anzunehmen, dass diese aus einem oder mehreren Geschäftsbereichen herrühren, die im laufenden Betrieb mehr Cash produzieren, als das Unternehmen verbrennt. Dies ist ein Szenario, das der intelligente Investor durchaus gerne sieht, denn ein Unternehmen, für das dieser Fall zutrifft, ist häufig ein herausragendes Unternehmen.

Sollten mit viel Bargeld auch noch wenige oder gar keine Schulden einhergehen, dann stehen die Chancen gut, ein wirklich herausragendes Unternehmen vor sich zu sehen, das Notzeiten gut überstehen kann, selbst dann, wenn es kurzfristige wirtschaftliche Probleme hat und von den Börsenteilnehmern nicht gemocht wird. Letzteres bedeutet übrigens, dass das Unternehmen dann wahrscheinlich zu einem attraktiven Preis auf dem Markt ist, was für den Anleger von großer Bedeutung ist, denn der Preis eines Unternehmens muss eben auch stimmen, wenn er es kaufen will.

Wenig oder kein Bargeldbestand übrigens bedeutet gewöhnlich, dass die Wirtschaftlichkeit des Unternehmens schlecht oder mittelmäßig ist. Davon lässt der intelligente Investor die Finger, es sei denn, er sieht sich in der Lage, das damit verbundene Risiko entsprechend einschätzen zu können.

Den nächsten Posten in der Bilanz stellen die Forderungen (Accounts Receivables) dar. Ich möchte zusammen mit diesen auf die Aktiven Rechnungsabgrenzungsposten (Prepaid Expenses) und das sonstige Umlaufvermögen (Other Current Assets) eingehen, denn diese Zahlen sagen dem Anleger grundsätzlich relativ wenig über das Unternehmen. Sie sind für seine Recherche weitgehend uninteressant, weswegen nur ein paar erklärende Worte dazu gefunden werden sollen.

Die meisten Unternehmen verkaufen ihre Produkte auf Kredit, statt sofort Bargeld dafür zu erhalten. Die Bezahlung der Ware:

Jeder kennt das selbst, wenn er schon einmal etwas auf Rechnung bestellt hat, hat meistens ein Zahlungsziel von z. B. 14 oder 30 Tagen. Bei Unternehmen können es auch 60–90 Tage sein. Im Grunde handelt es sich bei diesen Zahlungszielen um nichts anderes als ein zinsfreies Darlehen für den Käufer. Forderungen sind also Bargeld, das in Zukunft in das Unternehmen fließen wird, aber zum jetzigen Zeitpunkt noch nicht erhalten wurde. Bei den Rechnungsabgrenzungsposten handelt es sich um Forderungen, die von einem Unternehmen in diesem Geschäftsjahr bereits bezahlt wurden, die jedoch erst im kommenden Jahr fällig werden. Ein Beispiel wären Versicherungsbeiträge, die während des Jahres für ein Jahr zu begleichen sind. Ein Teil dieser Beiträge wird in dem laufenden Geschäftsjahr fällig, ein anderer Teil erst im nächsten. Dieser andere Teil würde als Rechnungsabgrenzungsposten verbucht.

Zum sonstigen Umlaufvermögen gehören z. B. Maschinen etc., die verkauft werden sollen oder auch Derivate, um Fremdwährungsschwankungen auszugleichen.

Grundsätzlich sind diese Zahlen im Detail wenig relevant. Allerdings bergen offene Forderungen das Risiko, dass sie nicht beglichen werden, man also Ware ausgeliefert hat, für die man aber keine Zahlung erhält. Sind diese Forderungen sehr hoch, kann das problematisch werden.

In der Rubrik Vorräte (Inventory oder Stock) sind Werte wie Rohstoffe und Güter, die sich noch im Produktionsprozess befinden, und fertige Güter zusammengefasst. Wenn der intelligente Investor einen Blick auf die Vorräte wirft, achtet er darauf, dass bei Unternehmen, die etwas herstellen und an denen er interessiert ist, die Vorräte und der Gewinn gemeinsam steigen. Das deutet nämlich darauf hin, dass das Unternehmen Möglichkeiten findet, seinen Umsatz gewinnbringend zu steigern und die Umsatzsteigerung eine Steigerung der Vorräte erfordert, damit das Unternehmen seine Bestellungen pünktlich bedienen kann.

Wenn hingegen bei einem Unternehmen im verarbeitenden Gewerbe die Vorräte ein paar Jahre rapide zunehmen und dann genauso rapide wieder zurückgehen, gehört dieses Unternehmen wahrscheinlich einer wettbewerbsintensiven Branche an, die Auf- und Abschwüngen ausgesetzt ist. Dann muss man genau prüfen, ob man bereit ist, das damit verbundene Risiko zu tragen, weil das Unternehmen an sich hervorragend ist, oder ob man lieber die Finger von diesem Unternehmen lässt, was wahrscheinlich die sinnvollere Wahl wäre.

Anlagevermögen

Bilanz Beispiel-AG		
Aktiva		**in Mio. €**
langfristige Anlagen	*Non-Current Investments*	2.300
Sachanlagen	*Property, Plant, and Equipment*	15.800
Immaterielle Vermögenswerte	*Patents, Trademarks and other Intangibles*	700
Goodwill		1.100
Summe Anlagevermögen	***Non-Current Assets***	**19.900**

Beim Anlagevermögen (Non-Current Assets) handelt es sich um Vermögen, das nicht innerhalb eines Jahres in Bargeld umgewandelt werden kann oder soll. Auch hier gibt es einige interessante Positionen, die man sich ansehen kann, um herauszufinden, ob man womöglich ein herausragendes Unternehmen vor sich hat oder nicht.

Starten wir mit den langfristigen Anlagen (Non-Current Investments oder auch Long-Term Investments). Bei diesen Anlagen handelt es sich um jene, die Einkommen für das Unternehmen generieren, das nicht aus dem herrührt, was das Unternehmen im Eigentlichen herstellt. Das könnten Beteiligungen an anderen Firmen oder Tochterfirmen sein, die mit dem operativen Geschäft nicht in Verbindung stehen. Es könnte sich auch um Anleihen oder Immobilien handeln. Die langfristigen Anlagen werden in der Bilanz entweder zum Kaufpreis oder zum Marktpreis geführt, je nachdem, welcher dieser Werte niedriger ist. Das hat zur Folge, dass bei steigendem Marktwert dieser Posten nicht über den Kaufpreis steigen kann. Interessant an dieser Position ist, dass manche Unternehmen über einen sehr wertvollen Vermögenswert verfügen, den es in den Büchern weit unter Marktwert führen muss.

Solche Vermögenswerte können ein Unternehmen in Wirklichkeit viel wertvoller machen, als es nach außen hin scheint. Ein Umstand, der für den intelligenten Investor von nicht geringem Interesse ist, denn er würde bei einem Kauf weit mehr Wert erhalten, als er bezahlen muss.

Darüber hinaus können hohe langfristige Anlagen zwei Informationen geben. Zum einen könnte die Höhe darauf hindeuten, dass das Unternehmen sich zu wenig auf sein eigentliches Kerngeschäft konzentriert, was am Ende Auswirkungen auf den Umsatz und damit auf den Gewinn des Unternehmens haben kann. Zum anderen könnte es aber auch bedeuten, dass das Unternehmen sich gegen die Schwankungen der Zukunft absichert und damit die Einnahmen aufrechterhält. Ein Unternehmen, das letzteren Punkt im Blick hat, scheint mit Schwankungen zu rechnen, was für den Investor eher mit Risiko behaftet ist. Das Unternehmen könnte in einer wettbewerbsintensiven Branche tätig sein, was Einschätzungen über die Kontinuität des Unternehmens in Zukunft schwierig macht.

Auf den nächsten Posten, die Sachanlagen (Property, Plant, and Equipment) sind Unternehmen in der Regel angewiesen. Sie benötigen Maschinen, die die Produkte herstellen, Fabriken, in denen die Maschinen stehen, und einen Grund, auf dem die Fabriken gebaut werden können. Unternehmen, die Produkte herstellen, weisen eine hohe Position an Sachanlagen aus. Dies ist bei Unternehmen, die lediglich Produkte weiterverkaufen oder Dienstleistungen anbieten, ganz anders.

Sachanlagen und deren Höhe in der Bilanz können dem intelligenten Investor einen Hinweis darauf geben, wie wettbewerbsintensiv das Unternehmen agieren muss. Unternehmen, die in einem ständig sich wandelnden Umfeld agieren, müssen ihre Produkte regelmäßig erneuern, um konkurrenzfähig zu bleiben. Mit der Veränderung der Produkte geht meist eine Aktualisierung der Fabriken einher. Diese Unternehmen sind also gezwungen, ständig in ihre Sachanlagen zu investieren. Hotels beispielsweise müssen stets ihre Ausstattung erneuern und verbessern, um konkurrenzfähig zu bleiben. Dafür wird viel Geld benötigt. Dieses Geld ist nicht irgendein Geld, sondern das Geld der Eigentümer, also der Aktionäre.

Ein Unternehmen hingegen, das in einem Umfeld agiert, das Veränderungen weniger ausgesetzt ist, kann seine Maschinen einsetzen, bis sie gänzlich abgenutzt sind. Erst dann muss es neue anschaffen. Das gesparte Geld kann für weiteres Unternehmenswachstum eingesetzt werden. Dies führt eindeutig zu einem Vorteil, den der intelligente Investor nutzen möchte. Da über hohe Positionen an Sachanlagen zu verfügen nachteilig sein kann, möchte er hier ausschließlich Sachanlagen sehen, die für das Unternehmen auch Umsatz generieren können. Alle anderen Sachanlagen kosten die Eigentümer nur Geld. Die angesetzten Werte in der Bilanz sind die ursprünglichen Kosten abzüglich der Abschreibungen, die aufgrund der Abnutzung erfolgen.

Immaterielle Vermögenswerte (Patents, Trademarks and Other Intangibles) sind, wie die englische Bezeichnung schon verrät, Werte für Patente, Urheberrechte, Schutzmarken, Konzessionen, Markennamen etc. Dabei sollte man Folgendes beachten: Intern erzeugte immaterielle Vermögenswerte dürfen nicht in der Bilanz geführt werden. Das liegt daran, dass ihnen früher oft ein nicht nachvollziehbarer Wert beigemessen wurde, der dann den Wert des Unternehmens verfälschte. Jedoch dürfen immaterielle Werte, die von Dritten erworben wurden, zu einem angemessenen Wert in der Bilanz geführt werden. Man darf nicht annehmen, dass die hier aufgeführten Werte alle von Dritten erworben wurden. Auch wenn man intern erzeugte immaterielle Güter nicht führen darf, so ist es doch erlaubt, die dafür aufgewendeten Ausgaben für Forschung und Entwicklung zu verbuchen. Das bedeutet, dass alles Material und sämtliche Arbeitskosten, die in Verbindung mit der Herstellung der Produkte stehen, als Vermögenswert verbucht werden können. Das nennt man dann Kapitalisierung.

Immaterielle Vermögenswerte sollten stets mit einem möglichst genauen Wert in der Bilanz aufgeführt sein. Über die Kapitalisierung finden sich die Werte von Patenten etc. in der Bilanz wieder. Es ist aber zu beachten, dass diese immateriellen Vermögenswerte auch an Wert verlieren können, nämlich dann, wenn sie kein Einkommen generieren. Dann werden sie wie Sachanlagen abgeschrieben.

Der intelligente Investor übersieht diesen Posten nicht einfach, denn gute Patente oder auch eine bekannte Marke können einen Wettbewerbsvorteil des Unternehmens darstellen und so sein Risiko bei der Geldanlage reduzieren.

Den letzten Posten auf der Seite der Aktiva, den wir uns anschauen wollen, ist für die Bewertung nicht ausschlaggebend. Er scheint auf den ersten Blick ein wenig unverständlich, weswegen es sich lohnt, kurz auf ihn einzugehen, gerade wenn man daran interessiert ist, amerikanische Unternehmen zu erwerben. Diese Position trägt die Bezeichnung Goodwill. Hierbei handelt es sich um eine Position, die das Unternehmen selbst bestimmen kann. Wenn in der Bilanz die Bezeichnung Goodwill auftaucht, möchte das Unternehmen eine Differenz ausgleichen. Und zwar die Differenz, die entsteht, wenn man eine Sache zu einem höheren Preis gekauft hat, als sie wert ist. Nehmen wir an: Ein Unternehmen übernimmt ein anderes Unternehmen zu einem Preis von 1.000.000 €. Der Buchwert dieses anderen Unternehmens liegt allerdings nur bei 800.000 €. Die Differenz von 200.000 € kann das kaufende Unternehmen als Wert in der Rubrik Goodwill verbuchen.

Es ist nicht notwendig, sich buchhalterisch mit der Bilanz auszukennen, um sie in eine sinnvolle Anlageentscheidung einzubeziehen. Aber man sollte sich doch klarmachen, was sich hinter dem ein oder anderen Posten verbirgt. Wirklich wichtig für den intelligenten Investor sind weniger die einzelnen Positionen, sondern vielmehr die Summe des Umlaufvermögens und die Summe des Anlagevermögens. Diese beiden Zahlen benötigt er, um sie in Beziehung zu anderen zu setzen, die er auf der Seite der Passiva findet. Im Vergleich dieser Zahlen kann er ein herausragendes Unternehmen erkennen.

Passiva

Betrachten wir im Folgenden die Passiva; jene Positionen, die zeigen, was das Unternehmen anderen schuldet.

Bilanz Beispiel-AG		
Passiva		**in Mio. €**
Verbindlichkeiten aus Lieferungen und Leistungen	*Accounts Payable*	1.000
Kostenrückstellungen	*Tax Payable*	
kurzfristige Schulden		1.300
Summe kurzfristige Verbindlichkeiten		**2.300**
Langfristigen Schulden	*Long-Term Debt*	3.200
Latente Ertragssteuern	*Deferred Tax*	
zweifelhafte Forderungen	*Provision*	600
andere langfristige Schulden		2.300
Summe langfristige Verbindlichkeiten	***Non-Current Liabilities***	**6.100**
Gesamtverbindlichkeiten	***Total Liabilities***	**8.400**
Aktienkapital	*Share Capital*	2.200
Zusätzlich eingezahltes Kapital	*Additional Paid-In Capital*	13.500
einbehaltener Gewinn	*Retained-Earnings*	13.000
eigene Anteile	*Treasury Stock*	-6.700
Summe Eigenkapital	***Total Equity***	**22.000**
Bilanzsumme	***Total Liabilities and Equity***	**30.400**

Kurzfristige Verbindlichkeiten

Bilanz Beispiel-AG		
Passiva		**in Mio. €**
Verbindlichkeiten aus Lieferungen und Leistungen	*Accounts Payable*	1.000
Kostenrückstellungen	*Tax Payable*	
kurzfristige Schulden		1.300
Summe kurzfristige Verbindlichkeiten		**2.300**

Wie die Vermögenswerte sind die Verbindlichkeiten (Liabilities) in kurzfristige und langfristige unterteilt, also in jene, die innerhalb von einem Jahr zu begleichen sind und jene, die erst nach einem Jahr fällig werden. Auch hier beginnen wir mit den liquideren, den kurzfristigen Verbindlichkeiten (Current Liabilities).

Hierbei handelt es sich z. B. um Darlehen einer Bank oder auch Geldmarktpapiere, die innerhalb der nächsten zwölf Monate fällig werden. Unternehmen machen von der Aufnahme kurzfristiger Verbindlichkeiten Gebrauch, da kurzfristiges Geld grundsätzlich billiger ist als langfristiges. Auch wenn wirklich herausragende Unternehmen nur wenige oder gar keine kurzfristigen Schulden benötigen, kann es sich bei einem niedrigen Zinssatz durchaus lohnen, welche aufzunehmen. Deswegen ist für den intelligenten Investor hier eher das Verhältnis im Vergleich zu den langfristigen Schulden (diese sollten höher sein) und zum kurzfristigen Vermögen wichtig. Hierauf kommen wir ein wenig später noch genauer zu sprechen.

Betrachten wir uns die wichtigen Posten der kurzfristigen Verbindlichkeiten genauer. Verbindlichkeiten aus Lieferungen und Leistungen (Accounts Payable) sind das Gegenstück zu den Forderungen. Ein Unternehmen bietet nicht nur Waren und Dienstleistungen an. Es muss oft auch, um diese überhaupt anbieten zu können, selbst auf Waren und Dienstleistungen anderer zurückgreifen, die es dann ebenfalls mit einem Zahlungsziel erhält. Diese werden unter dieser Kategorie zusammengefasst. Das heißt, alle Rechnungen, die das Unternehmen innerhalb einer bestimmten Frist zu begleichen hat, dies aber noch nicht gemacht hat, sind sogenannte Verbindlichkeiten aus Lieferungen und Leistungen. Als Gegenstück zu den Forderungen sind diese Verbindlichkeiten diesmal ein zinsfreies Darlehen für das Unternehmen.

Ein zweiter wichtiger Posten sind die Kostenrückstellungen (Tax Payable). Ich fasse die deutsche und die amerikanische Position hier zusammen, auch wenn sie nicht gänzlich identisch sind. Die amerikanische Darstellung reduziert sich ausschließlich auf zu bezahlende Steuern. Gemeint sind die Steuern, die das Unternehmen für die Produkte oder den Service, die sie verkauft, zu bezahlen, aber noch nicht beglichen hat. Die Steuern stehen folglich noch aus. Sind sie beglichen, reduziert sich die Position in der Bilanz und die bezahlte Steuer erscheint in der GuV-Rechnung.

In der deutschen Bilanz finden sich neben der Umsatzsteuer auch ausstehende Löhne, Mieten usw. Es handelt sich hierbei um entstandene Verbindlichkeiten, die dem Unternehmen noch nicht in Rechnung gestellt wurden. Man könnte dabei an jemanden denken, der eingestellt wird und den man erst am Monatsende bezahlt. Jeder Tag, an dem er arbeitet, wird als Kostenrückstellung in der Bilanz verbucht.

Langfristige Verbindlichkeiten

Bilanz Beispiel-AG		
Passiva		**in Mio. €**
Langfristigen Schulden	*Long-Term Debt*	3.200
Latente Ertragssteuern	*Deferred Tax*	
zweifelhafte Forderungen	*Provision*	600
andere langfristige Schulden		2.300
Summe langfristige Verbindlichkeiten	***Non-Current Liabilities***	**6.100**
Gesamtverbindlichkeiten	***Total Liabilities***	**8.400**

Langfristige Verbindlichkeiten (Non-Current Liabilities) sind logischerweise jene, die erst nach einem Jahr fällig werden. Wir konzentrieren uns auch hier auf einige wenige. Bei den langfristigen Schulden (Long-Term Debt) handelt es sich um eine sehr wesentliche Position. Sie sind schlicht und einfach Darlehen, die das Unternehmen zur Finanzierung unterschiedlicher Ausgaben aufgenommen hat. Sicherlich kann ein Unternehmen sich auch über die Ausgabe neuer Aktien finanzieren, doch der Vorteil eines Kredits liegt darin, dass der Kreditgeber auf diese Weise keinen Einfluss auf das Tagesgeschäft nehmen kann. Ganz im Gegensatz zur Ausgabe von Unternehmensbeteiligungen. Aus diesem Grund sind langfristige Schulden durchaus ein sehr populäres Mittel, um Geld zu beschaffen.

Im Zusammenhang mit langfristigen Schulden gibt es einen erstaunlichen und interessanten Aspekt. Normalerweise handelt es sich bei diesen Schulden um Geld, das man zurückzahlen muss. Doch das ist nicht immer so. Oft hat selbst die Bank nichts dagegen, wenn die gesamten Schulden nicht voll und ganz beglichen werden. Das liegt daran, dass Schulden zu haben sich sowohl für das Unternehmen als auch für die Bank lohnen kann. Für ein Unternehmen lohnt sich die Rückzahlung der Schulden beispielsweise nicht, wenn die Zinsen so niedrig sind, dass sie unter der Inflationsrate liegen. Solange das Unternehmen über ausreichend Vermögen verfügt, kann es das gesparte Geld, also jenes, das nicht für Rückzahlungen des Kredits genutzt wird, anderweitig verwenden. Es könnte das gesparte Geld in das Unternehmen investieren, damit es wächst und mehr Profit generiert. Es könnte das Geld auch gewinnbringend anlegen, z. B. in Anlageobjekte, die mehr Zinsen bringen, als das Unternehmen an die Bank zu zahlen hat. Auf diese Weise macht ein Unternehmen häufig einen größeren Profit, als es durch die Rückzahlung des Darlehens erzielen würde.

Die Bank verdient ihrerseits Geld durch die Differenz der Zinsen, die sie an die Zentralbank oder Kunden für geliehenes Geld bezahlt, und den Zinsen, die sie für Geld verlangt, das sie selbst verleiht. Das ist ihr Geschäftsmodell. Deswegen haben Banken in der Regel nichts dagegen, wenn die Kredite nicht vollständig zurückbezahlt werden. Solange das der Fall ist, erhält die Bank regelmäßig ihre Zinsen, verdient also Geld. Und solange die Rückzahlungen seitens des Unternehmens gesichert sind, ist auch für sie alles in Ordnung.

Man sollte jetzt jedoch nicht den Eindruck erhalten, dass Schulden stets etwas Gutes sind. Wichtig ist immer, dass sowohl der Kredit als auch das damit verbundene Risiko kontrollierbar sind. Zur Kontrolle dieses Risikos dient dem intelligenten Investor auch hier das Zinsdeckungsverhältnis, wie wir es schon in der GuV kennengelernt haben. Allerdings dienen uns diesmal andere Parameter als Grundlage für dessen Berechnung. Dazu kommen wir aber später noch genauer.

Auch wenn langfristige Schulden gerne zur Finanzierung von Projekten genutzt werden, können wenige oder gar keine langfristigen Schulden ein Hinweis auf ein herausragendes Unternehmen sein. Denn diese Unternehmen sind oft derart finanzstark, dass sie Expansionen und Übernahmen aus ihren eigenen Mitteln stemmen können. Wichtig ist aber auch hier wieder die Dauerhaftigkeit. Der intelligente Investor betrachtet die langfristige Verschuldung über die letzten Jahre, am besten über zehn Jahre. Wenn ein Unternehmen es schafft, zehn Jahre lang über wenig bis keine langfristige Verschuldung zu verfügen, hat es wahrscheinlich einen Wettbewerbsvorteil. Diese Unternehmen zeichnen sich oft durch ihre herausragende Position aus. Wenn der intelligente Investor die langfristigen Schulden betrachtet, achtet er darauf, dass das Unternehmen in der Lage ist, mit seinem Reingewinn seine gesamten langfristigen Schulden innerhalb von drei oder vier Jahren abtragen zu können.

Der nächste Posten mag zwar ein kleiner sein, dennoch lohnt sich aber durchaus eine genauere Betrachtung. Es handelt sich dabei um zweifelhafte Forderungen (Provisions).

Ein Unternehmen verkauft seine Waren und Dienstleistungen mit Zahlungsziel oder auch direkt auf Kredit. Dabei muss es immer damit rechnen, dass einige Schuldner der Begleichung ihrer Verbindlichkeiten nicht nachkommen werden. Das Unternehmen trägt also ein Ausfallrisiko. Für diesen Fall legt das Unternehmen Geld beiseite, mit dem es dieses Problem ausgleicht. Dieses Geld wird unter der Rubrik „Provisions" in der Bilanz geführt. Dabei ist zu beachten, dass diese Position lediglich eine Schätzung ist und nie genau. Aus diesem Grund variiert die Höhe der zweifelhaften Forderungen auch von Bilanz zu Bilanz. Wichtig für den intelligenten Investor ist, und deswegen wagen wir einen kleinen Blick darauf, dass die Höhe dieser Position ihm etwas darüber aussagen kann, mit welchem Ausfallrisiko das Unternehmen rechnet. Weist es einen hohen Betrag aus, ist das Risiko logischerweise ebenfalls hoch. Für den Anleger ist dies wichtig, denn am Ende begleicht er als Eigentümer des Unternehmens diese Rechnung für das ausgefallene Geld.

Eigenkapital oder Aktionärskapital

Bilanz Beispiel-AG		
Passiva		**in Mio. €**
Aktienkapital	*Share Capital*	2.200
Zusätzlich eingezahltes Kapital	*Additional Paid-In Capital*	13.500
einbehaltener Gewinn	*Retained- Earnings*	13.000
eigene Anteile	*Treasury Stock*	-6.700
Summe Eigenkapital	***Total Equity***	**22.000**
Bilanzsumme	***Total Liabilities and Equity***	**30.400**

Dies ist der schönste Teil der Bilanz, denn er bezeichnet das, was den Aktionären gehört. Aus der Differenz der Vermögenswerte auf der Seite der Aktiva und der Verbindlichkeiten auf der Seite der Passiva berechnet sich das Eigenkapital, das auch dem Buchwert des Unternehmens entspricht.

Wie ich bereits erwähnte, handelt es sich beim Eigenkapital (Equity) grundsätzlich um jene Vermögenswerte, die das Unternehmen den Eignern des Unternehmens schuldet, weswegen es sich auch auf der Seite der Passiva befindet. Eigenkapital ist also eine Form von Kredit, diesmal nicht von Fremden, sondern von den Eigentümern. Das Eigenkapital bildet die Grundlage zur Berechnung der Eigenkapitalrendite. Sie zeigt an, wie gut das Vermögen des Anlegers, das er im Unternehmen hat, für ihn arbeitet und sich weiter mehrt. Daran ist er schließlich interessiert, wenn er in ein Unternehmen investiert.

Welche wichtigen Positionen finden sich unter dieser Rubrik der Passiva? Da wäre zum einen das sogenannte Aktienkapital oder „Share Capital". Meist ist dieser Posten als Stammaktien oder Vorzugsaktien ausgewiesen. Die Aktien werden hier zu ihrem Nennwert verbucht. Wir finden in der Summe den Nennwert aller sich im Umlauf befindlichen Aktien. Die Erträge, die über den Nennwert hinausgehen, finden sich in der nächsten Position. Das Aktienkapital wird ausgewiesen, um auf dem Laufenden hinsichtlich der ausgegebenen Aktien und Aktiensplits zu bleiben.

Sicherlich werden Aktien eines Unternehmens selten zu ihrem Nennwert ausgegeben. Der Preis am Markt ist in der Regel um einiges höher. Um die Differenz zwischen dem Nennwert und dem erzielten Verkaufspreis auszugleichen, gibt es in der Bilanz die Position „zusätzlich eingezahltes Kapital" (Additional Paid-In Capital).

Sehen wir uns das an einem Beispiel an. Nehmen wir an, ein Unternehmen möchte weiteres Geld am Kapitalmarkt einsammeln. Dazu bietet es 100 weitere Aktien am Markt an. Nehmen wir zusätzlich an: Der Nennwert je Aktie beträgt 50 €, der Verkaufspreis am Kapitalmarkt jedoch 120 €. Der Nennwert aller verkauften Aktien beträgt folglich 50 € mal 100 Aktien gleich 5.000 €. Der erzielte Verkaufspreis für die 100 Aktien hingegen beträgt 120 € mal 100 Aktien gleich 12.000 €. Man sieht: Zwischen dem Nennwert und dem erzielten Verkaufspreis liegt eine Differenz von 7.000 €. In der Bilanz werden folglich 5.000 € unter dem Posten „Aktienkapital" verbucht und 7.000 € unter der Rubrik „zusätzlich eingezahltes Kapital". Der tatsächliche Preis für eine Aktie hat nichts mit ihrem Nennwert zu tun.

Dieser dient lediglich buchhalterischen Gesichtspunkten.

Unter dem Begriff „einbehaltener Gewinn“ (Retained Earnings) findet sich die Summe aller in den vorangegangenen Jahren eingezahlten Reingewinne, die das Unternehmen erwirtschaftet hat. Um also herauszufinden, wie viel das Unternehmen im abgelaufenen Geschäftsjahr zusätzlich einbehalten hat, muss man den Betrag des aktuellen Jahres von dem des letzten Jahres abziehen. Es gilt zu beachten, dass es sich bei dem einbehaltenen Gewinn nicht um Geld handelt, das an die Anteilseigner ausgezahlt werden kann. Das meiste des hier ausgewiesenen Betrags wurde in das Unternehmen reinvestiert, z. B. in zusätzliches Inventar oder in neue Gebäude. Man findet also dieses reinvestierte Kapital als Vermögenswert in der Bilanz. Dieses Kapital dient dem Unternehmen dazu, in Zukunft noch mehr Geld zu erwirtschaften. Dem intelligenten Investor gefällt es, wenn das verdiente Kapital in das Unternehmen zurückfließt und weiteres Geld für ihn verdient, sofern das Unternehmen über eine ausreichend hohe Eigenkapitalrendite verfügt.

Alternativ zur Einbehaltung des Gewinns könnte das Unternehmen ihn auch dazu verwenden, Dividenden auszuzahlen oder Aktien zurückzukaufen. Wird der Gewinn jedoch einbehalten und gewinnbringend verwendet, kann das die langfristige wirtschaftliche Situation des Unternehmens verbessern. Warren Buffett verfolgt dieses Prinzip seit jeher für Berkshire Hathaway. Er hat den Reingewinn zu 100 % einbehalten und so wurde aus einem Aktionärskapital von $19 je Aktie im Jahr 1965 eines von auf $567.000 je Aktie im Jahr 2023.

Der Vorteil einbehaltener Gewinne und deren gewinnbringende Verwendung ist, dass je mehr Kapital angehäuft wird, desto mehr Vermögen entsteht auch. Dabei verstärkt sich dieser Prozess ähnlich wie der Zinseszinseffekt. Jedes Kapital produziert also Kapital, das wiederum Kapital erzeugt, zusätzlich zu dem vorherigen. Man sieht: Nur Unternehmen, die ihre einbehaltenen Gewinne vermehren, mehren auch ihr Vermögen. Diese Unternehmen helfen dem intelligenten Investor, selbst ein Vermögen aufzubauen.

Ein negativer einbehaltener Gewinn ist aber nicht zwangsweise eine negative Aussage über die Qualität des Unternehmens. Microsoft verwendet große Teile seiner angehäuften Gewinne unter anderem dafür, Aktien zurückzukaufen und Dividenden auszuzahlen. Man ist von der eigenen Leistungsfähigkeit derart überzeugt, dass man eine Anhäufung nicht für allzu notwendig hält. Bei negativer Entwicklung sollte man einen Blick darauf werfen, woher diese rührt.

Der nächste Posten sind die sogenannten eigenen Anteile (Treasury Stock). Wird der Reingewinn oder ein Teil davon nicht dazu verwendet, ihn in das Unternehmen zu reinvestieren, kann das Unternehmen eigene Aktien zurückkaufen. Für den Anteilseigner bedeutet der Rückkauf von Aktien, dass er danach über einen größeren Anteil am Unternehmen verfügt als zuvor und das ohne eine zusätzliche Aktie erworben zu haben.

Verdeutlichen wir das auch an einem kleinen Beispiel. Nehmen wir an, ein Unternehmen hat 100 Aktien ausgegeben. Nehmen wir weiter an, das Unternehmen hat im abgelaufenen Jahr einen Gewinn von 100 € erzielt.

$$\frac{100 \text{ (Euro)}}{100 \text{ (Aktien)}} = 1 \ \frac{€}{\text{Aktie}}$$

Wenn ein Anleger nun 5 Aktien des Unternehmens sein Eigen nennt, beträgt sein Anteil am Gewinn:

$$1 \ \frac{€}{\text{Aktie}} \cdot 5 \text{ (Aktien)} = 5 \text{ €}$$

Sein Anteil am Gewinn beträgt also 5 €. Kauft das Unternehmen nun 5 Aktien zurück, so verblieben am Markt noch 95 Aktien.

$$\frac{100 \text{ (Euro)}}{95 \text{ (Aktien)}} = 1{,}05 \ \frac{€}{\text{Aktie}}$$

Wenn der Anleger weiterhin 5 Aktien davon hält, so beträgt sein Anteil am Gewinn nun:

$$1{,}05\ \frac{€}{\text{Aktie}} \cdot 5\ (\text{Aktien}) = 5{,}25\ €$$

Sein Anteil am Gewinn hat sich um

$$\frac{(5{,}25-5)\ €}{5\ €} = 0{,}05 \text{ bzw. } 5\,\%$$

erhöht. Für Investoren sind Aktienrückkäufe grundsätzlich eine gute Sache, da sie ihren eigenen Anteil am Unternehmen erhöhen. Eigene Anteile werden zu jenem Preis angegeben, den das Unternehmen für die Aktien am Kapitalmarkt beim Kauf bezahlen musste. Sie basieren also auf früheren Marktpreisen und nicht auf den aktuellen.

Werden eigene Anteile in der Bilanz aufgeführt, hält sich das Unternehmen die Möglichkeit offen, die Aktien zu einem anderen Zeitpunkt wieder auf dem Markt zu platzieren, wenn es dies für notwendig hält. Diese Aktien haben jedoch kein Stimmrecht mehr und sie erhalten auch keine Dividenden. In der Bilanz werden die Aktien als negativer Wert geführt, da sie das Aktionärskapital reduzieren, auch wenn das Vermögen des Unternehmens das gleiche bleibt.

Alternativ zur eben genannten Methode kann das Unternehmen die Aktien auch einfach streichen. Dann existieren sie nicht mehr.

Grundsätzlich ist es ein gutes Zeichen, wenn Unternehmen „eigene Anteile“ in der Bilanz führen, denn diese zeigen, dass sie so viel verdienen, dass sie in der Lage sind, mit dem Geld Aktien zurückzukaufen. Dennoch wirft der intelligente Investor einen genauen Blick auf diese Zahl, wenn sie in der Bilanz auftaucht. Warum?

Eigene Anteile haben einen Effekt auf das Eigenkapital des Unternehmens und damit auch auf die Eigenkapitalrendite. Da die eigenen Anteile das Eigenkapital senken, erhöht sich dadurch zwangsläufig die Eigenkapitalrendite des Unternehmens. Um also den korrekten Wert der Eigenkapitalrendite und deren Steigerung herauszubekommen, rechnet der intelligente Investor die eigenen Anteile zum Aktionärskapital hinzu und teilt den Reingewinn erst dann durch diese Summe. Im Übrigen wird auch der Verschuldungsgrad von eigenen Anteilen beeinflusst. Ich werde darauf noch näher eingehen.

Durch das Einbeziehen der eigenen Anteile sieht der intelligente Investor genau, inwieweit das Unternehmen in der Lage war, das Geld des Eigentümers, also eventuell sein eigenes, zu steigern. Und er bereinigt damit die Eigenkapitalrendite von sogenanntem Financial Engineering, was die Daten des Unternehmens verfälschen würde. Er verhindert also, dass er von einer starken Wirtschaftlichkeit ausgeht, obwohl nur unternehmensinterne Finanzjongleure mittels eigener Anteile für ein falsches Bild gesorgt haben. Für sein Ziel, ein Vermögen aufzubauen, wäre dies eher schädlich.

Profitabilität, Liquidität und Solvenz

Nach der Betrachtung einiger wichtiger Positionen der Bilanz können wir nun in den wesentlich interessanteren Teil einsteigen, auf dessen Grundlage der intelligente Investor dann seine Entscheidung über einen möglichen Kauf treffen kann.

Wie auch bei der GuV gibt es wichtige Verhältnisse von Zahlen zueinander, die er berechnet und aus denen er Schlüsse über die Qualität des Unternehmens zieht. Dazu dienen ihm bestimmte Richtwerte, die ihn bei der Entscheidung unterstützen sollen.

Zur Berechnung mancher Verhältnisse benötigt man Zahlen aus der GuV-Rechnung. Verhältnisse können auf zweierlei Weise betrachtet werden. Zum einen für das einzelne Jahr, für das man dieses Verhältnis berechnet. Zum anderen dafür, die Verhältnisse einzelner Jahre miteinander zu vergleichen. Darüber hinaus kann man sie auch benutzen, um unterschiedliche Unternehmen aus verschiedenen Branchen miteinander zu vergleichen, muss aber immer die Hintergründe dieser Unternehmen im Auge behalten. Wie auch in der GuV geben die Verhältnisse der Bilanz dem intelligenten Investor unterschiedliche Auskunft über das Unternehmen. Es gibt Verhältnisse, die ihm etwas darüber verraten, wie profitabel das Unternehmen wirtschaftet. Andere geben ihm Aufschluss über die Liquidität des Unternehmens. Und es gibt welche, die ihm einen Einblick in die Solvenz des Unternehmens geben.

Profitabilität

Das wichtigste Verhältnis, das wir berechnen, haben wir schon kennengelernt. Es handelt sich um die sogenannte Eigenkapitalrendite (EKR), im Englischen Return on Equity (ROE). Die EKR gibt dem intelligenten Investor einen Hinweis darauf, wie profitabel das Unternehmen den Reingewinn reinvestiert. Sie berechnet sich wie folgt:

$$\text{EKR} = \frac{\text{Reingewinn}}{\text{Eigenkapital (+ eigene Anteile)}}$$

Nehmen wir die Bilanz der Beispiel-AG zur Hilfe und schauen, wie es mit dem betrachteten Unternehmen aussieht.

Das Eigenkapital beträgt 22.000 €. Die eigenen Anteile belaufen sich auf 6.700 €. Aus der GuV wissen wir, dass der Reingewinn 3.000 € beträgt. Setzen wir die Werte in unsere Formel ein, erhalten wir:

$$\text{EKR} = \frac{3.000\ €}{(22.000\ € + 6.700\ €)} = 0{,}105 \text{ bzw. } 10{,}5\,\%$$

Was sagt die EKR dem intelligenten Investor?

Allgemein sagt sie ihm, inwieweit das Unternehmen im abgelaufenen Jahr in der Lage war, das Geld der Eigentümer zu mehren.

Für die Beipiel-AG bedeutet das konkret, dass von 100 €, die vom Unternehmen reinvestiert wurden, der Eigentümer 10,50 € zurückerhalten hat. Je mehr er zurückerhält, desto besser. Aus diesem Grund ist er natürlich daran interessiert, dass die EKR möglichst hoch ist. Eine hohe EKR bedeutet, dass das Unternehmen die Gewinne, die es einbehält, gut einsetzt. Im Laufe der Zeit summieren sich diese hohen Eigenkapitalrenditen und steigern den zugrunde liegenden Wert des Unternehmens. Wenn er es nicht schon getan hat, erkennt dies irgendwann auch der Markt und die Aktie steigt und passt sich dem Wert des Unternehmens an. Die EKR ist eine der wichtigsten Zahlen, an der sich der intelligente Investor orientiert. Auf der Suche nach herausragenden Unternehmen dient ihm diese Zahl als einer der wesentlichen Faktoren. Das sieht auch Warren Buffett ähnlich. Da die EKR ein Gradmesser für die Fähigkeit des Managements ist, das ins Unternehmen eingesetzte Kapital in Gewinn zu verwandeln, ist Buffett auf der Suche nach einer starken und dauerhaften EKR. Denn sie sagt ihm gleichzeitig etwas über das Management aus, auf dessen Qualität er sehr großen Wert legt.

Rechnen wir ein weiteres Mal, um besser zu verstehen, was es mit der Effizienz auf sich hat. Sagen wir, ein Unternehmen kauft eine Maschine für 100.000 €. Diese Maschine produziert einen jährlichen Gewinn von 10.000 €. Nach unserer Formel zur Eigenkapitalrendite lautet die Rechnung:

$$\text{EKR} = \frac{10.000\ €}{100.000\ €} = 0{,}1 \text{ bzw. } 10\,\%$$

Die Maschine erwirtschaftet also eine EKR von 10 %.

Nun steht das Unternehmen im zweiten Jahr vor der Situation, dass es sich zwischen zwei Möglichkeiten entscheiden kann.

Die erste Möglichkeit besteht darin, eine weitere Maschine zu einem Preis von 200.000 € zu kaufen, die ebenfalls einen Gewinn von 10.000 € erwirtschaftet. Die EKR im nächsten Jahr betrüge:

$$\begin{aligned} \text{EKR} &= \frac{\text{Reingewinn (1)} + \text{Reingewinn (2)}}{\text{Eigenkapital (1)} + \text{Eigenkapitel (2)}} \\ &= \frac{10.000\ € + 10.000\ €}{100.000\ € + 200.000\ €} = 0{,}067 \text{ bzw. } 6{,}7\,\% \end{aligned}$$

Die zweite Möglichkeit besteht darin 50.000 € in ein anderes Unternehmen zu investieren. Dieses Unternehmen erwirtschaftet ebenfalls einen Gewinn von 10.000 €. Die neue EKR betrüge:

$$\text{EKR} = \frac{10.000\,€ + 10.000\,€}{100.000\,€ + 50.000\,€} = 0{,}133 \text{ bzw. } 13{,}3\,\%$$

Was zeigt uns dieses Beispiel? Wir sehen, dass bei beiden Varianten das Unternehmen einen Gewinn von 20.000 € erwirtschaftet. Die zweite Möglichkeit jedoch ist für das Unternehmen wesentlich lukrativer, da der Mitteleinsatz hier weit effizienter ist. Während bei der ersten Möglichkeit 300.000 € eingesetzt werden müssen, um 20.000 € zu erzielen, wird bei der zweiten Möglichkeit nur die Hälfte, also 150.000 €, benötigt. Das bedeutet, dass hier weniger Geld gebunden ist. Das freie Geld kann das Unternehmen nun wiederum dazu nutzen, es sinnvoll und gewinnbringend zu investieren.

Die EKR ist also eine wichtige Zahl, nach der der intelligente Investor unbedingt sieht, denn die meisten Unternehmen reinvestieren seinen Anteil am Gewinn, oder einen Teil davon in das Unternehmen und die EKR sagt ihm, wie effizient sie dies für ihn tun.

Wie hoch sollte die Eigenkapitalrendite sein?

Einen Wert zu setzen, ist in diesem Fall etwas schwieriger. Gute Unternehmen weisen oft eine durchschnittliche EKR von 8 % über die letzten 10 Jahre aus. Dies ist ein vernünftiger Wert. Mindestens 10 % sind natürlich besser. Wichtig dabei ist auch hier wieder eine konstante oder besser steigende EKR. Der intelligente Investor schaut sich also wieder den Trend an.

Er verlässt sich nie auf den aktuellen Stand. Er betrachtet die Unternehmen grundsätzlich über längere Zeiträume. Wenn ein Unternehmen auf Dauer nicht in der Lage ist, einen proportional höheren Gewinn zu erzielen, wenn es die Gewinne reinvestiert, wird über die Zeit hinweg die EKR sinken.

Auf einen Aspekt möchte ich an dieser Stelle noch hinweisen, denn auch das sollte man nicht übersehen. Manche Unternehmen sind so profitabel, dass sie keine Gewinne einbehalten. Ihre EKR ist deswegen negativ. Der Unterschied zu unprofitablen und insolventen Unternehmen ist, dass profitable Unternehmen gleichzeitig über dauerhaft hohe Reingewinne verfügen. Insolvente Unternehmen verfügen hingegen über Verluste. Es ist also auch hier ein Blick auf den Reingewinn nötig, um die Zahlen ins rechte Bild zu rücken.

Die Gesamtkapitalrendite (GKR), im Englischen „Return On Investments" (ROI), gibt die „Verzinsung" des gesamten in einem Unternehmen eingesetzten Kapitals, das sich aus Eigenkapital und Fremdkapital zusammensetzt, an. Sie sagt dem Investor also etwas über die Profitabilität des gesamten eingesetzten Kapitals aus, indem sie fragt, wie rentabel dieses im Unternehmen eingesetzt wird.

Für den intelligenten Investor ist die GKR weniger von Belang, da es sich eigentlich nur lohnt, sie zu berechnen, wenn man Unternehmen mit einer hohen Verschuldung kauft. Da der intelligente Investor jedoch einen Verschuldungsgrad von unter 0,5 bevorzugt, lohnt die Berechnung für ihn eigentlich nicht. Auf den Verschuldungsgrad kommen wir noch zu sprechen. Hier nur soviel: Je niedriger die Verschuldung, umso näher liegen die Werte von EKR und GKR zusammen. Liegt keine Verschuldung vor, sind sie absolut identisch.

Die Formel für die Berechnung der GKR lautet:

$$\text{GKR} = \frac{\text{Reingewinn} + \text{Fremdkapitalzinsen}}{\text{Gesamtkapital}}$$

Das Gesamtvermögen oder Gesamtkapital entspricht der Bilanzsumme. Es gilt zu beachten, dass die GKR stets niedriger ausfallen wird als die EKR.

Da der intelligente Investor Unternehmen bevorzugt, die eine geringe Verschuldung aufweisen, nimmt er zur Berechnung eher die vereinfachte Form der ROI, die "Return On Assets" (ROA). Hierbei bleiben die Fremdkapitalzinsen außen vor, die bei kaum verschuldeten Unternehmen sehr niedrig ausfallen und damit vernachlässigt werden können. Die Formel lautet:

$$\text{ROA} = \frac{\text{Reingewinn}}{\text{Gesamtkapital}}$$

Daneben, wie rentabel ein Unternehmen das eingesetzte Kapital verwendet, sagt uns die ROA noch, wie schwer es konkurrierenden Unternehmen fallen könnte, es mit dem Unternehmen aufzunehmen. Da Kapital in fast allen Branchen eine Eintrittsbarriere darstellt, sind hohe Kosten für die Vermögensgegenstände, die es braucht, um zu produzieren, ein Wettbewerbsvorteil für das bereits tätige Unternehmen. Dabei ist jedoch eine reine Konzentration auf die Höhe der Kapitalrendite nicht ausreichend. Eine hohe ROA sollte mit hohen Vermögenswerten einhergehen.

Berechnen wir die ROA für die Beispiel-AG. Setzen wir den Reingewinn von 3.000 € und das Gesamtvermögen von 30.400 € in die Gleichung ein, erhalten wir:

$$\text{GKR} = \frac{3.000\ €}{30.400\ €} = 0{,}098 \text{ bzw. } 9{,}8\,\%$$

Vergleicht man EKR und ROA miteinander, erkennt man, dass sie sehr nah beieinander liegen. Das könnte bereits auf einen niedrigen Verschuldungsgrad hindeuten. Das sehen wir uns im Folgenden genauer an.

Liquidität

Der Liquiditätsgrad (Current Ratio) ist für den intelligenten Investor von wesentlicher Bedeutung. Liquide zu sein, ist für Unternehmen essenziell, genauso wie es auch für jeden Menschen selbst wichtig ist. Wenn plötzlich das Auto repariert werden muss, ist es gut, noch ein wenig Geld zur Verfügung zu haben, um die Rechnung bezahlen zu können. Man kann alle fälligen Rechnungen im Monat nur begleichen, wenn man ausreichend liquide ist. Ist man dazu nicht in der Lage, so hat man als Privatperson genauso wie Unternehmen ein großes Problem, denn dann ist man bald pleite. Das gilt es natürlich zu vermeiden.

Wie gut ein Unternehmen in der Lage ist, seine kurzfristigen Verbindlichkeiten zu begleichen, darüber gibt uns der Liquiditätsgrad (LG) Auskunft. Er wird wie folgt berechnet:

$$LG = \frac{\text{Umlaufvermögen}}{\text{kurzfristige Verbindlichkeiten}}$$

Wir vergleichen also die Verbindlichkeiten des Unternehmens, die innerhalb eines Jahres fällig werden, mit dem Vermögen, das es innerhalb des gleichen Zeitraums hält, und betrachten die Fähigkeit des Unternehmens, diese Verbindlichkeiten zu begleichen. Der intelligente Investor ist daran interessiert, dass der Liquiditätsgrad über 1 liegt, was einem Wert von 100 % entspricht. Ein Liquiditätsgrad über 1 bedeutet, dass das Unternehmen in der Lage ist, all seine kurzfristigen Verbindlichkeiten mit all seinem Umlaufvermögen zu begleichen. Ein Current Ratio von 2 bedeutet folglich, dass das Unternehmen mit seinem kurzfristigen Vermögen zweimal seine kurzfristigen Verbindlichkeiten begleichen könnte. Wenn das Unternehmen nicht mehr Geld innerhalb eines Jahres erhält, als es ausgibt, ist es gezwungen, weitere Schulden aufzunehmen oder die Verbindlichkeiten aus dem Vermögen heraus zu begleichen. Je höher das Verhältnis, umso liquider ist das Unternehmen und umso besser ist es in der Lage, laufende Verbindlichkeiten bei ihrer Fälligkeit zu bezahlen. Ein hoher Liquiditätsgrad ist ein typisches Anzeichen für ein gesundes Unternehmen. Benjamin Graham plädiert für einen Liquiditätsgrad von 1,5, um auf der sicheren Seite zu sein. Das heißt, ein Unternehmen sollte in der Lage sein, seine kurzfristigen Verbindlichkeiten eineinhalb mal aus seinem Umlaufvermögen begleichen zu können.

Allerdings muss man einschränkend sagen, dass ein zu hoher Liquiditätsgrad für den intelligenten Investor wiederum ebenfalls nicht gut ist. Liegt dieser z. B. über 5, könnte dies ein Anzeichen dafür sein, dass das Unternehmen ein schlechtes Geldmanagement hat und das Geld woanders besser angelegt wäre.

Andererseits gibt es herausragende Unternehmen, deren Liquiditätsgrad unter 1 liegt. Diese Unternehmen sind meist derart ertragsstark, dass sie die kurzfristigen Verbindlichkeiten aus ihrer Ertragskraft begleichen können. Bei diesen Unternehmen kann ein Liquiditätsgrad unter 1 daher rühren, dass sie von ihrer Ertragskraft Aktien des Unternehmens zurückgekauft haben, was einerseits die Bargeldbestände schmälert, dafür aber das Eigenkapital erhöht, statt die kurzfristigen Verbindlichkeiten zu verringern. Ebenso kann eine großzügige Dividendenpolitik die Bargeldbestände schmälern und das Verhältnis verschieben. Es empfiehlt sich wie immer, einen Liquiditätsgrad unter 1 stets zu hinterfragen und genauer zu untersuchen. Grundsätzlich achtet der intelligente Investor aber darauf, dass der Wert möglichst über 1,5 liegt.

Wie sieht es bei der Beispiel-AG aus?

Bilanz Beispiel-AG					
Aktiva		**in Mio. €**	**Passiva**		**in Mio. €**
Bargeldbestand und kurzfristige Finanzanlagen	*Cash an Cash Equivalents*	5.800	Verbindlichkeiten aus Lieferungen und Leistungen	*Accounts Payable*	1.000
Forderungen	*Accounts receivable*	1.600	Kostenrückstellungen	*Tax Payable*	
Vorräte	*Inventory*	1.800	kurzfristige Schulden		1.300
sonstiges kurzfristiges Umlaufvermögen	*other Current Assets*	1.300			
aktive Rechnungs-abgrenzungsposten	*Prepaid Expenses*	9.200			
Summe Umlaufvermögen	***Total Current Assets***	**10.500**	**Summe kurzfristige Verbindlichkeiten**	***Current Liabilities***	**2.300**

Das Umlaufvermögen beträgt 10.500 €, die kurzfristigen Verbindlichkeiten 2.300 €. Setzen wir die Zahlen in unsere Gleichung ein und berechnen den Liquiditätsgrad, so erhalten wir:

$$LG = \frac{10.500\ €}{2.300\ €} = 4{,}56$$

Der Liquiditätsgrad weist einen sehr hohen Wert auf, zeigt also eine hohe Liquidität, was uns Sicherheit gibt. Aber entsprechend der obigen Aussage sollte ein interessierter Investor genauer hinschauen, denn der Wert könnte also auf ein finanzielles Missmanagement hindeuten.

Solvenz

Nach der Berechnung der Liquidität berechnen wir nun die Solvenz oder auch die Zahlungsfähigkeit (Solvency) des Unternehmens.

Was den intelligenten Investor genauer interessiert, ist der sogenannte Verschuldungsgrad (VG) oder das „Debt-to-Equity Ratio“. Da er bei seinen Investments auch immer auf Sicherheit bedacht ist, ist der Verschuldungsgrad eine wichtige Zahl, die er sich ansieht. Er berechnet sich wie folgt:

$$VG = \frac{\text{Gesamtverbindlichkeiten}}{\text{Eigenkapital (+ eigene Anteile)}}$$

Die eigenen Anteile müssen zum Eigenkapital unbedingt hinzugerechnet werden. Das ist wichtig, da Unternehmen für den Rückkauf von Aktien ihr Eigenkapital verwenden. Würden die eigenen Anteile nicht berücksichtigt, würde es das Ergebnis des Verschuldungsgrades verfälschen. Er wird dann höher, als er tatsächlich ist. Die Eigenanteile zum Eigenkapital hinzuzurechnen, bereinigt die Verschuldungsquote.

Wie man schon bei der Betrachtung der langfristigen Verbindlichkeiten sehen konnte, ist eine gewisse Verschuldung nichts Dramatisches. Der Vorteil, einen Kredit aufzunehmen, liegt darin, dass man Prozesse beschleunigen kann, da man sich z. B. eine Maschine kauft, auch wenn man noch nicht über die nötigen Mittel dafür verfügt. Das kann dem Unternehmen helfen, konkurrenzfähig zu bleiben.

Das ist auch im Privatleben so. Die wenigsten Menschen können sich ein Haus von ihren Ersparnissen kaufen. Würden sie das

Geld ansparen, könnten sie sich wohl erst ein Haus leisten, wenn es fast zu spät ist. Wenn überhaupt.

Schulden allerdings können für ein Unternehmen auch zum Problem werden, wenn sie zu hoch sind. Deswegen ist es wichtig, die Schuldenquote möglichst gering zu halten. Wenige oder auch gar keine Schulden zu haben bedeutet, dass das Unternehmen äußerst flexibel agieren kann und in der Lage ist, sich schnell an notwendige Veränderungen anzupassen. Ohne diese Flexibilität kann ein Unternehmen schnell ins Hintertreffen geraten.

Berechnen wir den Verschuldungsgrad der Beispiel-AG:

Bilanz Beispiel-AG		
Passiva		**in Mio. €**
Gesamtverbindlichkeiten	***Total Liabilities***	**8.400**
Aktienkapital	*Share Capital*	2.200
Zusätzlich eingezahltes Kapital	*Additional Paid-In Capital*	13.500
einbehaltener Gewinn	*Retained- Earnings*	13.000
eigene Anteile	*Treasury Stock*	-6.700
Summe Eigenkapital	***Total Equity***	**22.000**
Bilanzsumme	***Total Liabilities and Equity***	**30.400**

Wir sehen, die Gesamtverbindlichkeiten betragen 8.400 €, das Eigenkapital 22.000 € und die eigenen Anteile 6.700 €. Setzen wir die Zahlen in die Gleichung ein und berechnen den Wert.

$$\text{VG} = \frac{8.400\ €}{22.000\ € + 6.700\ €} = 0{,}29 \text{ bzw. } 29\,\%$$

Was bedeutet der Verschuldungsgrad?

Sie sagt dem intelligenten Investor, dass der Anteil der Gesamtverbindlichkeiten am Eigenkapital des Unternehmens, also am Vermögen der Aktionäre, 29 % beträgt. Das bedeutet, dass das Unternehmen in der Lage wäre, sämtliche Schulden aus seinem Eigenkapital zu begleichen, und am Ende hätte es sogar noch einiges übrig. Das ist gut. Natürlich sollte der Verschuldungsgrad möglichst gering sein. Im Allgemeinen sagt man, dass ein

Grad von 0,8 das Risiko ausreichend gering hält. Der intelligente Investor bevorzugt eher ein geringeres Risiko und hält sich deswegen an den Wert, den auch Warren Buffett präferiert. Er sieht lieber einen Wert von 0,5 und kleiner. Mit 0,29 unterbietet die Beispiel-AG diesen Wert deutlich.

Kurs-Buchwert-Verhältnis (KBV)

Der Buchwert entspricht dem Eigenkapital des Unternehmens. Er zeigt den momentanen bilanziellen Wert des Unternehmens an. Der Buchwert sollte nicht mit dem inneren Wert verwechselt werden – schon deswegen nicht, weil wir von der Bilanz her wissen, dass sich hinter gebuchten Positionen mehr Wert verstecken kann, als dort ausgewiesen ist. Außerdem ist der Buchwert eine reine Momentaufnahme und sagt nichts darüber aus, wie sich der Wert des Unternehmens in Zukunft entwickeln wird. Man könnte ihn extrapolieren, doch der intelligente Investor zieht vor, dafür andere Parameter zur Hilfe zu nehmen. Dazu aber später mehr. Der Buchwert sollte möglichst stetig und stabil ansteigen. Stetigkeit ist dem intelligenten Investor wichtig, denn auf dieser Basis lässt sich die Zukunft des Unternehmens genauer antizipieren.

Ein Unternehmen sollte stets darauf bedacht sein, den Wohlstand seiner Eigner zu mehren. Dies kann es lediglich durch zwei Dinge tun: Entweder es steigert das Vermögen oder es senkt die Schulden. Beides sollte ausschließlich aus konstanten und zunehmenden Gewinnen resultieren. Änderungen des Buchwerts rühren also von den Gewinnen her. Insofern sollte eine Steigerung des Buchwerts mit einer Steigerung des Gewinns einhergehen.

Wie das Kurs-Gewinn-Verhältnis (KGV) sollte auch das Kurs-Buchwert-Verhältnis möglichst gering ausfallen. Es dient dem intelligenten Investor, ebenso wie dem KGV, dazu, einen Eindruck davon zu bekommen, ob eine Aktie teuer oder unterbewertet ist. Es sagt dem Investor, wie viel er für jeden Euro an Eigenkapital zu bezahlen hat. Das KBV berechnet sich wie folgt:

$$\text{KBV} = \frac{\text{Preis pro Aktie}}{\text{Buchwert je Aktie}}$$

Ein KBV von 1,3 sagt dem Investor, dass er für jeden Euro Eigenkapital 1,30 € zu bezahlen hat. Ein Wert von 0,5, dass er lediglich 50 Cent zu bezahlen hat. Je höher also der Wert, umso teurer das Unternehmen; je niedriger, umso günstiger. Die Höhe des KBV hängt vom Unternehmen ab. Grundsätzlich sagt man, das KBV sollte möglichst nicht höher als 1,2 sein. Das bedeutet, der Preis für das Unternehmen läge 20 % über dem Buchwert.

Benjamin Graham suchte nach Unternehmen, die einen Wert unter 1,5 aufwiesen. Bei wirklich herausragenden Unternehmen aber kann man durchaus bereit sein, einen Aufschlag zu bezahlen, dessen Höhe von der Risikoeinschätzung des Investors abhängt. Bei zweitklassigen Unternehmen sollte die Sicherheitsspanne 30 % betragen, folglich sollte der Wert niedriger als 0,7 sein. Jedoch sollte man bei Unternehmen mit sehr niedrigen Werten vorsichtig sein. Der niedrige Preis könnte ein Ausdruck dafür sein, dass das Unternehmen in ernsten Schwierigkeiten steckt und der Markt nicht mehr bereit ist, dafür zu bezahlen. Es kann aber auch bedeuten, dass der gesamte Markt in einer Rezession steckt. Dann wäre der niedrige Preis kein schlechtes Zeichen, sondern eher von Vorteil und das Unternehmen wäre ein möglicher Kaufkandidat. Entscheiden kann das der intelligente Investor natürlich nur, wenn er das Unternehmen fertig analysiert hat.

Eigenkapitalquote (EKQ)

Werfen wir zu guter Letzt noch einen Blick auf die Eigenkapitalquote. Diese ist nicht ganz unwesentlich, wenn der intelligente Investor die Qualität des Unternehmens beurteilen möchte.

Hierzu wird das Eigenkapital in Beziehung zum Gesamtvermögen, welches der Bilanzsumme entspricht, gesetzt. Aus diesem Wert kann der intelligente Investor schnell ersehen, über wie viel

Vermögen das Unternehmen im Verhältnis zu seinen Schulden verfügt. Die EKQ berechnet sich, indem man das Eigenkapital durch das Gesamtvermögen teilt:

$$\text{EKQ} = \frac{\text{Eigenkapital}}{\text{Gesamtvermögen}}$$

Der intelligente Investor ist daran interessiert, dass das Unternehmen über mehr Vermögen verfügt, als es an Schulden hat. Das ergibt Sinn, denn die Differenz stellt das Aktionärskapital dar. Der Wert sollte deutlich über 0,5 oder 50 % liegen. Je höher, umso besser.

Schauen wir uns die Eigenkapitalquote bei der vorliegenden Beispiel-AG an:

Bilanz Beispiel-AG		
Passiva		**in Mio. €**
Aktienkapital	*Share Capital*	2.200
Zusätzlich eingezahltes Kapital	*Additional Paid-In Capital*	13.500
einbehaltener Gewinn	*Retained- Earnings*	13.000
eigene Anteile	*Treasury Stock*	-6.700
Summe Eigenkapital	***Total Equity***	**22.000**
Bilanzsumme	***Total Liabilities and Equity***	**30.400**

$$\text{EKQ} = \frac{22.000\text{ €}}{30.400\text{ €}} = 0{,}72 \text{ bzw. } 72\,\%.$$

Die Beispiel-AG verfügt über eine EKQ von 72 % und liegt damit deutlich über dem gewünschten Wert von 50 %. Sie weist also wesentlich mehr Vermögen auf, als sie an Verbindlichkeiten hat, weshalb das Unternehmen so schnell nicht in finanzielle Schwierigkeiten gerät.

Schauen wir uns nun in einer Zusammenfassung alle berechneten Zahlen noch einmal an und sehen, welche Schlussfolgerung der intelligente Investor daraus ziehen kann.

Wir haben eine Eigenkapitalrendite von 10,4 % berechnet, womit sie knapp oberhalb des unteren Limits dafür liegt. Die Gesamtkapitalrendite liegt mit 9,8 % knapp darunter, was zum einen die Behauptung bekräftigt, dass diese stets kleiner als die EKR ist. Außerdem liegt sie dicht bei dieser, was auf eine niedrige Verschuldung des Unternehmens schließen lässt. Diese Annahme wird bestätigt durch einen Liquiditätsgrad von 4,56, was einer recht hohen Liquidität entspricht. Ferner durch einen Verschuldungsgrad von 0,29, womit die Verschuldung deutlich unter dem gewünschten Wert von 0,5 liegt, und einer Eigenkapitalquote von 72 %.

Eigenkapitalendite:	10,4 %
Gesamtkapitalrendite:	9,8 %
Liquiditätsgrad:	4,56 %
Verschuldungsgrad:	29 %
Eigenkapitalquote:	72 %

Der intelligente Investor wird erkennen, dass das Unternehmen in seiner Bilanz die von ihm für ein interessantes Unternehmen gestellten Kriterien erfüllt. Zieht er noch die GuV hinzu, kann er feststellen, dass er einen möglichen Kaufkandidaten vor sich hat. Für eine endgültige Entscheidung muss er aber unbedingt einen Blick in die Kapitalflussrechnung werfen, um seinen Eindruck zu untermauern. Zudem gilt es, den inneren Wert zu berechnen sowie weitere Informationen zum Unternehmen zu sammeln, um eine fundierte und intelligente Entscheidung zu treffen. Sollte er in seinem bisherigen Eindruck bestätigt werden und ein herausragendes Unternehmen vor Augen haben und sollte der Marktpreis dieses Unternehmens unterhalb des inneren Wertes liegen, könnte es sich lohnen, zu investieren.

Die Kapitalflussrechung (KFR)

Die Kapitalflussrechnung (Cash Flow Statement) bildet das Bindeglied zwischen Gewinn-und-Verlustrechnung und Bilanz. Sie hilft dem intelligenten Investor, mehr über die Qualität des Unternehmens herauszufinden. Er benötigt sie, um den inneren Wert zu berechnen.

Die Kapitalflussrechnung ist eine Quelle wertvoller Informationen. Sie verrät dem intelligenten Investor, ob das Unternehmen wirklich mehr Geld einnimmt, als es ausgibt (= positiver Kapitalfluss) oder ob es mehr Geld ausgibt, als es einnimmt.

Die KFR verfolgt die Mittel, die in das Unternehmen hinein- und wieder herausfließen. So ist das Unternehmen jederzeit in der Lage, zu ersehen, über wie viel Geld es verfügt.

Wie bereits erwähnt, verbindet die KFR die GuV-Rechnung mit der Bilanz. Sie beginnt mit der letzten Zeile der GuV-Rechnung, dem Reingewinn, und endet mit der ersten Zeile der Bilanz, dem Bargeldbestand und den kurzfristigen Finanzanlagen.

Die GuV-Rechnung und die KFR sehen sehr ähnlich aus. Sie unterscheiden sich jedoch insofern, dass die GuV den Gewinn des Unternehmens über einen Zeitraum erfasst, während die KFR nach den Veränderungen der Bargeldbestände über einen Zeitraum schaut. Nehmen wir uns selbst als Beispiel:

Viele Menschen erhalten am Anfang des Monats auf ihrem Konto ein Gehalt. Während des Monats hat man unterschiedliche Ausgaben: Für die Miete, für ein Auto, Kleidung etc. Während man in der persönlichen GuV am Jahresende eine Zusammenfassung über die Einnahmen und Ausgaben über das Jahr findet, zeigt die KFR die tatsächlichen Bewegungen des Geldes an. Machen wir es etwas konkreter:

Nehmen wir an, Herr Maier kauft auf Kredit einen neuen Fernseher für 2.000 €, den er jeden Monat mit 200 € tilgt. Diese 2.000 € würden in Herr Maiers persönlicher Bilanz als Verbindlichkeit auftauchen. Gleichzeitig würde der Fernseher auf der Aktiva-Seite als Vermögensgegenstand gebucht werden. Wo aber tauchen die monatlichen 200 € auf? Dieser monatliche Abfluss von 200 € wird in der KFR verbucht.

Warum ist die KFR für den intelligenten Investor überhaupt interessant? Wenn er in die Bilanz eines Unternehmens blickt und sieht, dass die Bargeldbestände gestiegen sind, möchte er wissen, woher dieser Anstieg rührt. Dies ist vor allem wichtig zu wissen, da nicht jeder Anstieg für ihn eine gute Nachricht ist. Kommt dieser daher, dass das Unternehmen mehr Geld verdient, ist es ein Grund zur Freude. Kommt er allerdings daher, dass das Unternehmen einen Kredit aufgenommen oder womöglich neue Aktien ausgegeben hat, ist der intelligente Investor nicht mehr ganz so erfreut. Warum?

Nun, als Aktionär würde er Anteile am Unternehmen besitzen. Dieser Anteil drückt sich im Eigenkapital aus. Die beiden letztgenannten Maßnahmen verwässern dieses Vermögen jedoch, denn wie im Kapitel über die Bilanz gezeigt, reduziert ein Kredit das Eigenkapital und die Ausgabe von neuen Aktien schmälert den Anteil des Aktionärs am Unternehmen.

Werfen wir jetzt einen genaueren Blick in die KFR. Diese ist aufgeteilt in drei Kategorien:

- Kapitalfluss aus laufender Geschäftstätigkeit
- Kapitalfluss aus Investitionstätigkeit
- Kapitalfluss aus Finanzierungstätigkeit

Die folgende Abbildung zeigt eine sehr vereinfachte, beispielhafte KFR der Beispiel-AG, anhand derer man den grundsätzlichen Aufbau ersehen kann.

Kapitalflussrechnung - Beispiel AG	
KF aus laufender Geschäftstätigkeit	**in Mio. €**
Jahresüberschuss	3.000
Abschreibungen	300
Veränderung des Working Capital	-1.000
Mittelzufluss/-abfluss aus betriebl. Tätigkeit	2.300
KF aus Investitionstätigkeit	
Investitionen in Sachanlagen und immaterielle Vermögenswerte	-700
Investitionen in Finanzanlagen	-100
Investitionen in konsolidierte Unternehmen und sonstige Geschäftseinheiten	-300
Mittelzufluss/-abfluss aus Investitionstätigkeit	-1.100
KF aus Finanzierungstätigkeit	
Ausgabe/Rückkauf eigener Aktien	-300
Zahlung von Dividenden	-400
Einzahlung aufgrund von Finanzmittelanlagen	100
Mittelzufluss/-abfluss aus Finanzierungstätigkeit	-600
Veränderung der Zahlungsmittel und Zahlungsmitteläquivalente	600
Zahlungsmittel und Zahlungsmitteläquivalente am 1. Januar	5.200
Zahlungsmittel und Zahlungsmitteläquivalente am 31. Dezember	5.800

Man sieht die drei genannten Kategorien untereinander aufgeführt. Auch hier beschränken wir uns wieder auf wesentliche Positionen und Zahlen und gehen nicht auf jede Einzelheit ein. Da es gilt, eine Grundlage für eine Anlageentscheidung zu schaffen, reicht es aus, sich auf wenige wesentliche Aspekte zu konzentrieren. Wir wollen schließlich nur ein Grundverständnis der Geschäftszahlen erhalten.

Kapitalfluss aus laufender Geschäftstätigkeit

Kapitalflussrechnung - Beispiel AG	
KF aus laufender Geschäftstätigkeit	**in Mio. €**
Jahreüberschuss	3.000
Abschreibungen	300
Veränderung des Working Capital	-1.000
Mittelzufluss/-abfluss aus betriebl. Tätigkeit	2.300

Der Kapitalfluss aus laufender Geschäftstätigkeit (Cashflow from Operating Activities) führt das Geld auf, das das Unternehmen durch sein tägliches Geschäft erhält. Der Begriff „erhalten" ist an dieser Stelle wörtlich zu nehmen. Hier wird das Geld aufgeführt, das durch das operative Geschäft auch tatsächlich dem Unternehmen zufließt.

Wer denkt, dieses Geld müsste doch eigentlich in der GuV zu sehen sein, denkt gar nicht so abwegig. Doch dort sehen wir es nicht. Wieso?

Machen wir das an einem kleinen Beispiel deutlich: Nehmen wir an, ein Unternehmen verkauft einem anderen Unternehmen Waren im Wert von 100.000 €. Das Zahlungsziel für die Waren beträgt 90 Tage. Das heißt, erst dann erhält das verkaufende Unternehmen von dem anderen sein Geld. Während die 100.000 € sogleich als Einnahmen in der GuV verbucht werden, hat dennoch kein Bargeldeingang stattgefunden. Diesen fehlenden Zufluss von Bargeld kann man in der KFR ablesen. Man findet ihn unter dem Posten „Zunahme/Abnahme Forderungen aus Lieferungen und Leistungen".

Einkommen ist also nicht gleichbedeutend mit Bargeld. Der Kapitalfluss aus laufender Geschäftstätigkeit zeigt dem Investor die Fähigkeit des Unternehmens, Geld aus seinem Kerngeschäft zu generieren. Daher ist er natürlich daran interessiert, dass der Gewinn so hoch wie möglich ist, denn dieser Teil beginnt schließlich mit dem Reingewinn. Dieser wird über die KFR in seiner Darstellung und in dem, was wirklich an Geld geflossen ist, angepasst oder justiert.

Abschreibungen

Beginnen wir mit den Abschreibungen, im Englischen „Depreciation and Amortization" oder manchmal auch „Non-Cash Items". Abschreibungen sind für ein Unternehmen selbstverständlich notwendig, da sich die Maschinen, Fahrzeuge usw. abnutzen und damit an Wert verlieren. Und das Jahr für Jahr. Kauft ein Unternehmen eine Maschine für 100.000 € und schreibt sie über 5 Jahre ab, so verliert sie jedes Jahr 20.000 € an Wert. Diese 20.000 € finden sich in der KFR unter der Rubrik Abschreibungen. Allerdings tauchen sie hier nicht in der Form auf, wie man es vielleicht erwartet. Denn der Trick bei der Sache ist, dass kein Geld fließt, außer den 100.000 € im allerersten Jahr. Aus diesem Grund werden die Abschreibungen in jedem darauffolgenden Jahr wieder zum Reingewinn hinzugerechnet, wie man es auch in der KFR der Beispiel AG sehen kann.

Verdeutlichen wir das an einem kleinen Beispiel und sehen uns an, was in der GuV und der KFR geschieht. Nehmen wir an, ein Unternehmen hat Einnahmen in Höhe von 200.000 € und Ausgaben in Höhe von 50.000 €.

Die Abschreibung einer Maschine, die sie 2 Jahre zuvor gekauft hat, beträgt 20.000 €. Die sehr vereinfachte GuV-Rechnung sähe wie folgt aus:

Einnahmen:	200.000 €
Ausgaben:	- 50.000 €
Abschreibung:	- 20.000 €
Reingewinn:	130.000 €

Die Kapitalflussrechnung hingegen sähe so aus:

Reingewinn:	130.000 €
Abschreibung:	+ 20.000 €
KF aus laufender Geschäftstätigkeit:	150.000 €

Die 20.000 € werden dem Reingewinn wieder zugeschlagen, weil es sich bei der Abschreibung um eine Maßnahme handelt, bei der kein reales Geld mehr fließt. Die Maschine wurde zwei Jahre zuvor für 100.000 € erworben. Der Kaufpreis hat das Unternehmen also vor zwei Jahren verlassen und wurde dort in der KFR aufgeführt. Da das Unternehmen den gesamten Kaufpreis nicht in der GuV in dem Jahr anrechnen kann, in dem es die Maschine erworben hat – obwohl das Geld in voller Höhe floss –, sondern den Wertverlust über die Jahre abschreiben muss, tauchen jedes Jahr dort die 20.000 € auf und mindern den Gewinn. In unserem Beispiel beträgt der Gewinn dann nur noch 130.000 €, obwohl er eigentlich bei 150.000 € liegt. 200.000 € Umsatz abzüglich der Ausgaben von 50.000 €. Um dies auszugleichen, werden in der KFR die 20.000 € dem Reingewinn wieder zugeschlagen. Denn einige Ereignisse, die man in der GuV-Rechnung findet, sind weder mit einem Geldmittelzufluss noch mit einem Geldmittelabfluss verbunden. Also muss der Betrag eben hinzugerechnet oder abgezogen werden.

Changes in Working Capital

Die nächsten Positionen sehen wir uns nicht einzeln an, sondern fassen sie unter dem englischen Begriff zusammen. Dieser enthält Vorräte, Forderungen usw., also alle notwendigen Positionen, um das Tagesgeschäft am Laufen zu halten. Man kann das Working Capital auch als Umlaufvermögen oder kurzfristige Verbindlichkeiten betrachten oder als Geldmittelzuflüsse und -abflüsse innerhalb der kommenden 12 Monate.

Was aber interessiert den intelligenten Investor daran?

Das Working Capital sagt ihm etwas über das im Tagesgeschäft gebundene Kapital und lässt es ihn mit dem vorangegangenen Jahr vergleichen. Wenn die Zahl negativ ist, bedeutet das, dass weniger Geld im Tagesgeschäft gebunden war als im Jahr davor.

Betrachten wir hierzu auch wieder ein Beispiel. Nehmen wir an, im ersten Jahr hat ein Unternehmen Vorräte in der Bilanz mit 3.500 €, im zweiten Jahr mit 3.900 € ausgewiesen. Das bedeutet, dass im zweiten Jahr 400 € mehr an Kapital gebunden war als im ersten. Das Working Capital ist also um 400 € gestiegen. Lägen die Forderungen am Ende des zweiten Jahres bei 5.000 €, am Ende des dritten Jahres jedoch bei 4.700 €, hat es folglich 300 € weniger auf Kredit verkauft. Das Working Capital ist also um 300 € gesunken. Ist mehr Kapital im Tagesgeschäft gebunden, steigt das Working Capital, ist weniger gebunden, sinkt es. Was der intelligente Investor sehen möchte, ist ein Sinken des im Tagesgeschäft gebundenen Working Capital, so wie wir es auch bei unserer Beispiel-AG vorfinden.

Am Ende dieser Reihe an Zahlen steht die Zusammenfassung, also der Kapitalfluss aus laufender Geschäftstätigkeit (Cashflow From Operating Activities oder auch Net Cash Provided by Operating Activities). Diese Zahl ist von ganz besonderer Bedeutung. An ihr kann der intelligente Investor eine stabile und vorhersagbare Fähigkeit des Unternehmens ablesen, Einnahmen zu generieren. Er achtet darauf, dass der Kapitalfluss aus operativer Geschäftstätigkeit jener ist, aus dem das Unternehmen vorrangig seinen Kapitalfluss zieht. Das heißt, dieser Kapitalfluss muss positiv sein und so hoch wie möglich. Wenn ein Unternehmen sein Kapital vorwiegend außerhalb des Kapitalflusses aus operativer Geschäftstätigkeit bezieht, hat es große Probleme. Und solche Unternehmen meidet der intelligente Investor, denn mit ihnen lässt sich auf Dauer kein Vermögen aufbauen.

Kapitalfluss aus Investitionstätigkeiten

Kapitalflussrechnung - Beispiel AG	
KF aus Investitionstätigkeit	
Investitionen in Sachanlagen und immaterielle Vermögenswerte	-700
Investitionen in Finanzanlagen	-100
Investitionen in konsolidierte Unternehmen und sonstige Geschäftseinheiten	-300
Mittelzufluss/-abfluss aus Investitionstätigkeit	-1.100

Die meisten Unternehmen müssen ständig in das Unternehmen investieren und Maschinen, Fahrzeuge und vieles andere erneuern. Dies ist notwendig, um das tägliche Geschäft am Laufen zu halten. Diese Investitionen sind unter dem Kapitalfluss aus Investitionstätigkeiten (Cashflow from Investing Activities) aufgeführt. Das heißt, das hier aufgeführte Geld fließt in Investitionen, in den Erhalt und die Zukunftsfähigkeit des Unternehmens. Da der intelligente Investor am Erhalt und an der Zukunftsfähigkeit des Unternehmens sehr interessiert ist, sollte das Unternehmen dafür auch Geld ausgeben. Deswegen möchte er, dass diese Kategorie am Ende einen negativen Wert aufweist. Ganz im Gegensatz zum Kapitalfluss aus operativer Geschäftstätigkeit.

Wieso aber genau möchte er das?

Der Kapitalfluss aus Investitionstätigkeit zeigt, wie das Unternehmen sein Kapital erhöht, sei es z. B. durch neu erworbene Vermögenswerte oder den Verkauf von langfristigen Vermögenswerten. Geld zu erwirtschaften, indem man Maschinen verkauft, mag schön aussehen, doch wie soll ein Unternehmen ohne Maschinen Geld erwirtschaften? Zumindest jene, die produzieren.

Da der intelligente Investor an der Zukunftsfähigkeit eines Unternehmens interessiert ist, ist es wichtig für ihn, diese Umstände genau zu ersehen. Wenn er einen Blick auf den Kapitalfluss aus Investitionstätigkeiten wirft, kann er etwas über die Wachstumsstrategie des Unternehmens herausfinden. Jede Ausgabe hat die

Aufgabe und das Ziel, den Kapitalfluss des Unternehmens zu vergrößern. Der Kauf neuer Vermögenswerte sollte folglich zu einem höheren Kapitalfluss aus operativer Geschäftstätigkeit in der Zukunft führen, was wiederum zu weiteren Investitionen führen sollte. Der Kauf neuer Vermögenswerte führt zu einem negativen Wert dieser Kategorie, der Verkauf zu einem positiven Wert.

Auch wenn der intelligente Investor daran interessiert ist, dass ein Unternehmen in sich investiert und deswegen diese Kategorie negativ ausgewiesen ist, sollte dieser Wert jedoch nicht jeden hohen Wert annehmen. Eine Investition ist sinnvoll, doch wenn ein Unternehmen ständig hohe Investitionsaufwendungen tätigen muss, nur um den Geschäftsbetrieb aufrechtzuerhalten, wird das zwangsläufig Einfluss auf den Gewinn haben und diesen negativ beeinträchtigen. Der intelligente Investor ist deswegen auf der Suche nach Unternehmen, die eher einen kleineren Teil ihres Gewinns für Investitionstätigkeiten einsetzen müssen. Wie immer schaut er auch hier wieder auf die Dauerhaftigkeit der Investitionshöhe. Sicherlich kommt es gelegentlich auch bei herausragenden Unternehmen vor, dass sie höhere Summen für Investitionen einsetzen müssen, aber dies bildet über einen längeren Zeitraum hinweg eher eine Ausnahme. Dauerhaft sollte ein solches Unternehmen über einen geringeren Anteil verfügen. Wie hoch sollte dieser Anteil sein?

Sachanlagen und Immaterielle Vermögenswerte

Bevor wir obige Frage beantworten, betrachten wir die dafür relevante Position. Diese Position wird manchmal auch getrennt aufgeführt, doch wir fassen sie zusammen als Investitionen in Sachanlagen und immaterielle Vermögenswerte (Property, Plant, and Equipment and Intangible Assets). Im Englischen findet man hier auch die Bezeichnung „Capital Expenditures“ oder „Cap Spending“. Wie oben bereits erwähnt, sollten Sachanlagen einen negativen Wert aufweisen, weil Unternehmen in der Regel mehr Sachlagen kaufen, als sie verkaufen. Wenn dieser Wert positiv ist, wird der intelligente Investor vorsichtig.

Unter die Bezeichnung „immaterielle Vermögenswerte" fallen solche Anlagen wie Patente für neue Produkte oder Produktionsverfahren. Meistens ist dieser Wert ebenfalls negativ, was er auch sein soll. Manchmal jedoch kommt es vor, dass ein Unternehmen immaterielle Anlagen verkauft, wenn diese z. B. keinen Zuwachs an Profitabilität bringen. Marken und Patente zu verkaufen, kann von Vorteil sein. Es sollte jedoch genauer geschaut werden, was verkauft wird. Einen Verkauf erkennt man daran, dass dieser Wert eine positive Zahl ist.

Wie viel sollte ein Unternehmen nun für Investitionen in diese Vermögenswerte zur Verfügung stellen? Der intelligente Investor ist der Meinung, dass interessante Unternehmen weniger als 50 % ihres Reingewinns für Investitionsaufwendungen einsetzen sollten. Bei wirklich herausragenden sollte der Wert unter 25 % liegen.

Investitionen in Finanzanlagen

Die Positionen, die die Kategorie „Investitionen in Finanzanlagen" (Investments) aufführt, sind gewöhnlich Anleihen oder verschiedene Derivate usw. Geld, das hier investiert wird, gehört dem Eigentümer, also dem Aktionär. Der intelligente Investor wirft deswegen einen genauen Blick darauf, da er nicht daran interessiert ist, dass das Unternehmen mit seinem Geld verantwortungslos umgeht. Geld, das augenblicklich nicht benötigt wird, in Finanzanlagen zu parken, sodass es wenigstens Zinsen abwerfen kann, ist absolut in Ordnung. Zu viel davon aber ist nicht sinnvoll für das Unternehmen und den Aktionär. Denken wir daran, dass zu viel Bargeld zu parken, darauf hindeuten kann, dass das Management des Unternehmens nicht weiß, wie es dieses Geld sinnvoll einsetzen soll. Das wäre wiederum kein allzu gutes Zeichen für den intelligenten Investor.

Investitionen in konsolidierte Unternehmen und sonstigen Geschäftseinheiten

Wir lesen immer wieder in den Nachrichten, dass Unternehmen Konkurrenten oder andere Unternehmen, die vermeintlich gut zu ihnen passen, kaufen. Diese Käufe werden in der Kategorie „Investitionen in konsolidierte Unternehmen und sonstige Geschäftseinheiten (Businesses)" aufgeführt. Sie tun dies deswegen, weil sie auf diese Weise das Unternehmen wachsen lassen wollen.

Dies ist auch keine ungewöhnliche Methode. Das Problem für Anleger, insbesondere für private Kleinanleger, ist, dass sie nur schwer einschätzen können, ob der Kauf eines anderen Unternehmens auch wirklich ein gutes Investment ist. Für Mercedes hat sich der Zusammenschluss mit Chrysler nicht ausgezahlt, während der Zusammenschluss von Kraft und Heinz Ketchup wohl eher lohnenswert gewesen ist.

Warren Buffett ist der Meinung, dass Unternehmen stets bei ihrem Kerngeschäft bleiben sollten. Wenn ein Unternehmen also ein anderes kaufen möchte, sollte darauf geachtet werden, dass auch dieses aus dem Kerngeschäft kommt und es voranbringt.

Kapitalfluss aus Finanzierungstätigkeit

Kapitalflussrechnung - Beispiel AG	
KF aus Finanzierungstätigkeit	
Ausgabe/Rückkauf eigener Aktien	-300
Zahlung von Dividenden	-400
Einzahlung aufgrund von Finanzmittelanlagen	100
Mittelzufluss/-abfluss aus Finanzierungstätigkeit	-600

Der Kapitalfluss aus Finanzierungstätigkeit (Cashflow from Financing Activities) offenbart dem intelligenten Investor einiges darüber, warum sich der Bargeldbestand verändert hat. Das Unternehmen könnte neue Schulden gemacht oder Dividenden gezahlt haben. All das kann er in dieser Kategorie ablesen. Für ihn ist es sehr wichtig, sich genau diesen Kapitalfluss anzusehen, bevor er eine Entscheidung über den Kauf einer Unternehmensbeteiligung trifft.

Noch mehr als beim Kapitalfluss aus Investitionstätigkeiten ist der intelligente Investor bei jenem aus Finanzierungstätigkeiten sehr daran interessiert, dass der Wert negativ ist. Das bedeutet nämlich, dass das Unternehmen seine Verbindlichkeiten reduziert hat, statt sie aufzubauen.

In dieser Kategorie finden sich häufig sehr hohe Zu- und Abflüsse. So z. B. wenn das Unternehmen entscheidet, neue Aktien auf den Markt zu bringen. Das spült eine Menge Geld in die Kassen. Andererseits schmälert es die Anteile der bereits investierten Aktionäre. Nimmt ein Unternehmen neue Schulden auf, kommt ebenfalls viel Geld in die Kassen. Doch der Aktionär als Eigentümer bezahlt letztlich die Zinsen dafür. Zahlt das Unternehmen Dividenden an seine Aktionäre aus, verfügt es anschließend über weniger Geld. Diesmal aber kommt der Aktionär in den Genuss dieser Zahlung. Es zeigt sich, dass die Bewegungen im Kapitalfluss aus Finanzierungstätigkeiten eine große Bedeutung für den intelligenten Investor als potenziellen Aktionär haben. Werfen wir also einen tieferen Blick in diese Kategorie.

Ausgabe und Rückkauf von Aktien

Diese Zeile, im Englischen „Issuance of Stocks and Purchases of Stock for Treasury“, offenbart dem intelligenten Investor, ob das Unternehmen beschlossen hat, neue Aktien auszugeben, um frische Finanzmittel zu erhalten. Dies erkennt er daran, dass der Wert dieser Zeile positiv ist. Ist die Zahl hingegen negativ, so hat das Unternehmen eigene Anteile zurückgekauft.

Wie bewertet der intelligente Investor die Ausgabe neuer Aktien? Die Ausgabe von neuen Aktien ist zunächst einmal nicht viel anders, als einen Kredit aufzunehmen. Der Unterschied besteht im Wesentlichen darin, dass ein Unternehmen mit diesem „Darlehen“ Mitspracherechte vergibt und dieses „Darlehen“ auf

Dauerhaftigkeit angelegt ist und nicht, wie der Kredit einer Bank, für einen begrenzten Zeitraum.

Das bedeutet: Auch die mit der Ausgabe neuer Aktien verbundenen Zinszahlungen, also die Dividenden, sind dauerhaft zu bezahlen. Das grundsätzliche Problem für den intelligenten Investor ist, zu entscheiden, ob es sich um eine gute oder eher schlechte Maßnahme handelt – sowohl für das Unternehmen als auch für ihn selbst. Und dass eine solche Entscheidung auf reichlich Annahmen über die Zukunft basiert. Entscheidungen auf Grundlage zu vieler Annahmen zu treffen, ist nicht nur schwierig, sondern auch extrem risikoreich. Und für den intelligenten Investor geht es ja bei der Frage um Unternehmensbeteiligungen auch immer darum, das Risiko so gering wie möglich zu halten.

Wie schätzt er diesen Wert nun ein? Grundsätzlich möchte er ja, dass die Zahl negativ oder wenigstens null ist. Es ist für ihn wichtig, nicht nur eine Momentaufnahme des Unternehmens zu erhalten, sondern herauszufinden, ob die vorliegenden Zahlen eine Dauerhaftigkeit über einen Zeitraum von mindestens 10 Jahren aufweisen. Deswegen sucht er in der KFR, ob das Unternehmen in schöner Regelmäßigkeit neue Aktien herausgibt, um sich frisches Geld für Investitionen zu beschaffen. Findet er dies vor, so ist das ein schlechtes Zeichen für ihn, und zwar aus zweierlei Gründen: Zum einen bedeutet jede Neuausgabe von Aktien, dass sein eigener Anteil am Unternehmen schrumpft, es sei denn, er kauft selbst stets neue Aktien nach. Zum anderen zeigt die regelmäßige Ausgabe neuer Aktien auch, dass das Unternehmen nicht in der Lage ist, die finanziellen Mittel für notwendige Investitionen aus eigener Kraft aufzubringen, d. h. aus der Erwirtschaftung der Finanzmittel aus dem operativen Geschäft. Mit einem solchen Unternehmen ist der intelligente Investor nicht in der Lage, sein Vermögen aufzubauen.

Ist der Wert negativ, so kauft das Unternehmen eigene Aktien zurück. Zurückgekaufte Aktien haben kein Mitspracherecht mehr und sind auch nicht berechtigt, Dividenden zu erhalten. Das

Unternehmen kann diese Maßnahme also nicht durchführen, um sich selbst Dividenden auszuzahlen oder um die eigene Mitsprache auszuweiten. Da der Rückkauf von Aktien den Anteil der Aktionäre am Unternehmen erhöht, ist die Maßnahme grundsätzlich eine gute Sache für den intelligenten Investor. Dabei gilt es zu bedenken, dass das Geld für den Rückkauf der Aktien sein eigenes Geld ist.

Der Rückkauf wird aus dem Gewinn des Unternehmens bezahlt. Die Erhöhung seines Anteils am Unternehmen bezahlt er also selbst. Das Geld dafür könnte alternativ genauso gut als Dividende an ihn ausgezahlt werden. Oder es könnte in das Unternehmen reinvestiert werden, um noch mehr Gewinn zu erwirtschaften. Andererseits müssen Aktionäre auf erhaltene Dividenden Einkommenssteuer bezahlen, sodass ein Teil des Gewinns vom Fiskus abgeschöpft wird, was letztlich bedeutet, dass sich das eigene Vermögen langsamer mehrt.

Warren Buffett hält von dieser Art der Vermögensmehrung der Aktionäre nicht viel, weswegen sein Unternehmen Berkshire Hathaway auch nur einmal Dividenden ausgeschüttet hat. Statt den Staat an den Unternehmensgewinnen ein zweites Mal zu beteiligen (er bekam schließlich schon Steuern vom Unternehmen), bevorzugt er es, die Gewinne vorteilhaft zu reinvestieren oder Aktien zurückzukaufen. Das steigert nicht nur den prozentualen Anteil am Unternehmen, es erhöht auch den Gewinn je Aktie und schlussendlich den Aktienkurs.

Wie ich im Kapitel über die Bilanz bereits erwähnte, sollte unbedingt beachtet werden, dass es zu Verfälschungen aufgrund der Rückkäufe kommen kann. Der Reingewinn sollte also auf keinen Fall außer Acht gelassen werden. Der Vorteil des Rückkaufes aber ist, dass die Aktionäre für die Steigerung ihres Vermögens so lange keine Steuern zahlen müssen, bis sie die Aktien verkaufen. Allerdings ergibt ein Rückkauf nur Sinn und ist auch nur dann ein profitables Geschäft, wenn das Unternehmen für die Aktien einen sinnvollen Preis bezahlt. Das heißt, das Management sollte die gleichen Maßstäbe für den Preis anlegen, wie es der intelligente Investor selbst tut. Der Preis für die Aktie sollte also unterhalb des Unternehmenswertes liegen. In diesem Fall ist der Rückkauf eigener Aktien in Ordnung. Sollte das Management hingegen bereit sein, Aktien zu jedem Preis zurückzukaufen, ist dies kein gutes Zeichen und der intelligente Investor wird hinsichtlich der Qualität des Managements skeptisch.

Zahlung von Dividenden

Die Zahlung von Dividenden (Payment of Cash Dividends) ist die populärste Methode, die Anteilseigner am Gewinn teilhaben zu lassen. Man sollte dabei nicht übersehen, dass das ausgezahlte Geld für das Unternehmen für immer verloren ist. Es kann also nicht zur Steigerung des Gewinns reinvestiert werden.

Viele Anleger legen viel Wert auf eine anständige Dividende, insbesondere jene, die ihren Lebensunterhalt davon bestreiten oder sich gerne etwas davon leisten wollen. Es sollte darauf geachtet werden, dass die Höhe der ausgezahlten Dividende Sinn ergibt. Für den intelligenten Investor sollte die Höhe der gesamten ausgezahlten Dividenden deswegen möglichst nicht höher als 50–60 % des Gewinns sein, sodass das Unternehmen in der Lage ist, mit den übrig gebliebenen Finanzmitteln die eigene Konkurrenzfähigkeit aufrechtzuerhalten.

Besonders vorsichtig ist er, wenn folgender Fall vorliegt. Das Unternehmen erwirtschaftet im Geschäftsjahr einen Gewinn je Aktie von 2 €, bezahlt aber eine Dividende von 2,10 € je Aktie. Ist dies der Fall, ist das Unternehmen gezwungen, die Differenz aus dem eigenen Vermögen zu begleichen, was letztlich bedeutet, dass es die Differenz mit dem Vermögen der Aktionäre begleicht. Daran ist der intelligente Investor nicht interessiert.

Einzahlungen und Auszahlungen aufgrund von Finanzmittelanlagen

Wir haben bereits davon gesprochen, dass ein Unternehmen seine Investitionen finanzieren muss. Dies kann es aus eigenen Mitteln bestreiten. Wenn dies nicht möglich ist und das Unternehmen auch keine neuen Aktien emittieren möchte, kann es Anleihen ausgeben oder Kredite aufnehmen. Die Rückzahlungen von Anleihen und Krediten werden in den Zeilen natürlich negativ ausgewiesen, Einzahlungen, im Umkehrschluss, positiv. Das heißt, nimmt ein Unternehmen einen Kredit auf oder gibt es neue Anleihen, dann steht eine positive Zahl dort.

Natürlich sieht der intelligente Investor es lieber, wenn das Unternehmen seine Verbindlichkeiten zurückzahlt. Vor allem, dass sie aus der Kraft eigener Geschäftstätigkeit zurückgezahlt werden können. Das sagt viel über die Ertragskraft des Geschäftsmodells aus. In der Summe der einzelnen Positionen zu Einzahlungen und Auszahlungen aufgrund von Finanzmittelanlagen (Issuances/Payment of Debt) sollte diese Zahl also möglichst negativ sein. Wenn sich die Schulden eines Unternehmens erhöhen, möchte der intelligente Investor unbedingt wissen, warum dies notwendig ist. Er muss in diesem Fall also einen tieferen Blick in das Unternehmen werfen.

Wird dies von einem negativen operativen Kapitalfluss begleitet, wird der intelligente Investor sehr skeptisch. Dann hat er es mit einem Unternehmen zu tun, das ernsthafte Schwierigkeiten hat. Es bedeutet nämlich, dass das Kerngeschäft des Unternehmens nicht genug Gewinn erwirtschaftet und die Geschäftsführung des Unternehmens dadurch gezwungen ist, sich Geld zu leihen, um den Laden am Laufen zu halten. Von solchen Unternehmen hält sich der intelligente Investor fern.

Veränderung der Zahlungsmittel und -äquivalente

Kapitalflussrechnung - Beispiel AG	
KF aus laufender Geschäftstätigkeit	**in Mio. €**
Mittelzufluss/-abfluss aus betriebl. Tätigkeit	2.300
KF aus Investitionstätigkeit	
Mittelzufluss/-abfluss aus Investitionstätigkeit	-1.100
KF aus Finanzierungstätigkeit	
Mittelzufluss/-abfluss aus Finanzierungstätigkeit	-600
Veränderung der Zahlungsmittel und Zahlungsmitteläquivalente	600
Zahlungsmittel und Zahlungsmitteläquivalente am 1. Januar	5.200
Zahlungsmittel und Zahlungsmitteläquivalente am 31. Dezember	5.800

Wenn alle Positionen aus den drei Kategorien der KFR hinzugerechnet oder abgezogen wurden, kommt am Ende die Veränderung der Zahlungsmittel und Zahlungsmitteläquivalente (Increase/Decrease in Cash, Cash Equivalents and Restricted Cash) heraus.

Ist diese Zahl positiv, hat das Unternehmen einen positiven Kapitalfluss in diesem Jahr erzielt. Ist sie hingegen negativ, war der Kapitalfluss folglich negativ. Der intelligente Investor sieht es lieber, wenn der Kapitalfluss im Jahr positiv ist, aber ein negativer Kapitalfluss ist nicht zwangsweise schlecht. Er sieht dann in der KFR genau nach, woher das kommt und entscheidet danach über die Veränderung der Zahlungsmittel und Zahlungsmitteläquivalente.

Diese letzte Zeile, also die Veränderungen, wird zum Schluss nun noch zu den Zahlungsmitteln und Zahlungsmitteläquivalenten aus dem letzten Jahr hinzugerechnet und bildet so die Zahlungsmittel und Zahlungsmitteläquivalente der diesjährigen Bilanz, die wir in der ersten Zeile ausgewiesen haben. Man sieht, wie mittels der Kapitalflussrechnung die GuV-Rechnung und die Bilanz miteinander verbunden werden.

Der freie Kapitalfluss

Nachdem wir nun verstanden haben, wie die Kapitalflussrechnung aufgebaut ist und worauf der intelligente Investor bei der Analyse achtet, können wir nun in den Teil einsteigen, der ihm wesentliche Informationen zur Bewertung eines Unternehmens gibt. Hierzu berechnet er zwei wesentliche Verhältnisse, um anschließend den so wichtigen inneren Wert zu berechnen. Bevor wir jedoch in die Verhältnisberechnung einsteigen, führen wir noch einen wichtigen Begriff ein, den man zur Berechnung der genannten Zahlen benötigt.

Der freie Kapitalfluss (Free Cashflow) ist eine bedeutende Zahl, denn er ist die Grundlage für wesentliche Berechnungen, so auch des inneren Wertes. Es gibt zwar verschiedene Methoden, den inneren Wert zu berechnen, doch viele Investoren berechnen ihn auf Basis des FCF.

$$\begin{aligned} \text{FCF} &= \text{Kapitalfluss aus laufender Geschäftstätigkeit} \\ &+ \text{die Investitionen in Sachanlagen} \end{aligned}$$

Es gilt zu beachten, dass der negative Wert der Investitionen in Sachanlagen hinzugerechnet wird. Nach mathematischen Regeln wird der Wert für die Investitionen also abgezogen. Nehmen wir die Werte der Beispiel-AG. Das Unternehmen weist einen KF nach operativer Geschäftstätigkeit von 2.300 € aus und investiert 700 € in neue Sachanlagen und immaterielle Güter. Der FCF wäre dann:

$$\text{FCF} = 2.300\ € + (-700\ €) = 1.600\ €$$

Man zieht die Ausgaben für die Sachanlagen ab, da das Geld ist, das im Unternehmen gebunden ist, also nicht zur freien Verfügung steht.

Deswegen lässt man z. B. auch den Kapitalfluss aus Finanzierungstätigkeiten außen vor, denn geliehenes Geld ist keines, das dem Unternehmen wirklich gehört und das es selbst erwirtschaftet hat.

Der FCF ist das Geld, das am Ende an die Aktionäre als Dividenden ausgezahlt oder für den Rückkauf von Aktien oder die Rückzahlung von Krediten genutzt werden kann. Es ist also das Geld, das grundsätzlich an die Aktionäre zurückfließt, auf welche Weise auch immer. Der FCF ändert sich über die Jahre hinweg, was nicht ungewöhnlich oder dramatisch ist. Allerdings ist ein negativer FCF etwas, das der intelligente Investor nicht gerne sieht. Und kommt es doch vor, sollte es dafür eine gute Begründung geben.

Da der FCF eine schwankende Zahl ist, kann er bei der Berechnung des inneren Wertes das Bild schnell verzerren. Einem Investor, der auf die Kontinuität eines Unternehmens achtet, kommt das nicht entgegen. Um diese Schwankungen etwas auszugleichen, bedient sich der intelligente Investor des durchschnittlichen FCF der letzten 10 Jahre. Damit hat er eine zuverlässigere Zahl, als wenn er den aktuellen FCF verwenden würde.

Nach der Einführung des FCF können wir in die Verhältnisrechnung einsteigen. Einige der Berechnungen, so auch die erste, die wir uns ansehen werden, benötigen den FCF.

FCF-Umsatz-Verhältnis

Das FCF-Umsatz-Verhältnis (Cashflow Margin Ratio), abgekürzt FCFUV, berechnet sich wie folgt:

$$\text{FCFUV} = \frac{\text{Free Cashflow}}{\text{Umsatz}}$$

Für die Beispiel-AG bedeutet das:

$$\text{FCFUV} = \frac{1.600\,€}{14.000\,€} = 0{,}11 \text{ bzw. } 11\,\%$$

Was sagt diese Zahl dem intelligenten Investor? Sie sagt, dass jedes Mal, wenn das Unternehmen Produkte im Wert von 100 €

verkauft, 11 € an Bargeld für die Aktionäre verbleiben. Dieses Verhältnis zeigt also an, wie viel Bargeld direkt an den Eigentümer des Unternehmens geht. Oder anders ausgedrückt: Von 100 € an Einnahmen können 11 € als Dividende an die Eigentümer ausgezahlt werden. Natürlich würde das in dieser Form nicht vorkommen, da das Unternehmen auch Geld zur Reinvestition benötigt. Aber es ist doch ein aussagekräftiger Wert. Als Richtwert für interessante Unternehmen dienen dem intelligenten Investor 5 %. Ein Unternehmen sollte also über ein FCF-Umsatz-Verhältnis von 5 % und höher verfügen. Die Beispiel-AG weist mit 11 % einen recht guten Wert auf.

Verhältnis KFI zu KFO

Das Verhältnis, kurz KFIOV, berechnet sich wie folgt:

$$\text{KFIOV} = \frac{\text{KFI}}{\text{KFO}}$$

Setzen wir die Werte der Beispiel-AG ein.

$$\text{KFIOV} = \frac{-1.100\ €}{2.300\ €} = -0{,}48 \text{ bzw. } -48\,\%$$

Die Zahl ist negativ, da Geld in das Unternehmen investiert wird und sie bedeutet, dass jedes Mal, wenn das Unternehmen 100 € durch das operative Geschäft verdient, es 48 € in das Unternehmen reinvestiert, um es zu erhalten. Eine positive Zahl würde auf eine mangelnde Reinvestition hindeuten, wobei man in diesem Fall sehen müsste, woraus der positive KFI resultiert. Eventuell muss man ihn für die Berechnung bereinigen.

Das KFIOV sagt dem intelligenten Investor, wie viel Prozent des Geldes aus dem operativen Geschäft in das Wachstum des Unternehmens investiert werden. Dabei kommt es ihm weniger darauf an, dass sie so klein wie möglich ist. Daran kann ihm auch gar nicht gelegen sein, denn für den Erfolg eines Unternehmens ist es fundamental wichtig, dass es Geld in das Unternehmen reinvestiert, statt alles an die Aktionäre auszuzahlen. Ihm dient die Zahl eher dazu, sie mit anderen Unternehmen der gleichen Branche zu vergleichen und eine Einschätzung darüber zu erhalten, ob das Unternehmen verhältnismäßig mehr reinvestieren muss als ein Konkurrent. Außerdem ist für ihn von Interesse, ob diese Zahl über die Jahre hinweg deutlich schwankt oder relativ stabil bleibt. Ein stabiles Verhältnis lässt ihn von vorhersehbaren Investitionen ausgehen, was ihm als Investor deutlich lieber ist, denn er möchte schließlich wissen, was mit seinem Geld in der Zukunft passieren wird. Zumindest so gut es eben geht.

Der innere Wert

Der innere Wert (Intrinsic Value) ist jene ominöse Zahl, die es dem intelligenten Investor ermöglichen soll, den richtigen Wert eines Unternehmens zu bestimmen und anhand dessen zu entscheiden, ob er ein herausragendes Unternehmen zu einem guten Preis gewinnen kann. Nur wenn der Preis für das Unternehmen stimmt, kann er auf Dauer einen ordentlichen Profit machen. Das ist am Ende der Schlüssel, der ihm hilft, ein Vermögen aufzubauen.

Die grundlegenden Bewertungstechniken wie das KGV oder das KBV sind bereits bekannt. Beide sagen dem Anleger etwas darüber, ob eine Aktie gerade teuer ist oder nicht. Das KGV in Bezug auf den Gewinn, das KBV in Bezug auf den Buchwert. Man könnte einfach sagen, dass der innere Wert des Unternehmens dem Buchwert, also dem Eigenkapital, des Unternehmens entspricht. Grundsätzlich ist das zwar richtig, doch das würde zu kurz greifen, denn das KBV ist nur eine Momentaufnahme, eine schwache noch dazu.

Dem intelligenten Investor ist beides zu wenig spezifisch. Er möchte nicht wissen, ob die Aktie bezogen auf den aktuellen Gewinn, sondern ob das Unternehmen als Ganzes günstig ist. Er möchte den tatsächlichen Wert kennen und sehen, ob er mehr Wert erhält, als er dafür bezahlt. Da der intelligente Investor langfristig orientiert ist, hilft es ihm nicht, nur den heutigen Wert zu kennen. Vielmehr sucht er ein Unternehmen, das auch in Zukunft noch wertvoll ist. Insofern basiert das Konzept der Berechnung des inneren Wertes nicht nur auf dem heutigen Wert, sondern auch auf dem zu erwartenden Wert des Unternehmens. Diesen zukünftigen Wert versucht der intelligente Investor in die Gegenwart herunterzurechnen, damit er ihn mit dem aktuellen Preis für das Unternehmen vergleichen kann. Das Problem der Berechnung des inneren Wertes ist, dass man die Entwicklung des Unternehmens für die Zukunft prognostizieren muss.

Der intelligente Investor arbeitet also mit unsicheren Annahmen. Das möchte er eigentlich vermeiden, da er der Meinung ist, man könne die Zukunft nicht vorhersagen. Aus diesem Grund hat der intelligente Investor Entscheidungskriterien, die versuchen, diese Unsicherheit der Vorhersage abzumildern bzw. einzukalkulieren. Ein wesentliches Kriterium dabei ist insbesondere die Betrachtung der Entwicklung des Unternehmens über einen langen Zeitraum. War die Entwicklung der letzten 10 Jahre und mehr konstant, so ist die Wahrscheinlichkeit höher, dass es auch in Zukunft eine ähnliche Entwicklung geben wird. Auf dieser Basis erhöht sich die Wahrscheinlichkeit, dass die Annahme des intelligenten Investors über die zukünftige Entwicklung des Unternehmens der realen Entwicklung nahekommt. Darüber hinaus kauft er stets mit einer ausreichenden Sicherheitsspanne. Der Preis muss also deutlich unter dem Wert des Unternehmens liegen. Er ist sich dennoch stets klar darüber, dass er an dieser Stelle mit einer Unsicherheit arbeitet. Etwas anderes bleibt ihm nicht übrig. Er verlässt zwangsweise die sicheren Fakten des Geschäftsberichts, nutzt diese aber, um die Zukunft möglichst gut zu antizipieren.

Es gibt verschiedene Methoden, den inneren Wert zu berechnen. Drei möchte ich vorstellen. Ob man sich für eine davon entscheidet, alle drei anwendet oder gar weitere hinzu nimmt, bleibt einem selbst überlassen. Der intelligente Investor bevorzugt die Kalkulation des inneren Wertes auf Basis des diskontierten Free Cashflow. Daher beschreibt Warren Buffett den inneren Wert so:

„Der innere Wert ist der abgezinste Wert der Barmittel, die dem Unternehmen während seiner verbleibenden Lebenszeit entnommen werden können."

Innerer Wert in Bezug auf langfristige Unternehmensanleihen

Um den inneren Wert eines Unternehmens auf diese Weise berechnen zu können, muss man zunächst einen Blick auf Warren Buffetts Konzept der Aktienanleihe werfen. Buffett betrachtet Aktien dabei, wie der Name schon sagt, als Aktienanleihe und schafft auf diese Weise einen nachvollziehbaren Vergleich der Lukrativität der Aktien mit der Unternehmensanleihe. Die Aktien sind bei diesem Konzept die Anleihen. Die Vorsteuergewinne entsprechen dem „Kupon" der Anleihe, also der Nominalverzinsung. Der Vorteil der gedachten Aktienanleihe im Gegensatz zu herkömmlichen Anleihen ist, dass der Zinssatz der Aktienanleihe Jahr für Jahr steigt, während der andere konstant bleibt.

Wieso steigt der Zinssatz der Aktienanleihe? Die Antwort ist im Grunde ganz einfach. Herausragende Unternehmen sind derart stark, dass eine anhaltende Steigerung der Unternehmensgewinne auch in Zukunft erwartet werden darf. Da die Gewinne dem Kupon der Anleihe entsprechen, steigt folglich der Zinssatz über die Jahre hinweg an. Darüber hinaus zieht diese Steigerung der Unternehmensgewinne letztlich Steigerungen im Aktienkurs nach sich.

Machen wir das an einem Beispiel deutlich. Nehmen wir an, ein Anleger will eine Aktie zu einem Preis von 8 € kaufen. Der Vorsteuergewinn des Unternehmens beträgt 1 € je Aktie. Das jährliche Wachstum der Gewinne über die letzten 10 Jahre beträgt 10 %. Nach dem Konzept der Aktienanleihe bedeutet das, dass der Anleger mit einer Aktie eine Anleihe kauft, die auf seine Investition von 8 € 12,5 % Zinsen einbringt. Wie kommen wir auf diesen Wert? Die Berechnung ist recht einfach:

$$\text{Zinssatz} = \frac{\text{Vorsteuergewinn je Aktie}}{\text{Preis je Aktie}}$$

Also in unserem Beispiel:

$$\text{Zinssatz} = \frac{1\,€}{8\,€} = 0{,}125 \text{ bzw. } 12{,}5\,\%$$

Diesen Wert kann der Anleger jetzt bereits mit anderen Anlagemöglichkeiten vergleichen und sehen, wo er die beste Rendite erwartet. Doch er hat an dieser Stelle die jährliche Steigerung des Gewinns noch nicht beachtet. Mit dieser wird auch seine Rendite jährlich um 10 % steigen. Das heißt, er tätigt eine Investition von 8 € pro Aktie bei einer Verzinsung von 12,5 % mit einer jährlichen Steigerung von 10 %. Der Zinssatz der normalen Anleihen hingegen bleibt über den Zeitraum hinweg gleich. Es muss beachtet werden, dass die prognostizierte Rendite nicht ausschließlich als Kaufkriterium gelten darf. Um sich für einen Kauf zu entscheiden, müssen wesentliche weitere Aspekte berücksichtigt und erfüllt sein.

Auf der Grundlage des Konzepts der Aktienanleihe kann man den inneren Wert in Bezug auf langfristige Unternehmensanleihen berechnen. Hierfür erweitern wir unsere obige Annahme über das Unternehmen um eine langfristige Unternehmensanleihe. Der Zinssatz dieser Anleihe beträgt z. B. 5,75 %. Die Frage, die es nun zu beantworten gilt, lautet: Was ist das Unternehmen bei einem Vorsteuergewinn von 1 € pro Aktie und einer Verzinsung von 5,75 % wert? Dazu teilen wir den Vorsteuergewinn pro Aktie durch den Zinssatz:

$$\frac{1\,€}{0{,}0575} = 17{,}39\,€$$

Der berechnete innere Wert des Unternehmens beträgt also 17,39 € je Aktie. Der aktuelle Preis pro Aktie ist, wir erinnern uns, 8 €. Das bedeutet, kauft ein Anleger eine Aktie des Unternehmens zu diesem Preis, erhält er dafür einen Wert von 17,39 €.

Das Verhältnis des inneren Wertes je Aktie zum Preis je Aktie beträgt:

$$\frac{17{,}39\,€}{8\,€} = 2{,}17$$

Diese Zahl gibt dem intelligenten Investor auf schnell ersichtliche Weise Auskunft darüber, dass er für den Preis von 8 € über doppelt so viel an Wert kauft. Oder anders ausgedrückt: Er bezahlt einen Preis, der 46 % des Wertes entspricht. Auf diese Prozentangabe kommen wir, wenn wir die Gleichung einfach umdrehen. Wir teilen folglich 8 € durch 17,39 € und erhalten so den Wert 0,46 oder 46 %.

Die Sicherheitsspanne beträgt dabei 54 %. Für den intelligenten Investor bedeutet das, sollten seine Annahmen und Projektionen fehlerhaft sein, womit er immer rechnen muss, weil er mit vielen Ungewissheiten arbeitet, so hat er dennoch einen Puffer, der ihm einen Erfolg mit hoher Wahrscheinlichkeit gewährleistet. Selbst wenn er sich verrechnet hat, seine angenommenen Werte falsch waren oder sich das Unternehmen schwächer entwickelt, als auf Basis des Finanzberichts angenommen. Der Investor hat eine Breite zwischen 8 € und 17,39 €, in der sich der zukünftige Preis der Aktie entwickeln kann, ohne dass er mit seinem Investment einen Verlust macht (den inflationären Verlust einmal ausgenommen). Im Gegenteil – er macht sogar auf jeden Fall einen Gewinn. Die Wahrscheinlichkeit, dass der Preis der Aktie in Zukunft über die 8 € hinausgeht, ist deutlich höher, als dass er darunter fällt, da der Wert des Unternehmens laut Berechnung darüber liegt.

Zwar mag der Markt den Wert des Unternehmens zeitweilig nicht erkennen, was dem intelligenten Investor entgegenkommt, doch in Zukunft sollte sich das allmählich ändern. Nach Warren Buffett legt der Aktienmarkt den Aktienanleihen des Unternehmens mit der Zeit einen Preis bei, der dem Wert der Unternehmensgewinne im Verhältnis zur Rendite langfristiger Unternehmensanleihen entspricht. Deswegen ist es eine fundamentale Eigenschaft von erfolgreichen Investoren, Geduld zu haben und zu warten, bis der Markt den wahren Wert des Unternehmens erkennt und den Aktienpreis daraufhin an den Wert anpasst.

Innerer Wert in Bezug auf die Verzinsung der Unternehmensgewinne

Diese Berechnung ist ein wenig komplexer und transferiert die Entwicklung heutiger Zahlen in die Zukunft, womit der Unsicherheitsfaktor über die Vorhersage steigt.

Wir beginnen mit der Berechnung, indem wir den zu erwartenden Gewinn in 10 Jahren kalkulieren. Hierzu greifen wir wieder auf unsere beispielhaften Zahlen von vorhin zurück.

Wir erinnern uns: Die Aktie kostet 8 € pro Stück. Das Unternehmen weist einen Vorsteuergewinn von 1 € aus. Die historische jährliche Gewinnsteigerung beträgt 10 %. Der berechnete Zinssatz für unsere Investition beträgt 12,5 %. Um nun den zu erwartenden Gewinn je Aktie in 10 Jahren berechnen zu können, greifen wir auf die Zinseszinsformel zurück:

$$K_n = K_0 \cdot (1 + \tfrac{p}{100})^n$$

Dabei gilt:

K_n = Endkapital, also der erwartete Gewinn je Aktie in n-Jahren (z.B. in 10 Jahren)

K_0 = Anfangskapital, also der heutige Gewinn je Aktie

p = Einsatz (in Prozent); hier Gewinnsteigerung

n = Anzahl der Jahre

Für unser Beispiel ergibt das folgende Berechnung:

K_0 = 1 €

p = 10 % (historische Gewinnsteigerung)

n = 10 Jahre

$$K_{10} = 1\ € \cdot (1 + \tfrac{10}{100})^{10} = 2{,}59\ €$$

Der zu erwartende Gewinn des Unternehmens je Aktie in 10 Jahren liegt also etwa bei 2,59 €. Nehmen wir nun diesen Gewinn und setzen ihn in Bezug auf den heutigen Preis der Aktie von 8 €, um herauszufinden, um wie viel unser Vorsteuerbetrag gestiegen ist. Die Rechnung dazu lautet:

$$\begin{aligned}\text{Vorsteuergewinn in 10 Jahren} &= \frac{\text{erwarteter Gewinn in 10 Jahren}}{\text{Preis je Aktie Investition}} \\ &= \frac{2{,}59\ €}{8\ €} = 0{,}32 \text{bzw. } 32\,\%\end{aligned}$$

Wir können feststellen, dass unser Vorsteuerbetrag von 10 % heute auf 32 % in 10 Jahren gestiegen ist, ausgehend von einem Investment von 8 €. Leider können wir an dieser Stelle noch nicht mit dem Rechnen aufhören, denn die Frage, die sich dem intelligenten Investor nun stellt, ist:

Was sind diese 32 % in 10 Jahren HEUTE wert?

Um dies herauszufinden, benötigen wir noch einen Abzinsungsfaktor oder auch Diskontierungssatz. Als Abzinsungsfaktor dient uns der Wert der heutigen Unternehmensanleihe. In unserem Beispiel lag diese bei 5,75 %. Um die Berechnung ein wenig sicherer zu machen, runden wir auf und nehmen einen Abzinsungsfaktor von 6 %. Man kann auch noch sicherer gehen und einen noch höheren Wert wählen. Der heutige Wert (W0) des zukünftigen Vorsteuerbetrags von 32 % berechnet sich wie folgt:

$$\text{heutiger Wert} = \frac{\text{Wert in 10 Jahren}}{(1+\text{Abzinsungsfaktor})^{\text{Laufzeit}}}$$

Wir setzen ein:

$$W_0 = \frac{32}{(1+0{,}06)^{10}} = 17{,}86\,\%$$

Das heißt, die 32 % in 10 Jahren sind für den Anleger heute 17,86 % wert. Damit haben wir einen Faktor, mit dem wir den inneren Wert des Unternehmens berechnen können. Wir brauchen nur noch den Preis der Aktie von 8 € zu nehmen und ihn mit dem diskontierten Zinssatz und dann mit dem aktuellen KGV zu multiplizieren. Die Berechnung lautet dann:

$$\text{innerer Wert} = 8\ € \cdot 17{,}86\,\% \cdot \text{KGV} = 1{,}43\ € \cdot \text{KGV}$$

Wir nehmen an, das aktuelle KGV läge bei 14. Das bedeutet für unsere Berechnung:

$$\text{innerer Wert} = 1{,}43\ € \cdot 14 = 20{,}02\ €$$

Der innere Wert des betrachteten Unternehmens beträgt also 20,02 €. Was bedeutet das nun für das Unternehmen? Es bedeutet, dass ein Anleger für einen Wert von 20,02 € lediglich 8 € bezahlen muss. Wenn er kauft, bekommt er also etwa 2,5 Mal so viel an Wert. Die Sicherheitsspanne (Ssp) beträgt:

$$\text{Ssp} = 1 - \left(\frac{8}{20{,}02}\right) = 1 - 0{,}39 = 0{,}61 \text{ bzw. } 61\,\%$$

Der intelligente Investor bekommt dieses Unternehmen also mit einem Abschlag von 61 %. Nach der These von Warren Buffett sollte der Markt früher oder später diesen Wert erkennen und den Preis an den Wert anpassen. Das beschert dem intelligenten Investor dann den Gewinn.

Innerer Wert in Bezug auf den diskontierten freien Kapitalfluss

Nachdem wir ein wenig gerechnet und uns mit komplexeren Formeln auseinandergesetzt haben, können wir noch einen kleinen Schritt weitergehen und den letzten Wert berechnen, den inneren Wert in Bezug auf den diskontierten freien Kapitalfluss (Discounted Cashflow (DCF), Intrinsic Value Model (IV)). Als Berechnungsgrundlage dienen im Wesentlichen zwei Elemente:

1. der Free Cashflow
2. der Abzinsungsfaktor

Den Abzinsungsfaktor, auch Diskontierungssatz genannt, haben wir bereits in der letzten Berechnung kennengelernt. Machen wir uns noch einmal deutlich, weswegen man diesen Diskontierungssatz benötigt. Der Abzinsungsfaktor hilft dem intelligenten

Investor, zukünftige Gewinne in heutige Gewinne umzurechnen. So wie wir es mit der Verzinsung der Unternehmensgewinne getan haben, können wir als Basis auch den zukünftigen freien Kapitalfluss nehmen und seinen Wert in die Gegenwart zurückrechnen. Diesen nimmt der intelligente Investor, weil er das Geld ist, das dem Unternehmen zur freien Verwendung steht und zum Vorteil der Eigentümer genutzt werden kann. Dabei muss beachtet werden, dass die Höhe des Abzinsungsfaktors Auswirkungen auf den inneren Wert hat. Je höher der Abzinsungsfaktor, desto niedriger der innere Wert und umgekehrt. Es ist also wichtig, eine angemessene Höhe für den Diskontierungssatz zu nehmen.

Als Basis für die Berechnung nimmt der intelligente Investor den durchschnittlichen FCF der letzten 10 Jahre. Dies macht er deswegen, weil er zum einen diesen Zeitraum betrachtet, um sich einen guten Überblick über das Unternehmen und seine Entwicklung sowie Kontinuität zu verschaffen, zum anderen ist er langfristig orientiert. Den Durchschnittswert zu nehmen, ergibt mehr Sinn als nur die Momentaufnahme der aktuellen KFR. Der Durchschnittswert glättet die Bewegungen des FCF.

Damit wir den Überblick nicht verlieren, hier die sechs Schritte, mit denen wir den inneren Wert berechnen.

1. Schätzung des zukünftigen Free Cashflow
2. Schätzung des Abzinsungsfaktors
3. Berechnung des abgezinsten Wertes des FCF für 10 Jahre
4. Berechnung des abgezinsten fortwährenden FCF über 10 Jahre hinaus
5. Berechnung des inneren Wertes
6. Berechnung des inneren Wertes pro Aktie

1. Schätzung des zukünftigen Free Cashflow

Für die Abschätzung des zukünftigen FCF benötigen wir zwei Zahlen. Der durchschnittliche FCF der letzten 10 Jahre sowie eine zu erwartende Wachstumsrate. Der intelligente Investor verwendet als Wachstumsrate für den FCF die durchschnittliche Eigenkapitalrendite der letzten 10 Jahre. Man könnte auch, das werden sicher einige logischer finden, die durchschnittliche Wachstumsrate des FCF der letzten 10 Jahre nehmen. Allerdings fluktuiert der FCF stärker als die Eigenkapitalrendite. Hinsichtlich der Kontinuität wäre die EKR vorzuziehen.

Da wir für die Beispiel-AG keine Werte der letzten 10 Jahre vorliegen haben, nehmen wir der Einfachheit halber den gegenwärtigen FCF, welcher 1.600.000.000 € beträgt. Ebenfalls aus Gründen der Vereinfachung rechnen wir, wie schon die ganzen Male davor, mit den Tausenderwerten, also 1.600 €. Als konstantes Wachstum setzen wir 8 % voraus. Der geschätzte FCF in 10 Jahren berechnet sich nach folgender Formel:

$$FCF_n = FCF_0 \cdot (1 + WR)^n$$

Dabei gilt:

FCF_n	=	Free Cashflow in n-Jahren (z.B. 10 Jahre)
FCF_0	=	Free Cashflow heute
WR	=	Wachstumsrate des Unternehmens, z.B. ∅ Eigenkapitalrendite (ROE) oder ∅ Wachstumsrate des FCF der letzten 10 Jahre

Setzen wir die Werte in die Formel ein, dann sieht es so aus:

$$FCF_{10} = 1.600 \text{ €} \cdot (1 + 0{,}08)^{10} = 3.454 \text{ €}$$

Der geschätzte FCF in 10 Jahren beträgt also 3.454 € (in Mio).

2. Schätzung des Abzinsungsfaktors

Der Abzinsungsfaktor ist ähnlich der Diskontierungsrate.

Der Unterschied besteht lediglich darin, dass der Abzinsungsfaktor auf einen bestimmten Zeitraum der Zukunft angewendet wird. Der Abzinsungsfaktor hängt von dem Jahr ab, das man in der Zukunft betrachtet. Deswegen ist es notwendig, zunächst einen Abzinsungssatz zu wählen. Hierfür hat man verschiedene Möglichkeiten. Mit seiner Wahl ist auch die Höhe des Risikos verbunden. Man kann etwa den Zinssatz risikoloser Staatsanleihen verwenden und einen Aufschlag darauf erheben, z. B. den Zinssatz verdoppeln. Man kann auch einen Zinssatz verwenden, den man als jährliche Rendite vorfinden möchte, z. B. 5 %. Aber auch hier verwendet der intelligente Investor eine Sicherheitsspanne, um die Schätzung sicherer zu machen.

Fangen wir mit einem Abzinsungssatz von 10 % oder höher an, um das Risiko möglichst gering zu halten. Die Formel zur Berechnung unseres Abzinsungsfaktors lautet:

$$\mathrm{AF_n} = (1 + \mathrm{AS})^{\mathrm{n}}$$

Dabei gilt:

$\mathrm{AF_n}$ = Abzinsungsfaktor des Jahres n

AS = Abzinsungssatz

n = das Jahr, für das diskontiert wird

Auf diese Weise können wir für jedes der folgenden Jahre einen Abzinsungsfaktor berechnen.

Jahr 1:

$$\mathrm{AF_1} = (1 + 0{,}1)^1 = 1{,}10$$

Jahr 10:

$$\mathrm{AF_{10}} = (1 + 0{,}1)^{10} = 2{,}59$$

3. Berechnung des abgezinsten Wertes des FCF_{10}

Nachdem wir nun den geschätzten FCF in 10 Jahren berechnet haben und den Abzinsungsfaktor für Jahr 10, können wir den abgezinsten Wert des FCF (AFCF) für 10 Jahre berechnen.

Die Formel dafür lautet:

$$AFCF_n = \frac{FCF_n}{AF_{10}}$$

Wir erinnern uns: Der FCF im Jahr 10 betrug 3.454 € (in Mio.) und unser Abzinsungsfaktor für dieses Jahr 2,59. Setzen wir diese Werte in die Formel ein, lautet die Rechnung:

$$AFCF_{10} = \frac{3.454\ €}{2{,}59} = 1.333\ €$$

Diese Zahl bedeutet, dass ein FCF in 10 Jahren von 3.454.000.000 € heute 1.333.000.000 € wert ist. Es ist wichtig, sowohl den FCF als auch den abgezinsten FCF für jedes Jahr der nächsten 10 Jahre zu berechnen, denn zur weiteren Berechnung des inneren Wertes benötigen wir die Summe der einzelnen FCF der Jahre. Die Werte sind in der Tabelle aufgeführt:

Jahr	1	2	3	4	5	6	7	8	9	10
FCF	1.600	1.866	2.016	2.177	2.351	2.539	2.742	2.961	3.198	3.454
Abzinsungsfaktor	1,10	1,21	1,33	1,46	1,61	1,77	1,95	2,14	2,36	2,59
AFCF	1.455	1.542	1.514	1.487	1.460	1.433	1.407	1.382	1.356	1.332
									Summe AFCF	14.368

Die Summe der abgezinsten FCF über die kommenden Jahre beträgt 14.368.000.000 €.

4. Berechnung des abgezinsten fortwährenden FCF über 10 Jahre hinaus

Bevor wir den inneren Wert berechnen können, benötigen wir noch eine Zahl, nämlich den abgezinsten fortwährenden FCF (AFFCF) über 10 Jahre hinaus. Warum benötigen wir diesen?

Wenn der intelligente Investor ein Unternehmen kauft, dann macht er das zunächst für einen längeren Zeitraum. Mit dem Kauf erlangt er nicht nur das Recht am FCF der nächsten 10 Jahre, sondern natürlich auch am FCF während der ganzen Lebensdauer des Unternehmens. Aus diesem Grund fügt er in seine Berechnung den FCF hinzu, der über 10 Jahre hinausreicht. Hierzu muss er eine weitere Variable einführen, nämlich die langfristige Wachstumsrate.

Diese gibt die Wachstumsrate über 10 Jahre hinaus an. Da Vorhersagen für diese Zeit praktisch unmöglich sind – ich habe mehrfach darauf hingewiesen – muss eine Zahl gesucht werden, die ein sehr niedriges Risiko aufweist. Da wir das Wachstum des Unternehmens nicht zu optimistisch schätzen wollen, gehen wir von einer Steigerung aus, die der allgemeinen Inflationsrate entspricht. Die von Staaten gewünschte Inflation beträgt etwa 2 %; 3 % sind auch möglich. Die Formel zur Berechnung des abgezinsten fortwährenden FCF lautet:

$$\text{AFFCF} = \frac{\text{FCF}_n \cdot (1+\text{WR})^{11} \cdot (1+\text{LWR})}{\text{AR}-\text{LWR}} \cdot \frac{1}{(1+\text{AR})^{11}}$$

Dabei gilt :

AFFCF	=	abgezinster fortwährender FCF über 10 Jahre hinaus
FCF_0	=	heutiger FCF = 1.600 € (in Mio.)
WR	=	Wachstumsrate = 8 %
LWR	=	langfristige Wachstumsrate
	=	3 % (Inflation + 1 %)
AR	=	Abzinsungrate = 10 %

Setzen wir unsere Zahlen in die Gleichung ein:

$$\text{AFFCF} = \frac{1.600\ € \cdot (1+0{,}088)^{11} \cdot (1+0{,}03)}{0{,}1-0{,}03} \cdot \frac{1}{(1+0{,}1)^{11}} = 49.012\ €$$

Unser abgezinster fortwährender FCF beträgt also 49.012 Mio.€. Es ergibt Sinn, für diese Berechnungen ein Kalkulationsprogramm zu verwenden und die Formel dort einmal einzutragen.

5. Berechnung des inneren Wertes

Mit dem letzten Rechenschritt haben wir die komplexen Berechnungen nun abgeschlossen und müssen uns zum Schluss lediglich zwei einfachen Berechnungen zuwenden. Wir haben jetzt alle Zahlen zusammen, mit denen wir den inneren Wert des Unternehmens berechnen können. Für die Formel benötigen wir lediglich zwei berechnete Werte, nämlich die berechnete Summe der abgezinsten FCFs und den eben berechneten abgezinsten fortwährenden FCF.

Die Formel für den inneren Wert (iW) lautet:

$$\text{iW} = \text{Summe der AFCF für 10 Jahre} + \text{AFFCF}$$

Setzen wir die von uns berechneten Werte ein:

$$\text{iW} = 14.368\ € + 49.012\ € = 63.380\ €$$

Oder korrekt ausgedrückt 63.380.000.000 €.

6. Berechnung des inneren Wertes pro Aktie

Den inneren Wert zu kennen, ist gut und wichtig, doch der intelligente Investor benötigt ihn dafür, entscheiden zu können, ob ein Unternehmen günstig, also unterhalb des inneren Wertes gehandelt wird, oder teuer ist. Er muss also den inneren Wert mit dem Preis für das Unternehmen vergleichen. Den aktuellen Preis findet er im Aktienkurs. Er kann folglich diesen Kurs mit der Anzahl der ausstehenden Aktien multiplizieren und mit dem obigen inneren Wert vergleichen. Er kann aber auch den inneren Wert bezogen auf jede einzelne Aktie berechnen, was wir machen wollen. Hierzu müssen wir den berechneten inneren Wert durch die Anzahl der im Umlauf befindlichen Aktien teilen. Nehmen wir für die Beispiel-AG an, sie hat 1.000.000.000 Aktien im Umlauf. Der innere Wert pro Aktie berechnet sich dann:

$$\text{iW je Aktie} = \frac{63.380.000.000\ €}{1.000.000.000} = 63{,}38\ €$$

Jetzt hat der intelligente Investor eine Zahl, anhand der er bemessen kann, ob das untersuchte Unternehmen günstig zu erwerben ist oder nicht. Das entscheidet mit darüber, ob er mit dem Unternehmen Geld verdienen kann.

Was sagt ihm diese Zahl und wie benutzt er sie?

Zum einen sagt sie ihm, dass er, wenn er eine Aktie des Unternehmens zum Preis von 63,38 € kauft, eine jährliche Rendite von 10 % erwarten kann. Die 10 % rühren daher, dass wir von einer 10-prozentigen Wachstumsrate ausgegangen sind.

Bekommt er die Aktie günstiger, steigt die Rendite. Kauft er sie teurer, sinkt sie. Zum anderen kann er diese Zahl mit dem aktuellen Preis für eine Aktie vergleichen und entscheiden, ob sie bzw. das Unternehmen einen Kauf wert ist.

Nehmen wir an, der aktuelle Marktpreis für eine Aktie der Beispiel-AG betrüge 40 €. Dann bedeutet das, dass der intelligente Investor dieses Unternehmen mit einem Wert von 63,38 € für 40 € kaufen kann. Ist das nun ein guter und sinnvoller Kauf?

Um das zu entscheiden, muss er mehrere Aspekte berücksichtigen, wobei er über die meisten davon bereits vor der Berechnung des inneren Wertes entschieden haben sollte. Hat er bereits bei der Betrachtung des Finanzberichts und anderer Informationen über das Unternehmen entschieden, dass es keinen Kauf wert ist, kann er sich die gesamte Berechnung sparen. Ist der intelligente Investor folglich bei der Berechnung des inneren Wertes angelangt und hat ihn berechnet, so hält er vermutlich das Unternehmen grundsätzlich für einen guten Kauf. Jetzt muss er noch entscheiden, ob der Preis akzeptabel und der Kauf damit rentabel genug für ihn ist. Um diese letzte Frage zu beantworten, muss er noch eine Sache wissen, nämlich wie hoch die Sicherheitsspanne (margin of safety) ist. Hierzu kann er den inneren Wert je Aktie durch den Kaufpreis pro Aktie teilen und erhält das Verhältnis der beiden zueinander. Für die Beispiel-AG bedeutet das:

$$\text{Verhältnis innerer Wert zu Kaufpreis} = \frac{63{,}38\text{ €}}{40\text{ €}} = 1{,}58$$

Dieses Verhältnis von 1,58 bedeutet, dass für jeden Euro, den der intelligente Investor in das Unternehmen investiert, er 1,58 € zurückerhält. Vorausgesetzt, die angestellten Berechnungen bewahrheiten sich. Um die Sicherheitsspanne in Prozent zu erhalten, rechnen wir:

$$\text{Ssp} = 1 - \left(\frac{40}{63{,}38}\right) = 1 - 0{,}63 = 0{,}37 \text{ bzw. } 37\,\%$$

Ist das nun ein guter Wert? Ist diese Spanne ausreichend?

Letztlich muss dies jeder Anleger für sich selbst entscheiden. Er muss für sich im Vorfeld eine angemessene Sicherheitsspanne festlegen. Wichtig ist, sie vor der Bewertung eines Unternehmens festzulegen und sich daranzuhalten. Die Sicherheitsspanne dient schließlich dazu, das Risiko des Anlegers zu minimieren. Dieses Risiko besteht darin, dass er versucht, die Zukunft abzuschätzen und sich das Unternehmen nicht so gut entwickeln wird, wie erwartet, und damit auch der entsprechende antizipierte zukünftige Wert des Unternehmens. Je höher die Sicherheitsspanne, umso geringer wird das Risiko und umgekehrt.

Die Annahme hinter der Sicherheitsspanne, also der Differenz zwischen dem zu zahlenden Preis und dem inneren Wert des Unternehmens, ist, dass der Markt den Wert des Unternehmens in der Zukunft erkennen wird und den Preis deswegen an den von dem intelligenten Investor berechneten Wert anpasst. Daraus resultiert sein Gewinn und damit die Möglichkeit, sich ein Vermögen aufzubauen. Die Höhe der Sicherheitsspanne hängt im Allgemeinen also von der Risikobereitschaft ab und davon, ob es sich bei dem Unternehmen um eines handelt, das in einer risikoreichen Branche tätig ist oder in einer mit weniger Risiko. Benjamin Graham schlägt eine Sicherheitsspanne von etwa 30 % vor, was einem Verhältnis von etwa 1,4 % zwischen Kaufpreis und innerem Wert entspricht.

Beurteilung der Beispiel-AG

Bevor wir zum Ende kommen, wollen wir noch sehen, ob die Beispiel-AG die Kriterien für einen Kaufkandidaten erfüllt. Wir erinnern uns: Sowohl die Analyse der GuV-Rechnung als auch die Bilanz waren positiv. Das Ergebnis sah wie folgt aus:

Gewinn-und-Verlust-Rechnung:

Bruttogewinnspanne	57 %
Verwaltung- und Vertriebskosten	31 % des Bruttogewinns
Kosten für Forschung/Entwicklung	9 % des Bruttogewinns
operatives Gewinnverhältnis	32 %
Zinsdeckungsverhältnis	11 %
Reingewinnspanne	21 %

Bilanz:

Eigenkapitalendite	10,4 %
Gesamtkapitalrendite	9,8 %
Liquiditätsgrad	4,56
Verschuldungsgrad	29 %
Eigenkapitalquote	72 %

Kapitalflussrechnung:

KF aus operativer Geschäftstätigkeit	pos. (2.300 Mio. €)
KF aus Investitionstätigkeiten	neg. (−1.100 Mio. €)
KF aus Finanzierungstätigkeiten	neg. (−600 Mio. €)

Die Investitionen in Sachanlagen und immaterielle Vermögenswerte liegen mit 23 % des Reingewinns unter der bevorzugten Marke von 25 %. Die Dividendenzahlungen machen mit 300.000 € gerade einmal 10 % des Reingewinns aus und liegen weit unter dem maximalen Wert von 50 %. Das Unternehmen weist mit 1,6 Mrd. € einen positiven FCF aus.

Der berechnete innere Wert des Unternehmens beträgt 63,38 € je Aktie. Bei einem Kaufpreis von 40 € je Aktie liegt die Sicherheitsspanne bei 37 %, was oberhalb der von Benjamin Graham empfohlenen Marke liegt.

In Anbetracht der aufgeführten Zahlen können wir feststellen, dass das Unternehmen für den intelligenten Investor grundsätzlich einen Kaufkandidaten darstellt.

7

Ein paar abschließende Worte

Warren Buffett sagt, investieren sei einfach, aber nicht leicht. Ich interpretiere die Aussage so: Es ist einfach, erfolgreich zu investieren, wenn man eine vernünftige Strategie hat, mit der man weiß, was man tut. Es ist jedoch nicht leicht, eine solche Strategie zu entwickeln und es ist noch schwieriger, sich auch strikt an sie zu halten.

Das vorliegende Buch versucht, eine vernünftige Strategie oder auch Investmentphilosophie, die von sehr erfolgreichen Investoren in differenzierter, doch ähnlicher Weise angewandt wird, einfach zu erläutern. Die Basis dieser Strategie ist das Unternehmen. Wesentliche Elemente sind Qualität, Wert und Preis. Diese Elemente helfen bei der Minimierung des Risikos und erzeugen so nicht nur Sicherheit für das eigene Investment, sondern erhöhen gleichzeitig auch die Wahrscheinlichkeit für dessen Erfolg.

Gerade, wer beginnt, sich am Kapitalmarkt zu engagieren, benötigt Unterstützung, um aus der Fülle der Möglichkeiten eine herauszugreifen, die nicht nur ein leeres Versprechen ist, sondern eine echte Hilfestellung für die eigenen Finanzentscheidungen.

Eigene vernünftige Finanzentscheidungen treffen zu können, sich nicht auf andere und deren vermeintliche Expertise verlassen zu müssen, möchte dieses Buch unterstützen. Dabei wurde zum einen die Person und Persönlichkeit des Investors betrachtet. Als Vorlage diente dabei Benjamin Grahams „Intelligenter Investor“, der sich über die Jahrzehnte durch die Erfahrungen äußerst erfolgreicher Investoren immer weiter entwickelte und verbesserte. Was diesen intelligenten Investor auszeichnet, wie er den Markt und Unternehmen betrachtet, wie er mit ihnen umgeht und auf welcher Grundlage er sich engagiert, wurde angesprochen. Zu nennen sind hier u. a. Aspekte wie Unabhängigkeit, Einfachheit, Lethargie, Markteinbrüche, Sicherheitsspanne und konzentrierte Diversifikation. Den letzten Begriff habe ich gerade erfunden, denn er beschreibt meines Erachtens ganz gut den vernünftigen Ausgleich zwischen zu hoher Diversifikation und zu starker Konzentration.

Der intelligente Investor ist jedoch keine Maschine. Deswegen beeinflusst seine persönliche psychologische Ausstattung, die er als Mensch mitbringt, sein Engagement und den Umgang mit den Freuden und Widrigkeiten des Kapitalmarktes. Welche Fallstricke hier lauern, welche Tugenden hilfreich sein können, wurde ebenfalls betrachtet. Hilfreiche Tugenden sind z. B. Geduld, Disziplin und Sparsamkeit. Fallstricke können sich in Emotionen wie Sympathie und Antipathie, Zweifel, Neid sowie Selbstüberschätzung verstecken.

Selbst wenn ein Investor weiß, nach welchem Unternehmen er suchen soll, muss er wissen, wie er es findet. Hat er es gefunden, muss er den Wert dieses Unternehmens bestimmen können, damit er diesen mit dem Preis vergleichen kann. Um das zu erreichen, haben wir uns zum anderen den Finanzbericht grob angesehen und versucht herauszufinden, welche Elemente dem Investor etwas über die Qualität des Unternehmens sagen und wie er den Wert berechnen kann.

Die Investmentphilosophie, mit der einige bekannte Investoren sehr erfolgreich ihr Vermögen aufgebaut und angelegt haben, wurde von mir hier komprimiert und individuell strukturiert vorgestellt. Das soll dem interessierten Leser helfen, schnell einen sinnvollen Zugang zu der Materie zu erlangen. Dieses Destillat, wie ich es schon im Vorwort nenne, soll eine kleine Unterstützung sein, um sich vernünftig am Kapitalmarkt zu engagieren. Es bietet deswegen nicht nur Ideen für die eigene Investorpersönlichkeit, sondern auch Kriterien, nach denen man sich Unternehmen aussuchen kann.

Jeder möge dieses Buch als Anfang betrachten, als Einstieg in die wunderbare Welt der Kapitalanlage, die kein Teufelswerk ist, sondern sehr viel Spaß machen kann. Ein intelligenter Investor hört nie auf, zu lernen und sich weiterzuentwickeln. Er liest, bildet sich und verfeinert seinen persönlichen Investmentstil. Im Literaturverzeichnis finden sich herausragende Bücher, die es zu lesen lohnt. Jedes einzelne kann ich nur empfehlen. Darüber hinaus gibt es noch ganz viele andere Autoren, deren Lektüre einen in der eigenen Entwicklung unterstützen und voranbringen.

Der verstorbene Charlie Munger war ohne ein Buch kaum anzutreffen. Seine Kinder sollen gesagt haben, er sei ein Buch, aus dem Beine ragen. Um erfolgreich zu investieren, muss man wissen, was man tut. Dann macht die Kapitalanlage richtig Spaß. Dieses Buch ist dafür ein Anfang.

Enjoy Investing!

A

Übersicht der Finanzdaten der Beispiel-AG

Gewinn-und-Verlust Rechnung

GuV Beispiel-AG			**in Mio. €**	
primäre Aktivitäten	Umsatz	*Erlös*	14.000	*Revenue*
	Materialaufwand	*Umsatzkosten*	6.000	*Cost of Revenue*
	Personalaufwand			
	Bruttogewinn		8.000	*Gross Margin*
sekundäre Aktivitäten	Verwaltung- & Vertriebskosten	*operative Kosten*	2.500	*Sales & Marketing; General & Administrative*
	Kosten für Forschung & Entwicklung		750	*Research & Development*
	sonstige operative Kosten		0	*other Operative Expenses*
	Abschreibungen		250	*Depreciation / Amortisation*
	operativer Gewinn		4.500	*Income from Operations*
außer-ordentliche Aktivitäten	Zinsaufwendungen / -einnahmen	*sonstige Kosten / Erträge*	500	*Net Interest Income / Expenses*
	sonstige betriebliche Erträge			*Extraordinary Income*
	sonstige betriebliche Ausgaben			*Extraordinary Expenses*
Gewinn	**Gewinn vor Steuern**		4.000	*Income before Taxes*
	Ertragssteuer		1.000	*Income Taxes*
	Reingewinn		3.000	*Net Income*

Bilanz

Bilanz Beispiel-AG					
Aktiva		**in Mio. €**	**Passiva**		**in Mio. €**
Bargeldbestand und kurzfristige Finanzanlagen	*Cash an Cash Equivalents*	5.800	Verbindlichkeiten aus Lieferungen und Leistungen	*Accounts Payable*	1.000
Forderungen	*Accounts receivable*	1.600	Kostenrückstellungen	*Tax Payable*	
Vorräte	*Inventory*	1.800	kurzfristige Schulden		1.300
sonstiges kurzfristiges Umlaufvermögen	*other Current Assets*	1.300			
aktive Rechnungs-abgrenzungsposten	*Prepaid Expenses*	9.200			
Summe Umlaufvermögen	***Total Current Assets***	**10.500**	**Summe kurzfristige Verbindlichkeiten**	***Current Liabilities***	**2.300**
langfristige Anlagen	*Non-Current Investments*	2.300	Langfristigen Schulden	*Long-term Debt*	3.200
Sachanlagen	*Property, Plant, and Equipment*	15.800	latente Ertragssteuern	*Deferred Tax*	
Immaterielle Vermögenswerte	*Patents, Trademarks and other Intangibles*	700	zweifelhafte Forderungen	*Provision*	600
Goodwill		1.100	andere langfristige Schulden		2.300
Summe Anlagevermögen	***Non-Current Assets***	**19.900**	**Summe langfristige Verbindlichkeiten**	***Non-Current Liabilities***	**6.100**
			Gesamtverbind-lichkeiten	***Total Liabilities***	**8.400**
			Aktienkapital	*Share Capital*	2.200
			Zusätzlich eingezahltes Kapital	*Additional Paid-In Capital*	13.500
			einbehaltener Gewinn	*Retained-Earnings*	13.000
			eigene Anteile	*Treasury Stock*	-6.700
			Summe Eigenkapital	***Total Equity***	**22.000**
Bilanzsumme	***Total assets***	**30.400**	**Bilanzsumme**	***Total Liabilities and Equity***	**30.400**

Kapitalflussrechnung

Kapitalflussrechnung - Beispiel AG	
KF aus laufender Geschäftstätigkeit	**in Mio. €**
Jahreüberschuss	3.000
Abschreibungen	300
Veränderung des Working Capital	-1.000
Mittelzufluss/-abfluss aus betriebl. Tätigkeit	2.300
KF aus Investitionstätigkeit	
Investitionen in Sachanlagen und immaterielle Vermögenswerte	-700
Investitionen in Finanzanlagen	-100
Investitionen in konsolidierte Unternehmen und sonstige Geschäftseinheiten	-300
Mittelzufluss/-abfluss aus Investitionstätigkeit	-1.100
KF aus Finanzierungstätigkeit	
Ausgabe/Rückkauf eigener Aktien	-300
Zahlung von Dividenden	-400
Einzahlung aufgrund von Finanzmittelanlagen	100
Mittelzufluss/-abfluss aus Finanzierungstätigkeit	-600
Veränderung der Zahlungsmittel und Zahlungsmitteläquivalente	600
Zahlungsmittel und Zahlungsmitteläquivalente am 1. Januar	5.200
Zahlungsmittel und Zahlungsmitteläquivalente am 31. Dezember	5.800

Literatur

Baur, Gisela, Warren Buffett – Der Jahrhundertkapitalist: Vom Zeitungsjungen zum Milliardär – sein Weg zum Erfolg, FinanzBuch Verlag 2018

Bogle, John C., The Little Book of Common Sense Investing: The Only Way to Guarantee Your Fair Share of Stock Market Returns, 2. Auflage, Wiley 2017

Bogle, John C., On Investing, The First 50 Years, Wiley 2015

Bogle, John C., On Mutual Funds: New Perspectives For The Intelligent Investor, Wiley 2015

Bogle, John C., The Clash of the Cultures: Investment vs. Speculation, Wiley 2012

Bogle, John C., Enough: True Measures of Money, Business, and Life, Wiley 2010

Bogle, John C., Don't Count on It!: Reflections on Investment Illusions, Capitalism, "Mutual"Funds, Indexing, Entrepreneurship, Idealism, and Heroes, Wiley 2010

Brodersen, Stig, Pysh, Preston, Warren Buffett Accounting, Pylon Publishing 2014

Buffett, Mary, Clark, David, So ist Warrenn Buffett Unternehmenszahlen, Börsenbuchverlag, 2012

Buffett, Warren, Berkshire Hathaway Letters to Shareholders, 3. Auflage, Explorist Productions 2016

Cialdini, Robert B., Pre-Suasion: A Revolutionary Way to Influence and Persuade, Random House 2017

Cialdini, Robert B., Influence: The Psychology of Persuasion, Harper Business 2006

Clark, David, Tao of Charlie Munger: A Compilation of Quotes from Berkshire Hathaway's Vice Chairman on Life, Business, and the Pursuit of Wealth With Commentary, Scribner 2017

Cunningham, Lawrence A. (Ed.), The Essays of Warren Buffett: Lessons for Investors and Managers, 4th Edition, Wilex & Sons 2018

Dalio, Ray, Die Prinzipien des Erfolgs, FinanzBuch Verlag 2019

Dalio, Ray, Big Dept Crises, Greenleasf Book Group 2018

Einhorn, David, Fooling Some of the People All of the Time: A Long Short, Wiley 2011

Faber, Meb, The Best Investment Writing Volume 1: Selected writing from leading investors and authors, Harriman House 2017

Faber, Meb, Invest with the House, 2016

Faber, Meb, Global Asset Allocation: A Survey of the World's Top Asset Allocation Strategies, 2015

Faber, Meb, Global Value: How to Spot Bubbles, Avoid Market Crashes, and Earn Big Returns in the Stock Market, The Idea Farm 2014

Faber, Meb, The Ivy Portfolio: How to Invest Like the Top Endowments and Avoid Bear Markets, Wiley 2011

Fisher, Philip A., Paths to Wealth Through Common Stocks, Wiley 2007

Fisher, Philip A., Common Stocks and Uncommon Profits and Other Writings, 2. aufl. Wiley 2003

Graham, Benjamin, The Intelligent Investor, Harper Business, Revised Edition 2003

Graham, Benjamin, Intelligent Investieren, 7. Aufl., FinanzBuch Verlag 2014

Graham, Benjamin, Dodd, David L., Security Analysis, McGraw-Hill Education Ltd 6th ed. 2008

Graham, Benjamin, Dodd, David L., Die Geheimnisse der Wertpapieranalyse, 4.Auflage, FinanzBuch Verlag 2013

Greenblatt, Joel, Common Sense: The Investor's Guide to Equality, Opportunity, and Growth, Columbia Business School Publishing 2020

Greenblatt, Joel, The Big Secret for the Small Investor: A New Route to Long-Term Investment Success, Wiley 2011

Greenblatt, Joel, The Little Book That Still Beats the Market, Wiley, 2010

Greenblatt, Joel, You Can Be a Stock Market Genius: Uncover the Secret Hiding Places of Stock Market Profits, Touchstone; 1st Fireside Ed. 1999

Griffin, Ten, The Complete Investor, Columbia Univers. Press 2015

Hagstrom, Robert G., Investing: The Last Liberal Art, Columbia Business School Publishing, 2013

Hagstrom, Robert G., The Warren Buffett Way: Investment Strategies of the World's Greatest Investor, 2. Auflage, John Wiley & Sons 2004

Housel, Morgan, The Psychology of Money, Harriman House, 2020

Influential Individuals (Ed), Warren Buffett: The Life, Lessons & Rules For Success, 2017

Klarman, Seth, Margin of Safety: Risk-Averse Value Investing Strategies for the Thoughtful Investor: Going Beyond Financial Myth-making to Find Real Investment Value, HarperBusiness 1991

Kostolany, André,Die Kunst über Geld nachzudenken, Econ 2000

Kostolany, André, Geld und Börse, 3.Aufl, Ullstein 1997

Loomis, Carol, Tap Dancing to Work : Warren Buffett on Practically Everything, 1966-2013: A Fortune Magazine Book 2013

Löwenstein, Roger, Buffett Die Geschichte eines amerikanischen Kapitalisten, Börsenbuchverlag 2009

Lowe, Janet, Damn Right: Behind the Scenes with Berkshire Hathaway Billionaire Charlie Munger, Wiley 2003

Lynch, Peter, One Up On Wall Street: How To Use What You Already Know To Make Money In The Market, Simon & Schuster 2000

Lynch, Peter, Learn to Earn: A Beginner's Guide to the Basics of Investing and Business, Simon & Schuster 1996

Lynch, Peter with Rothchild, John, Beating the Street, Simon & Schuster 1994

Marks, Howard, Mastering the Market Cycle: Getting the Odds on Your Side, Houghton Mifflin Harcourt 2018

Marks, Howard, The Most Important Thing Illuminated: Uncommon Sense for the Thoughtful Investor, Columbia Business School Publishing 2013

Mihaljevic, John, The Manual of Ideas: The Proven Framework for Finding the Best Value Investments, Wiley 2013

Montier, James, Value Investing: Tools and Techniques for Intelligent Investment, Wiley 2009

Munger, Charles T., Poor Charlie's Almanack: The Wit and Wisdom of Charles T. Munger, Expanded Third Edition, Walsworth Publishing Company 2005

Pabrai, Monish, The Dhandho Investor: The Low - Risk Value Method to High Returns, Wiley 2007

Pardoe, James, So macht es Warren Buffett, Linde Verlag, 2005

Pysh, Preston, Warren Buffett‘s 3 Favorite Books, Pylon Publishing 2012

Reilly, Frank K., Brown, Keith C., Investment Analysis & Portfolio Management, 10. Ed., Cengage Learning, Inc, 2011

Schroeder, Alice, The Snowball: Warren Buffett and the Business of Life, Bloomsberg Publishing 2009

Spier, Guy, The Education of a Value Investor: My Transformative Quest for Wealth, Wisdom, and Enlightenment, Macmillan Education 2014

Williams, Ted, The Science of Hitting, Simon & Schuster 1986

Zweig, Jason, Benjamin Graham, Building a Profession: The Early Writings of the Father of Security Analysis, Mcgraw-Hill Professional 2010

ForwardVerlag

manager magazin Bestseller

SPIEGEL Bestseller

Titel:	Steuern machen Spass!
Untertitel:	Vor allem die, die du nicht bezahlen musst!
Autor:	Johannes Lemminger alias Zacharias Zaster
ISBN:	978-3-98755-078-2

Komm mit auf eine faszinierende Reise durch das vielschichtige Universum der Steueroptimierung! Dieses Buch wird Dein Kompass durch den Dschungel der Steuergesetze und offenbart Dir, als Unternehmer und als Angestellter, praxisnahe und kreative Strategien, um Dein Vermögen intelligent und steuereffizient aufzubauen.

Als Unternehmer entdeckst Du Deinen persönlichen Steuer-Typen, navigierst mit der Ithaka Steuer-Strategie durch fiskalische Herausforderungen und lernst die vielseitigen Potenziale von Immobilieninvestitionen kennen. Als Angestellter erforschst du einerseits das Prinzip der Nettoentgeltoptimierung und andererseits, wie leicht du selbst Unternehmer werden kannst und ein gewaltiges steuerliches Potential freisetzen kannst.

Dieses Buch ist mehr als ein Leitfaden – es ist Dein Wegweiser zu finanzieller Weisheit und Freiheit, gestaltet mit Leichtigkeit und Spaß im Umgang mit Steuern.

ForwardVerlag